本成果得到了中国社会福利基金会的资金支持

新时代财富管理研究文库

Research Report on the Development of Charity
in Shandong(1978–2020)

山东省慈善发展研究报告
（1978~2020）

王 鑫 赵书亮 武 幺／著

经济管理出版社
ECONOMY & MANAGEMENT PUBLISHING HOUSE

图书在版编目（CIP）数据

山东省慈善发展研究报告：1978~2020/王鑫，赵书亮，武幺著.—北京：经济管理出版社，2022.6

ISBN 978-7-5096-8546-4

Ⅰ.①山… Ⅱ.①王… ②赵… ③武… Ⅲ.①慈善事业—发展—研究报告—山东—1978-2020 Ⅳ.①D632.1

中国版本图书馆 CIP 数据核字（2022）第 110805 号

组稿编辑：赵天宇
责任编辑：赵天宇
责任印制：黄章平
责任校对：董杉珊

出版发行：经济管理出版社
　　　　　（北京市海淀区北蜂窝 8 号中雅大厦 A 座 11 层　100038）
网　　址：www.E-mp.com.cn
电　　话：（010）51915602
印　　刷：唐山玺诚印务有限公司
经　　销：新华书店
开　　本：720mm×1000mm/16
印　　张：16.75
字　　数：310 千字
版　　次：2022 年 8 月第 1 版　　2022 年 8 月第 1 次印刷
书　　号：ISBN 978-7-5096-8546-4
定　　价：88.00 元

"新时代财富管理研究文库" 总序

　　我国经济持续快速发展，社会财富实现巨量积累，财富管理需求旺盛，财富管理机构、产品和服务日渐丰富，财富管理行业发展迅速。财富管理实践既为理论研究提供了丰富的研究素材，同时也越发需要理论的指导。

　　现代意义上的财富管理研究越来越具有综合性、跨学科特征。从其研究对象和研究领域看，财富管理研究可分为微观、中观、宏观三个层面。微观层面，主要包括财富管理客户需求与行为特征、财富管理产品的创设运行、财富管理机构的经营管理等。中观层面，主要包括财富管理行业的整体性研究、基于财富管理视角的产业金融和区域金融研究等。宏观层面，主要包括基于财富管理视角的社会融资规模研究、对财富管理体系的宏观审慎监管及相关政策法律体系研究，以及国家财富安全、全球视域的财富管理研究等。可以说，财富管理研究纵贯社会财富的生产、分配、消费和传承等各个环节，横跨个人、家庭、企业、各类社会组织、国家等不同层面主体的财富管理、风险防控，展现了广阔的发展空间和强大的生命力。在国家提出推动共同富裕取得更为明显的实质性进展的历史大背景下，财富管理研究凸显出更加重要的学术价值和现实意义。"新时代财富管理研究文库"的推出意在跟踪新时代下我国财富管理实践发展，推进财富管理关键问题研究，为我国财富管理理论创新贡献一份力量。

　　山东工商学院是一所以经济、管理、信息学科见长，经济学、管理学、理学、工学、文学、法学多学科协调发展的财经类高校。学校自 2018 年第三次党代会以来，立足办学特点与优势，紧密对接国家战略和经济社会发展需求，聚焦财商教育办学特色和财富管理学科特色，推进"学科+财富管理"融合发展，构建"素质+专业+创新创业+财商教育"的复合型人才培养模式，成立财富管理学院、公益慈善学院等特色学院和中国第三次分配研究院、共同富裕研究院、中国艺术财富高等研究院、黄金财富研究院等特色研究机构，获批慈善管理本科专业，深入推进财富管理方向研究生培养，在人才培养、平台搭建、科学研究等方面有了一定的积累，为本文库的出版奠定了基础。

未来，山东工商学院将密切跟踪我国财富管理实践发展，不断丰富选题，提高质量，持续产出财富管理和财商教育方面的教学科研成果，把"新时代财富管理研究文库"和学校2020年推出的"新时代财商教育系列教材"一起打造成为姊妹品牌和精品项目，为中国特色财富管理事业持续健康发展做出贡献。

序

　　"人猿相揖别。只几个石头磨过……"毛泽东在其《贺新郎·读史》一词中，以其特有的政治家的豪放和幽默，为我们解读了历史。人类从其他动物中"脱颖而出"，主要是因为生存的本能促使人类转变劳动方式，不仅可以利用石头等天然工具，而且可以自己有意识地制造工具。所以，恩格斯说"劳动创造了人本身"。

　　人类的发展史，从一定意义上说也是一部财富的发展史。人类生产方式的演变，在很大程度上就是财富生产方式的演变，就是人类获取财富、生产财富、创造财富、分配财富、消费财富、传承财富的演变过程。生产力表现为财富的生产和创造能力，生产关系则表现为在财富生产中形成的社会关系。

　　财富最原始、最恒久的源泉是土地和人口。动物一般都占有自己的领地，和人类近亲的动物都是群居，以适应生存竞争的需要，这正是"物竞天择，适者生存"的具体体现。原始社会的氏族、部落等的生存方式，更是主要依赖于领地的面积和物产以及人口的繁衍。奴隶社会（针对中国是否存在过西方同样的奴隶社会，史学界尚有争议）一个国家通过战争征服其他国家，占领土地，并把从战败国掠夺来的人作为奴隶，为奴隶主阶级无偿地创造财富。封建社会土地更是财富的主要来源。资本主义的原始积累，不仅靠的是殖民掠夺，还有奴隶贸易。

　　"劳动是财富之父，土地是财富之母。"（配第语）土地之上的瓜果以及江河中的鱼类等天然食物，地上地下的各种资源，都构成生产和生活资料，但一切都需要通过劳动这一中间环节，才能变成真正现实意义上的财富。所以，人本身才是最重要的生产要素，是活的力量。正是人类的好奇心和无畏的探索精神，使科学技术最终成了第一生产力。土地和人口的数量及质量，在今天，对一个国家的综合竞争力仍然具有决定性的影响。

　　人类的进化是单向的，是"波浪式前进、螺旋式上升"的，我们永远不可能与猿类相别万千年后，再回过头去投奔那些"老朋友"，再次返回"自然"。未来的共产主义绝不是原始的共产主义的简单回归。这提醒我们，对待人类历史，人类只能发现规律、顺应规律，而无法改变规律。从动物到人，再到人类的原始社会、奴隶社会、封建社会、资本主义社会、社会主义社会和共产主义社会，马克思已经发现这样的发展规律，这对于人类来说是值得庆幸的。规律不是以人的意志为转移的，人们不能简单地以好恶、道德、价值来评判。人类历史受本身的规律支配着、制约着，固有的规律本身又是自然的，也是神奇的。所以，有的人会以科学的精神来面对这一切，而有的人则将这一切归结为神的力量。人类对人类本身的进化和"进步"，是怀着极大的矛盾心理的：一方面，为生产方式的每一次革命而欢欣鼓舞，认为是一种"进步"；另一方面，每一种"进步"的生产方式也带有自身无法克服的许多"落后"现象。过去的历史一再重复着这样的实践。但天性决定了人类始终对未来充满美好的憧憬，并激发出为之奋斗的无穷力量。所以，资本主义终将会被社会主义和共产主义所代替。

财富的最主要、最集中、最简单明了的表现形式是货币。财富的多寡，往往可以用货币的数量来衡量。货币是交易的产物，是在交易过程中诞生的一般等价物。货币的形态多种多样，即使不是所有物品都可以成为货币，但至少许多产品都可以成为货币，而且事实上的确许多产品曾经成为货币。通常来说，货币最初是贝壳，后来是铜、铁，再后来是金、银，最后是纸张，现在又出现了电子卡，未来可能是数字。

"金银天然不是货币，但货币天然是金银。"（马克思语）当今时代，金银作为货币更主要的只是履行储备的功能了，纸币早已成为主要的货币。但纸币究其本质不过就是一张纸，人们怎么可以如此相信这样的一张纸呢？信用是人类智慧的最伟大体现，更是人类理性的最伟大折射。研究货币史我们会发现，任何政治的、军事的、宗教的力量，都无法从根本上强制人们接受这种或者那种货币，是智慧和理性形成了人们的强大自觉，让人们心甘情愿地接受能够给他们的生活带来实际价值的事物。智慧和理性，让我们对人类自身和人类未来充满了无限的信心：真理和正义最终会战胜一切，任何力量都无法阻挡！所以，人类并不惧怕经历了漫长的蒙昧时代，也不惧怕残酷的奴隶社会，更不惧怕黑暗的中世纪封建社会，即使始终充满着血与火的资本主义社会，在令人绝望的两次世界大战面前，人类总是会在苦难中铸就辉煌、奋勇向前。历史可以遭遇挫折甚至倒退，但总的前进方向是不可阻挡的。

经济学其实就是财富学。古希腊的色诺芬被认为是第一个使用"经济"一词的人，他的"经济"概念原意为"家庭管理"。他的小册子《经济论》是"关于财产管理的讨论"，讨论的是奴隶主如何管理财产。亚当·斯密因《国富论》而被认为是古典经济学的"开山鼻祖"，《国富论》的全称是《国民财富的性质和原因的研究》，研究的是国民财富的性质及其产生和发展的条件。马克思的

《资本论》"是马克思主义最厚重、最丰富的著作"（习近平语）。《资本论》是围绕剩余价值而展开的，深刻分析了剩余价值的产生、交换、分配、消费，从而得出结论："整个'资本主义生产方式'必定要被消灭。"（恩格斯语）

陈焕章的《孔门理财学》是 20 世纪早期"中国学者在西方刊行的第一部中国经济思想名著，也是国人在西方刊行的各种经济学科论著中的最早一部名著"（胡寄窗语）。陈焕章是晚清进士，是康有为的学生和朋友，于 1907 年赴美国哥伦比亚大学经济系留学，1911 年获哲学博士学位，其博士论文由英文写成，其英文题目的原意是"孔子及其学派的经济思想"，陈焕章将其翻译成中文"孔门理财学"并出版成书。该书按照西方经济学原理，分别讨论了孔子及其学派的经济思想，特别是在消费、生产、公共财政等方面的思想。当时哥伦比亚大学著名的华文教授夏德和政治经济学教授施格分别为其作序，高度评价了陈焕章采用西方经济学框架对孔子及其学派的经济思想所做的精湛研究。该书出版的第二年（1912 年），凯恩斯就在《经济学杂志》上为其撰写书评，韦伯在《儒教与道教》中把《孔门理财学》列为重要参考文献，熊彼特在其名著《经济分析史》中特意指出了《孔门理财学》的重要性。

经济学是十分热门的学问，也是十分"高大上"的学问，许多人趋之若鹜，许多人也望而却步。相比较而言，"经济"一词显得扑朔迷离不容易被理解，而"财富"就简单明了更容易被掌握。陈焕章用中国特色的理财学，对应西方的经济学，是有其道理的，也是用心良苦的。

中国经济发展的奇迹创造和积累了巨大的社会财富，于是个人、家庭、企业、各类社会组织直至国家，都面临着财富的保值增值问题，财富管理相应地成为方兴未艾的新兴产业。财富管理服务已经成为银行、保险、证券等传统的金融机构新的业务增长点，因此各家金融机构也纷纷成立专业理财子公司。同时，财富管理也催生了一大批新型的专业财富管理机构。尽管如此，面对市场的巨大需求，财富管理服务供给明显不足，机构数量少、实力不强，产品不丰富、服务不规范，法制不健全、风险频发等。其中，最突出的还是缺乏人才，特别是高端专业人才奇缺。

财富来自社会，最终还要服务于社会。党的十九届四中全会指出，要"重视发挥第三次分配作用，发展慈善等社会公益事业"。第一次分配主要是靠市场的力量，第二次分配主要是靠政府的力量，第三次分配则主要是靠道德的力量。人们通常把市场的作用称作"看不见的手"，把政府的作用称作"看得见的手"。在计划经济时代，我们主要靠政府，几乎完全忽视市场。改革开放以来，市场的作用日益突出。习近平总书记反复强调，要"充分发挥市场在资源配置中的决定性作用，更好发挥政府作用"。当前，中国国民生产总值将近 100 万亿元人民币，人均达到近 1 万美元。在全社会的财富积累到一定程度之后，人均财富达到一定水平，特别是社会上涌现出大批经济效益好的大企业和大批成功的企业家，强调公益慈善的时机就成熟了。发挥好市场、政府和公益三个方面的作用，会使中国经济的发展更加行稳致远，以德治国也将进入新境界。我们的经济发展方式，从此进入了从"两只手"到"三足鼎立"的新的历史阶段。相对于未来的发展需要，当前公益慈善在教育普及、人才培养、科学研究等许多方面，都还存在着巨大的差距。

人类已进入信息化时代。随着人工智能、大数据、云计算、区块链、5G 技术的广泛应用，财富管理和公益慈善事业都面临着历史性的机遇和挑战。数字货币已经呼之欲出，这不仅会带来货币和金融的革命，还会引起人们对财富的颠覆性认识：从一定意义上说，"其实，财富不过是一组数字"。党的十九届四中全会指出："健全劳动、资本、土地、知识、技术、管理、数据等生产要素由市场评价贡献、按贡献决定报酬的机制。"数据第一次被确定为生产要素。信息技术在给人类带来难以想象的便捷的同时，也给人类带来了难以想象的巨大风险，需要全人类共同面对，趋利避害。历史的规律从来如此，在无声无息中顽强地发挥作用，让你欢喜让你忧。

人类天生是社会动物，相互交往既是天性，也是生存的必然需求。今天，经济全球化和世界经济一体化，决定了人类是命运共同体，全人类只有团结起来，才能更好地应对各种共同的挑战。迄今为止，一切阶级社会的历史都是阶级斗争的历史。社会达尔文主义者把生物进化论中弱肉强食的理论应用到了人类社会，但人类毕竟早已从动物界分化了出来。那种极端的个人主义，以我为中心、自我优先的意识，总是梦想着靠霸权、战争、掠夺的手段，把自己的幸福建立在别人的痛苦之上的行为，已经远远落后于时代了，应该被抛进历史的垃圾堆里。自由、平等、博爱、民主、人权、法治等人类的崇高理想，曾经是资本主义登上历史舞台的旗帜，但今天已经被糟蹋得面目全非了，也许这才是资本主义本来的面目。习近平新时代中国特色社会主义思想，作为 21 世纪的马克思主义、当代中国的马克思主义，为中国特色社会主义建设指明了方向。中国特色社会主义正以无比鲜活的生机和活力，勇往直前。

正确的财富观，是社会主义核心价值观的重要内容。如何看待财富，如何对待财富创造、交易、分配、消费、传承，等等，对一个人、一个家庭甚至一个国家，影响都是巨大的。青少年是祖国的未来，如果青少年成了物质主义、拜金主义者，把无限追求财富作为人生的唯一目标，那么一个民族、一个国家的未来会是什么样的？如果党员领导干部为政不廉、贪污腐败，那么国家的治理会走向何方？如果企业家唯利是图，不择手段，一心追求利润最大化，不顾社会责任，不关心生态环境，创造出来"带血"的 GDP 又有何意义？

财富安全问题需要引起高度重视，应该成为总体国家安全观的重要内容。财富安全同粮食安全、能源安全等一样，对国家的长治久安有着重大的影响。随着国家经济的发展和经济全球化的深入，我国居民个人和国家的财富配置，也必然日益国际化。我国的外汇储备、外债、人民币国际化、对外直接投资、反洗钱问题，以及信息化时代的金融科技安全问题，等等，都与我国的国家安全息息相关。

加强财商教育已经成为当今时代的重大课题，教育不仅要重视智商教育、情商教育，也要重视财商教育。唯利是图还是重义轻利？"天下熙熙，皆为利来；天下攘攘，皆为利往。"（司马迁语）"仓廪实而知礼节，衣食足而知荣辱。"（管仲语）如何理解？如何应对？财商教育不仅事关人类生存和发展的问题，还事关精神和道德的问题。不仅事关个人和家庭，更事关社会、民族、国家和世界。创造财富，消除贫困，缩小贫富差距，共同致富，社会财富极大丰富，人们精神高度文明，是人类走向最高理想的必由之路。从中国诸子百家的"大同思想"，到空想社会主义的"乌托邦"，再到科学社会主义的"按需分配"，处处彰显着财商教育的重要影响。

财商教育应该纳入国民教育体系，让孩子们从小树立正确的财富观，学会珍惜财富、勤俭生活、乐于奉献。财商教育也应该纳入党员领导干部培训体系，使公职人员树立正确的义利观，"当官就不要发财，发财就不要当官，这是两股道上跑的车"（习近平语）。财商教育还应该纳入企业家精神培养，使企业家能够正确处理经济效益和社会效益的关系，树立新发展理念，充分履行好社会责任。财商教育更应该纳入老年教育范畴，面对老年社会的到来，老年人财富管理不仅关系个人的生活质量，还关系到家庭和谐甚至社会稳定。通过加强财商教育，在全社会形成尊重财富、崇尚劳动、热爱创造、奉献社会、科学理财的氛围，形成健康向上的财富文化。

加强财富管理和公益慈善高等教育势在必行，加快财富管理和公益慈善专业人才培养，推动相关理论研究，为国家制定相关政策提供智力支撑，为国家相关法律法规建设建言献策。需要设立专门的财富管理、公益慈善大学，需要有更多的综合性大学建立财富管理、公益慈善二级学院。山东工商学院为此做出了积极努力，把建设财商教育特色大学作为长远的奋斗目标，并在金融学院、公共管理学院、计算机科学与技术学院、数学与信息科学学院、创新创业学院，分别加挂了财富管理学院、公益慈善学院、人工智能学院、大数据学院、区块链应用技术学院的牌子，并配备了专职副院长。我们努力在全校建立财富管理和公益慈善的学科集群，所有的学科和专业都突出财富管理和公益慈善特色，协同创新，形成合力。我们已在相关专业招收本科试验班，并招收了相关研究方向的硕士生；同时还开展了相关课题的研究，并建立了相关的支撑体系。

编写新时代财商教育系列教材，是推进财富管理和公益慈善高等教育发展的基础工程。我们规划了《财富管理学》《财富管理思想史》《公益慈善项目管理及能力开发》《公益慈善组织管理及能力开发》《公益慈善事业管理及能力开发》等相关教材，将会尽快陆续推出。由于是开拓性的工作，新时代财商教育教材的编写一定存在这样或者那样的问题甚至错误，我们衷心希望得到各方面的批评指正，我们也会积极地进行修改、完善和再版。我们还希望有更多的高校和研究机构以及政府部门、金融监管机构、金融机构、公益慈善组织及其工作人员，积极参与到相关教材的编写中来，不断有精品教材面世。希望通过教材的编写，为推动财富管理和公益慈善教育教学打下坚实的基础，加快培养锻炼专业人才，推动相关科学研究，形成大批高质量的科研成果，造就大批优秀的专家学者，推动中国财富管理和公益慈善事业持续健康的发展。

前　言

　　山东省是儒家文化的发源地，汉语中"慈善"一词就出自儒家经典著作《论语·为政》："孝慈，则忠；举善而教不能，则劝。"山东省慈善历史悠久、文化资源丰富，既有儒家的"仁爱"发源地，也有道家的"博爱"和墨家"兼爱"的传统文化；既有内陆农耕文化特色，也有海洋河流文化优势，培育了山东人有情深似海、义重如山的优良传统，造就了山东人的忠实厚道、豪爽豁达、乐善好施、扶贫济困等人格形象。

　　山东省慈善事业发端于中国传统文化，得益于改革开放后的飞速发展。改革开放以来，山东省已经将传统慈善文化与新时代中国特色社会主义实践相结合，创造出一套具有山东特色的慈善发展方式。2016 年，以《中华人民共和国慈善法》的颁布实施为标志，中国进入"依法行善、依法治善、依法促善"的新时代，山东省慈善事业也由此进入快车道，实现了高质量、高速度的发展。山东省在 2020 年中国慈善政策进步指数中排名全国第六位，2020 年底山东省社会组织登记数量突破 6 万家，全省还有 12.4 万个在街道乡镇备案管理的城乡社区社会组织，慈善力量在社会发展、社区治理、教育医疗、乡村振兴、扶老助残、救孤济困、助医助学、抗疫救灾、环境保护等方面发挥了积极的作用。此外，《山东省慈善条例》于 2021 年 3 月 24 日经山东省第十三届人大常委会第二十七次会议表决通过，这些都标志着山东省慈善事业呈现出蓬勃发展的良好态势。

　　本书从多个角度总结梳理并研究探讨了山东省慈善事业的发展历史、发展现状和发展趋势。

　　第一，在历史层面，探讨了中华人民共和国成立前山东慈善发展历史沿革：讨论包括清代山东省慈善机构和荒政制度，清末以及民国时期山东省民间慈善组织的发展，中国共产党在山东的赈灾救济工作等。山东省各个时期慈善事业的发展为山东现代慈善事业发展奠定了坚实的基础。

　　第二，在行业发展方面，探索山东省基金会、慈善总会及志愿服务等组织的发展历程、现状分析，体现了山东省慈善事业的发展水平，展示了山东省慈善组织发展的优势、存在的结构性缺点及分布不均衡和资源不足等问题，为山东省慈善组织高质量发展提出对策建议，也为其他地区慈善发展提供经验、指明方向。

第三，在政策法规层面，梳理了山东省慈善政策法规演变历程，体现了山东省慈善管理的规范化和专业化程度，反映了山东省慈善事业发展的保障，激发了慈善主体活力，极大地释放社会财富和服务向善的力量，为放大慈善价值提供依据，促进山东省治理现代化进程。

第四，在典型案例方面，选择了在山东省内发展较好的慈善组织、慈善项目和志愿服务进行概要介绍，虽然不能全面地反映这些组织和项目的情况，但可以让读者对山东省的慈善事业有更具体、更生动的了解。

综上所述，绵亘鲜活的山东省慈善事业来源于历史积淀，得益于政策的指导，更是立足于慈善组织的发展及每一个为慈善事业作出贡献的人们。

公益慈善是实现共同富裕的有效途径，是公民道德水平和国家治理能力的重要体现，本书希望"积以跬步"，为读者打开一个了解山东省慈善事业的窗口，为爱好慈善管理领域的研究者提供参考，为慈善组织的发展点起一盏烛火，为更多的人培养正确的财富观和慈善观提供路径。

本书的写作大纲、谋篇布局、内容安排由王鑫提出，共四篇九章，各章撰写分工如下：第一篇历程回顾篇，第一章魏春洋、杨晓龙、宋丽朱，第二章王帝钧、王怡萝、张琦；第二篇行业发展篇，第三章赵书亮，第四章武幺，第五章陈玉明、吕如敏；第三篇山东省慈善政策法规体系概述篇，第六章常亮；第四篇典型案例篇，第七章、第八章、第九章刘文、李金耀。

本书的出版得到山东工商学院领导和各职能部门的大力支持。特别感谢山东工商学院公共管理学院院长于秀琴教授对本书的整体设计和具体撰写工作的全程指导；还要感谢山东工商学院中国第三次分配研究院理事长程刚教授为选题提出的宝贵建议。此外，感谢经济管理出版社的老师为本书的出版付出了艰辛的劳动，在此一并深表谢意。本书涉及大量统计和调查数据，请读者在引用时进行核对，并仅作为参考，本书如有不足之处，万望读者提出宝贵意见。本书感谢慈善管理方向的研究生宋丽朱、张琦、王怡萝等同学在书稿统稿过程中的辛苦付出。

本书感谢中国社会福利基金会的资助，也感谢山东工商学院财富管理特色发展办公室的支持。研究内容是国家社科基金重大项目"发挥第三次分配作用促进慈善事业健康发展研究"（21&ZD184）的阶段性研究成果。

2022 年 4 月

目　录

第二篇　行业发展篇（2021年）

第一篇　历程回顾篇（1978~2020 年）

第一章　中华人民共和国成立前
山东慈善发展状况

"泰山安则天下安，泰山稳则四海稳。"历史上，山东长期处于中央政府统治的中心区域，山东的安危直接关系到王朝的兴衰，故历代统治者对山东的赈灾济贫活动均极为重视。就慈善救济的主体来划分，中华人民共和国成立前山东既有官办慈善救济事业，也有民办慈善救济事业。抗日、解放战争时期，又出现了中国共产党领导的慈善事业。就慈善事业发展区域来划分，济南、烟台和青岛的慈善事业各具特色。

一、中国共产党在山东的慈善事业

中华人民共和国成立前，中国共产党在山东的慈善事业经历了抗战时期和解放战争两个阶段。抗日战争期间，山东形成了胶东、滨海、鲁中、鲁南、渤海五大行政区域。解放战争初期，山东解放区的范围有较大变动，1948年7月，形成胶东、渤海、鲁中南三大行政区。在此期间，中国共产党在反抗日本侵略和国民党军队进攻的同时，也开展了多种多样的赈灾济贫工作，取得了显著的成功，积累了丰富的经验。概括起来主要有三个方面：

（一）重视救灾

在抗战时期和解放战争时期，中国共产党将救灾备荒作为党的中心工作，从上到下坚决贯彻党和政府有关救灾备荒、救贫扶困的方针政策。

抗战期间，为了加强对救济工作的领导，中共山东抗日根据地党委和民主政府很早就意识到建立救济机构的重要性。1940年7月，陈明在《山东抗日民主政权工作与当前任务》的报告中，对各地抗日民主政府救济灾民工作给予了肯定，同时也指出对于灾民的救济偏重于由政府单纯的发钱救济，这将降低其意义和效果。"今后应有各村政委会组织优待救济委员会，动员全体人民参加优待抗属与救济灾民难民工作，务使每一村中无饥寒之抗属，无饿饭之灾民难民。"[1]

1940年8月，山东省战时工作推行委员会（以下简称山东省战工会）成立，其职权包括领导与推动全省各级抗日民主政权之行政工作，指导与推动全省各级抗日政府之一切财政、经济、建设等工作，内设战时政治组、武装动员组、财政经济建设组、国民教育组、民众动员组。

1941年3月，山东省战工会政治组改为民政处，成为山东民主政权中最早的民政机构，负责领导根据地救济工作。针对当年的春荒，山东省战工会决定成立山东省粮食委员会，聘请朱瑞、陈光、黎玉、李澄之、陈明等为委员，各地区党或政府重要负责人一人参加为委员，并委任朱瑞、陈光、黎玉三人为正、副主任。县级以上各地区，以各地区党政军民之主要负责人组织粮食委员会，以各地党政主要负责人为正、副主任，在当地政府领导下，统一制定粮食的筹划、分配、开源节流等具体方案，分别交付政府粮食科、经建科、群众团体执行。并由群众团体组织救济春荒委员会，发动人民互助，发动人民组织运输购粮合作社。各地春耕委员会或救济春荒委员会、合作社等应预先有计划地采买种子、菜种，帮助农民生产。

1941年9月19日，山东省战工会颁布了《关于保管优救粮食及优救会工作的决定》，提出了各级政府尚未成立优抗委员会及救济灾贫委员会。着即由第一科负责先期成立各级优抗委员会及救济灾贫委员会者，接收保管优救公粮，并指导优救会进行优救工作。在组织上，救济灾贫委员会以当地同级抗属救国会、各救会代表、政府代表及聘请热心抗战士绅等组织，村，3～5人；区，5～7人；县，7～11人；专员区以上，11～21人。县以上救济灾贫委员会得成立三人之常务会，并得有一人脱离生产专管此事。在领导上，救济灾贫委员会得建立上下级之直接领导关系，同时应受同级政府之领导及政府第一科之指导。同年10月12日，山东省战工会公布了《关于村政组织与工作的新决定》，明确规定了各行政村政委会下设优抗救济委员会，专管优待抗属救济灾民难民贫民事宜。

1943年9月，山东省战时工作推行委员会改为山东省战时行政委员会，仍设民政处。针对根据地的灾情，山东省战时行政委员会为加强救灾工作的领导及有计划地进行，决定自省一直到村成立各级救济委员会，专门负责这一工作，并推选黎玉、马保三、梁竹航、谷牧、艾楚南、吕麟、田力夫七人为省救济委员会委

---

① 山东省档案馆、山东社会科学院历史研究所：《山东革命历史档案资料选编》第四辑，山东人民出版社1982年版，第376页。

员，黎玉为主任委员，艾楚南为秘书长。各地捐助之粮款一律交由各级救委会，按级转解省救委会统一处理。

在 1945 年中共山东省政权组织系统中，山东省政府设有民政厅、行政公署设民政处、行政督察专员公署和县政府中都设民政科、区公所设有民政助理员、村公所设有优救委员，形成了一套自上而下的救济行政体系。

（二）生产救灾

中国共产党利用自身宣传和组织上的优势，广泛地发动群众，积极投入生产劳动，或开荒种地，或上山采果，或纺纱织布，或长途运输，尽一切可能增加收入，战胜困难。抗日战争和解放战争时期，共产党主要领导了 1942 年、1948 年的生产救灾活动。

1.1942 年灾荒

1942 年夏季，山东各地出现严重旱情，再加上敌人四处抢粮，因此粮价飞涨，人心不安。面临旱情、敌情，1942 年 7 月 14 日，中共山东分局发布了《关于救济旱灾的紧急指示》，要求每个党员都在精神上做充分的准备，并向群众进行普遍宣传，说明所有一切灾害都是敌人所给予的，我们要一面设法救灾一面坚持对敌斗争，绝不消极，绝不逃荒。山东分局要求各地组织必须立刻动员全党去参加和领导防灾救灾工作，而政府首先应成为推行这项工作的枢纽，尽可能采取一切办法去和旱灾作斗争。

山东分局提出的救灾办法有以下数项：一是增修水利，施行灌溉。要积极发动农民，集中力量灌溉一部分较好的谷子、糁子及地瓜地。二是一旦下雨，则发动农民抓紧时机，多种荞麦、地瓜、豆子、胡萝卜及蔬菜，并把旱死的青苗锄掉，改种此类粮食。三是厉行节约，彻底消灭粮食浪费现象。四是开源增长。五是提倡互助，调剂有无。①

根据中共山东分局的指示，1942 年 7 月 18 日，山东省战工会发布《关于救济旱灾预防粮荒的指示》，提出了预防灾荒的具体办法。

2.1948 年灾荒

1947 年，山东成为国民党军队进攻的主战场，山东解放区遭到严重破坏。再加上各地水灾，山东解放区人民陷入水深火热之中。为度过 1948 年春荒，救济灾民，中共华东局和山东省政府立即开展救灾工作。

1948 年 1 月 1 日，山东省政府发布了《关于生产节约度春荒的十项要求》，

---

① 山东省档案馆、山东社会科学院历史研究所：《山东革命历史档案资料选编》第八辑，山东人民出版社 1983 年版，第 416-418 页。

提出必须在党政军民全体动员之下，积极进行生产节约，度过春荒并向全省提出十项具体要求：①要冬天"吃糠咽菜"省粮食，不要来春种地干活无粮吃；②要家家早种春菜顶粮食，不要到时缺粮无菜后悔迟；③要场园春地分期多种菜，不要青黄不接短期又成灾；④要爱护榆、柳、杨树和洋槐，不要来春没得"树头菜"；⑤要多种春麦、方瓜、春棒子，不要二麦短收不接秋；⑥要机关部队业余帮助群众解决困难，不要群众慰劳一粥一饭；⑦要家家省吃俭用发展生产，不要今天吃喝不顾明天；⑧要雇贫农分得斗争果实，干部不得贪污把持；⑨要明白斗争成果是我们雇贫民自己的血汗，应该用在生产发家上，不要看成外财，用得不得当；⑩组织养牛，使牛得公平，不要牛主吃亏、出卖，有地无牛耕。[①]

1948年3月8日，中共华东中央局发布了《关于春耕生产和救灾工作的指示》，提出了"不饿死一个人，不荒掉一亩地"的口号。制定了救灾方针：以生产为主，结合救灾；以群众自救、社会互济为主，辅以公家协助；强调用恢复和发展生产来克服灾荒，纠正单纯救济与只向公家要救济的错误观点。并对救灾工作提出了具体的指示和要求。

根据中共华东中央局、山东省政府的指示、方针，各地解放区采取了一系列措施来开展救灾工作。1948年3月26日的（中国香港）《华商日报》发表了一篇题为"山东解放区生产救灾初步完成"的文章，讲述了山东各地解放区采取的措施。

华东财经办事处则于去年冬在鲁中发放两万万元贷款，五十万斤贷粮，接着又于鲁中、鲁南、滨海、滨北共发放农贷十三万万元，渤海三千万斤粮，胶东二千五百万斤粮，并拨给胶东西海、南海两区救济粮四百多万斤。今春鲁中灾情严重，财办处即急运一百万斤豆子进行救济，鲁南滨海，滨北各拨一、二十万斤豆子救济，并组织各地制造农具，购买耕牛、农具贷与农民，鲁中行署已购得菜种一千五百斤，制成罐头一万五千具，帮助农民，总计两省已发放农业贷款十五万元，每元约合蒋币五十元左右，贷粮五千五百五十万斤，救济粮四百多万斤，救济豆子一百五十万斤，为数之巨，为历年来所未有。

省府并于二月下令禁止酿酒，三月份向市场平粜，抛出大批存粮，举抑了粮价，又发动鲁中、鲁南、滨海、滨北等区群众，自渤海运输二百万斤棉花，每辆小车可净赚二三十万元。再自粮多地区调剂粮食至缺粮地区，规定运粮者提成百分之十二至十五。公路局采取以工代赈办法，修筑公路，每人一天可得工资粮二斤，既解决了灾民的生活困难，又发展了建设事业。去年省府医疗大队在鲁中等地治愈病人二万余名，现该队又转赴鲁南工作。①

（三）群众互助

抗日战争期间，为组织生产抗灾，山东抗日根据地发起了群众互助运动。

1943 年，山东抗日根据地对敌斗争取得了初步优势，发展生产的客观环境有所改善。由于各根据地开展了减租减息运动，减轻了广大农民负担，为恢复和发展农村经济创造了有利条件。同年 10 月 1 日，中共中央政治局发出《关于减租生产拥政爱民及宣传十大政策的指示》，在财政经济方面进一步明确了发展经济、改善群众生产、以农业为基础的方针，对敌后抗日根据地经济工作具有普遍的指导意义。

为贯彻中共中央"十大政策"，1943 年 10 月，中共山东分局、山东省战时行政委员会分别作出决定，要求各地在完全自愿结合的方针下，广泛组织搭犋队、联犋队、机工队、包工队、运输队、合作社，为组织全农村人口的 10%～15%的劳动力参加互助组织而斗争。并且指出：在互助运动中，应依照当地群众旧有习惯，等价交换，互助变工（换工），根据各地具体情况、农业季节等，创造多种牛力换人力、人力换人力的办法；党员干部发挥模范作用，克服应付、强制、怠工等偏向，改造游民分子（懒汉、流氓、街滑子），开展劳动互助组织间的竞赛，达到提高劳动生产率、改变生活面貌的目的。

在 1944 年山东解放区大生产运动中，开始出现农业互助合作的热潮。1945年胶东行政公署曹漫之作《在二届参议会第一次大会上胶东行署报告工作》中，就指出：

在大生产方面，据不完全统计，胶东的变工组已有十八万六千四百五十四组，合作社连副业在内有两千二百十六处。据东海区的报告，已组织起来的农民占总户数的百分之六十五以上，由于组织起来，农民生产力大增。某县的一个互助组，全组六户，五个全劳动力，三个半劳动力，共有五十五亩六分地，起初全组有一头驴，现在已增加一头骡子和一头牛，增加了粮食一千七百七十一斤，平均每人增加卅二斤。②

在残酷的战争环境与极其艰苦的条件下，山东根据地和解放区党和政府，始终把人民群众的利益放在首位，为救灾全力以赴，带领根据地和解放区军民战胜了一次又一次天灾和人祸，取得了抗灾斗争的一个又一个胜利。

①　《山东解放区生产救灾初步完成》，（香港）《华商日报》，1948 年 3 月 26 日。
②　《在二届参议会第一次大会上胶东行署报告工作》，《解放日报》，1945 年 10 月 25 日，第 1 版。

二、中华人民共和国成立前山东官方慈善发展状况

清代，山东地区的官方慈善事业主要包括慈善机构和荒政制度。慈善机构主要有养济院、普济堂、育婴堂等善堂。荒政制度主要包括仓储、蠲免、赈济和劝输等。

（一）慈善机构

清朝的慈善机构相当完备，官办慈善机构主要有养济院、普济堂、育婴堂等，涵盖了慈幼、养老、恤婺、助葬和疾病救助等多个方面。

1. 养济院

养济院又称"孤贫院""孤老院"，收养鳏、寡、孤、独及废疾中无依无靠之人。作为官方的救助制度，养济院正式设立于南宋初年。清代，养济院是最主要的慈善救济机构。

清代顺治五年下诏："各处养济院，收养鳏寡孤独及残疾无告之人，有司留心举行，月粮依时给发，无致失所。"① 由于清初的财政紧张，养济院的重建收效并不大。到全国局势稳定之后，养济院的重建工作才得以大规模展开。清代养济院开始之初，奉行明代的原籍收养政策。至乾隆二年，政策发生了明显的变化，因"四川居民流寓最多，与他省不同，且地处万山，险阻难行，若将远方流丐照各省之例一概送回原籍，其老病茕民，举步维艰，既多跋涉之苦，亦非矜全之道"，故"将川省外来流丐，饬令地方官稽查，果系疲癃残疾诬告穷民，准其一律收入养济院"② 外来孤老流丐收入所在地养济院，打破了明清以来的原籍收养政策，使养济院收养范围大大扩展。

2. 普济堂

普济堂，为清代新出现的慈善机构。乾隆元年（1736 年），清政府命"各省会及通都大郡概设立普济堂，养赡老疾无依之人"③。从此，普济堂这一由民间发起创立的慈善机构，被纳入政府社会福利政策的范围，建立普济堂由民间的自发行为变成为政府的行政行为。同时，清政府也鼓励民间设立，规定："有官绅

---

① 《清世祖实录》卷四十一。
② 《清会典事例》卷二百六十九。
③ （清）昆岗等：《钦定大清会典事例》卷二百六十九·户部·蠲恤，清光绪石印本。

士民好意捐建者，其经费并听自行经理。"①此后，普济堂在全国各地陆续建立起来。

普济堂的经济来源比养济院要复杂得多。养济院一般拨官款支助，因而是一种官办性质的慈善机构。而普济堂多为民间所建，在乾隆前期主要靠地方绅士和商贾的支持得以维持；乾隆中后期，由于行政力量的介入，普济堂遂逐步由纯粹的民间慈善组织变为官办性质的慈善机构。

3. 育婴堂

育婴堂是专门收容弃婴的机构。"清代育婴堂的普及率在民间慈善团体中位居第一，是最常见的慈善组织。"②溺婴恶习的存在无疑是育婴堂出现的重要原因。虽然清代普设育婴堂，但溺女恶俗在全国大部分地区一直没有断绝。直到民国建立后，育婴堂功能为其他慈善机构所取代，存留不多。

除此之外，山东慈善机构还有以施棺助葬为目的的漏泽园等慈善机构，它们构成了中国传统慈善救济机构的重要组成部分。漏泽园是官方性质的公共墓地，允许贫困无地者葬之。清代，山东各地仍设有漏泽园、义冢。如掖县"漏泽园在城东北乾河之阳，寄顿客死及贫民无地之棺，外有围墙门户，因水淹移于演武场后，明海防参议于仕廉仍复故地。泽民茔即义冢也，葬贫民之无茔者。一在西南郭外，明知府刘任捐置。一在漏泽园北，明知县洪恩炤置"。③莱阳县"漏泽园八处，在城之四郊。清知县赵光荣所施，在马山埠……惟漏泽园尚存"。④

（二）荒政制度

中国古代，慈善救济事业以"荒政"名之。所谓"荒政"，即救济灾荒的法令、制度与政策、措施的统称。作为中国最后一个封建王朝，清朝吸纳历代经验，救灾制度严整完备。对于灾荒，清政府制定了一套非常严密的制度，并照章办事，"一曰备侵；二曰除孽；三曰救荒；四曰发赈；五曰减粜；六曰出贷；七曰蠲赋；八曰缓征；九曰通常；十曰劝输；十有一曰兴工筑；十有二曰集流亡"。⑤并制定了赈灾的程序：报灾、勘灾、筹赈、赈灾、善后等多个方面。基本覆盖整个救灾过程。

清朝前期赈灾救灾措施基本没有超出历朝历代的规模，赈灾措施主要有以下四种：

① （清）于敏中等：《钦定户部则例》卷八十九·蠲恤八，浙江古籍出版社 1988 年版，第 242-243 页。
② 星斌夫：《明清时代社会经济史研究》，国书刊行会 1989 年版，第 302 页。
③ （清）张思勉：《掖县志》，清乾隆二十三年刊本，卷二恤养。
④ 《莱阳县志》，中国方志丛书 057，任恤。
⑤ 嘉庆《大清会典》卷十二。

1. 仓储

"救荒之策，备荒为上"，而"备荒莫如裕仓储"。作为一项重要的备荒救灾措施，仓储事关国计民生。就清代的仓储来说，分官仓、民仓两大类。官仓是由朝廷直接控制的，主要包括常平仓、京通仓，还有营仓、旗仓等。民仓有设于乡村的社仓和建于市镇的义仓。仓储主要来自捐纳捐输、采买、租谷；在灾荒年月，仓储通过赈恤、平粜、借贷等手段，在救济灾民、平抑米价、恢复农业生产方面发挥了一定的社会功效。

由于积谷建仓是利民惠民的善举，朝廷及省府都是一直鼓励劝办，并对办理成效显著者给予奖励，因此，山东各地平时劝办社仓的情况也很常见。同治九年（1870年），山东巡抚丁宝桢《通饬办理积谷札》：

查东省民情，多事牟利，不讲盖藏。每遇丰收之年。所有麦米豆粱，率多及时贱卖。殊不知积谷防饥。古人所谓耕三余一耕九余三者。即是预备救荒之意。现在连年迭遭荒旱。前车可鉴。岂可不预为筹及。

光绪八年（1882年），山东巡抚任道镕"饬藩司崇保妥议章程颁发各属，视县分之大小，定捐数之等差，通饬一体遵办。但求公平不许抑勒，但期乐输不计多寡，或听量力而输将，或按地亩而酌派"。①

在地方政府的鼓励下，各地陆续办理积谷。截至当年正月，据济南等十二府州属陆续禀报共计积谷61.46万余石。尽管颇有成效，然而离制度规定的290万石还差不少。到清朝末年，山东各州县的常平仓、义仓等有的已归败坏，有的仍继续维持或重新整顿。

2. 蠲免

钱粮蠲免是清政府荒政的重要措施。顺治曾说："国家经费既敷，宜藏富于民，朕特降旨蠲免已多次。"康熙也认为："民为邦本，勤恤为先，政在养民，蠲租为急。"乾隆曾说："谕各直省督抚身任地方皆有父母斯民之责，旅所属州水旱灾伤，自应建为访察，加意抚绥。"尽管嘉庆、道光、咸丰间国家财政入不敷出，但也曾多次蠲免钱粮。

顺治初期，定被灾八分至十分，免十之三；五分至七分，免二；四分免一。康熙十七年，改为六分免十之一，七分以上免二，九分以上免三。雍正六年，又改十分者免其七，九分免六，八分免四，七分免二，六分免一。然灾情重者，率全行蠲免。凡报灾，……督抚亲莅灾所，率属发仓先赈，（于四十五日内具题）

---

① 山东巡抚任道镕：《东省办理积谷情形疏光绪八年》，《皇朝道咸同光奏议》卷三十三，户政类，仓储，1902。

然后闻。①

3. 赈济

赈济是荒政的核心。赈济即是政府拨付钱粮救济灾民。乾隆四年，清朝赈济政策有了标准化的操作："大口日给米五合，小口二合五勺，按日合月。赈济米数不足者可银米兼给"②，之后清政府的赈济一直按照这个标准执行。在蠲免之后，赈济承担了荒政更多的目的性功能，如救灾济民、维持社会稳定、安抚受灾流民等。因此，一直以来赈济都是荒政的核心要素，而其主要的内容则是粥赈与以工代赈。

粥赈是赈济的一种手段。古人认为"救饥如救溺"，因而历代多将施粥作为一种最便捷、最有效的应急办法，加以使用。自晚清以迄民国，粥厂作为一种经常性的慈善机构，每年的冬春之交较多举力。是政府以煮粥的方式赈济灾民。在中国古代，一旦遭遇灾荒，灾民往往流徙乞讨。粥赈的优势主要在于救济，并以较少的耗费救济灾民。因此，为了救济灾民和维持社会稳定，政府往往在城门外设粥厂。如康熙四十三年（1704 年），招远县岁饥，邑增生刘溥捐粥赈济，乡里多赖以存活，同时"买地千余亩，及次岁丰稔，俱令原价回赎，乡人感其德，皆以善人目之"③。

赈济的另一种手段是以工代赈。以工代赈主要是招募仍具有劳动力的灾民参加救灾或工程建设等方式，获得赈济钱物。每当灾荒发生后，地方政府就会积极组织"有力"的灾民进行公共工程建设（如城墙建设、水利设施修缮等），其目的在于利用民力进行灾后公共设施重建或修复，从而使灾民通过劳作获得食物，免于饥馑，达到救灾济民的目的，同时也能维护社会稳定，避免灾民流离失所，即所谓"于兴役之中，即寓赈济之意，莫便于此"。④

4. 劝输

劝输是荒政的重要手段。在中央政府蠲免、地方政府"以工代赈"之外，政府还积极鼓励地方缙绅捐赠（"劝输"）。离受灾地最近且有较多钱粮的地方缙绅成为政府荒政的重要依靠者。向地方缙绅劝输不仅成为地方政府在救灾过程中的重要工作内容，还得到了中央政府的允许与鼓励，对于捐钱粮特别多（"过两三百石"）的缙绅，政府还会以品衔嘉奖地方缙绅。

近代以来，山东民间慈善事业有了显著发展，但依然无法改变官办为主民办

① 《清史稿·食货志二》。
② 李向军：《清代荒政研究》，中国农业出版社 1995 年版，第 31 页。
③ （清）《招远县续志（卷三）〈人物志〉》，道光二十六年刻本。
④ 《清实录·雍正朝实录卷之三》。

为辅的格局，这种格局的形成及维持与山东所处的地理位置、政治环境和经济发展都有密切的关系。

三、中华人民共和国成立前山东民办慈善发展状况

明清时期，江南地区是中国民间慈善事业最为发达的地区。"民间慈善组织数量众多，种类齐全，财力充足，参与阶层广泛，活动经常及义庄盛行。"① 尽管北方民间社会也创设有会馆、义庄及善堂善会，然而规模小、数量少，尚未完全构成社会慈善事业的主体。

（一）清末山东民间慈善组织

"丁戊奇荒"期间，江南善士参与青州赈灾活动，也逐渐把南方民间善堂善会引入山东。如江南善士李金镛（字秋亭）、谢家福到青州赈灾。他们发现"青州一属，向无恤孤善堂"，且"孤贫子弟流落极多"。于是"为久远计"，李金镛等于青州城内筹设了青州同善堂。青州同善堂为华北地区第一个综合类善堂。此后，山东民间慈善组织逐渐出现，如济南的历城普益公会、济南贫民医院、盲人养济院等。

1. 历城普益公会

建于光绪二十七年（1901年），由历城县吴树梅、张英麟、毛承霖、严翰臣等人捐款设立。后称历城慈善公会、济南私立慈善事业公所等。该会地址初在十王殿，后迁净居寺。1946年历城普益公会改称济南市私立慈善救济公所。主要经费来源是会员赞助，举办冬赈施粥、种痘防疫、施医药、棺木、补助私立学校等。1953年并入省会慈善公所。

2. 济南贫民医院

清光绪初年，由长清绅七周馥卿、济阳绅士王子明捐款设立，初名精一馆、贫民医院。1921年，董事杨济川、张荆山扩充该馆，改称慈悲社，施舍药品。1927年改称栖流贫民养病所，1928年更名贫民医院，设外科、皮肤科、耳眼鼻喉科，1948年底被市卫生局接管。

3. 盲人养济院

清代光绪年间拨款重修始建于明末的济南盲人养济院（又称盲人大院）。清

---

① 王卫平：《明清时期江南地区的民间慈善事业》，《社会学研究》1998年第1期。

末盲人崔秀实等人捐资在东城墙根北侠土巷 1 号购房屋筹建济南盲人公所，收留当地盲人及家属，也收留外地流浪乞讨的盲人歇宿。中华人民共和国成立后所收容的盲人被政府安置参加福利生产，其组织被解散。

（二）民国时期民间慈善组织

民国时期是近代中国慈善转型时期。"慈善救助的主体，由政府转移到民间社会，官办慈善主导位置让给了民间慈善。"[①] 20 世纪 30 年代初，"全国（18 省市）共有各类民间慈善救济机关 1621 个，同时官办救济机关数量只有 466 个"。[②] 其中，红十字会、华洋义赈会、世界红卍字会是民国民办慈善组织的代表，他们都与山东有密切关系。

1. 红十字会

红十字会起源于西方。1863 年 2 月 9 日，"红十字运动之父"亨利·杜南（Jean Henri Dunant）促成"伤兵救护国际委员会"（1880 年改称红十字国际委员会）在瑞士日内瓦成立，标志着红十字的诞生。1864 年 8 月 22 日，在日内瓦召开有 12 国全权代表参加的外交会议，签署了《关于改善战地陆军伤者境遇之日内瓦公约》，红十字运动由此蓬勃发展起来。1894 年烟台红十字会医院是中国红十字会的萌芽。1904 年日俄战争期间成立的红十字会在山东烟台设立过临时医院，1911 年、1914 年济南、青岛分别成立红十字会，而且山东人吕海寰和吴重熹又是红十字会的创始人。

（1）1894 年烟台红十字会医院是中国红十字会的萌芽。在甲午中日战争中，烟台内地会医疗传教士稻惟德医生在 1894 年 12 月开设了国内第二家红十字会医院。

据《芝罘学校》一书记载，稻惟德医生"在内地会疗养院东面腾出一排房子做'接收站'，而疗养院医院则专门收治须住院特别是做手术的伤兵。"在甲午中日战争中，烟台红十字会医院主要接收从威海战场败退的大量伤兵、难民，也有从辽东半岛转来治疗的。据不完全统计，烟台红十字会医院共救治了 163 人。红十字会医院的救助活动，不仅改变了当时人们的社会观念，也为后来红十字运动在中国的发展打下了基础。

烟台红十字会医院的创立，使中国人、中国慈善组织第一次见识了国际性的战地救护组织的运作方式，也促使国内义赈组织在慈善救济对象、慈救理念等方

---

① 周秋光、李华文：《中国慈善的传统与现代转型》，《思想战线》2020 年第 2 期。
② 《民政篇·救济行政》，载内政部年鉴编纂委员会《内政年鉴》第四册，商务印书馆 1936 年版，第 402−405 页。

面发生了新的变化。烟台红十字会医院是中国红十字会的萌芽之一。

（2）烟台红十字分会是山东第一家红十字会。1904年，日俄战争在中国东北爆发，为救护日俄战火中遭受蹂躏的中国难民，沈敦和等人倡议以"万国红十字会例，力筹赈救北方被难民人之策"。1904年3月，沈敦和、施则敬等二十余人发起建立了"东三省红十字普善会"。这个组织虽以"红十字"为名，却没有得到国际红十字会的承认。在英国传教士李提摩太的协助下，由中国、英国、法国、德国、美国五国代表成立"上海万国红十字会"，取代了"东三省红十字普善会"。这被认为是中国红十字会的诞生。

上海万国红十字会建立后，便筹划在日俄交战区附近紧要地方，救护日俄战争中罹难的东北同胞。因山东烟台为"近东北战区之水陆要冲，联络天津、上海、旅顺、青岛之气"，便被上海万国红十字会作为设立分会的候选地。

1904年5月10日《申报》登载了《烟台红十字分会会董衔名启事公告》，烟台红十字会名单如下：

计开：徐凤诏号五楼，大会首事；刘兆嵩，号云第，洪泰号；梁礼贤，号浩池，顺泰号；张应东，号成卿，张裕公司；范绍颜，号香山，德盛号；唐荣浩，号芝田，小轮公司；万奎基，号坤山，谦益丰；林钟械，号敬生，广仁堂董事；王庭琛，号厔山，电报局委员；马式金，号聘卿，大关委员；刘毓瀛，号彦之，新关银号委员；徐家璘，号佩棠，毓材学堂委员；李福全，号载之，招商局委员。①

烟台红十字会是山东第一个红十字组织，在救济难民方面做出了巨大贡献。日俄战争结束后，烟台分会随之解散。尽管如此，烟台红十字会作为山东第一个红十字组织在红十字会历史上具有重要的地位。辛亥革命期间，烟台红十字会又得以重建。

济南红十字会成立于辛亥革命期间。1911年11月9日，位于济南市江家池的山东中西医院中医学堂学生李树堃等，给医院总办刘崇惠写信建议组织山东红十字会，并拟定《山东全省红十字会简章》。刘崇惠立即上书山东省抚部院，陈述红十字会的宗旨是"平时研究保安之法，遇有兵事亲临战场救护军民"，要求成立山东全省红十字会，并附《山东全省红十字会简章》。1912年1月1日，中国红十字会饬文，接受山东红十字会为中国红十字会分会。命以"中国红十字会山东分会"之名，"刊刻木质关防之图记呈报"，接收刘崇惠为总会会员。山东中西医院总办刘崇惠出任山东红十字会首任会长，中西医院的医官、学生及医道学堂学生均为会员。

---

① 《烟台红十字分会会董衔名启事公告》，《申报》，1904年5月10日第3版。

青岛红十字会的成立与日德战争有关。1914 年，第一次世界大战爆发，胶东半岛成为日德战场中立区域。中国红十字会上海总办事处派出救护队前往山东救援。中国红十字总会会长掖县人吕海寰坐镇青岛，扩组调度山东各地医疗力量。1914 年，中国红十字总会会长吕海寰到青岛组建中国红十字会青岛分会，并参与战地救护活动。1914 年，青岛兵灾的救护是中国红十字会成立以来一次较大规模的战地救护，也催生了山东（省）红十字分会的建立，在山东乃至中国红十字运动史上都占有重要的地位。

此后，山东省红十字会是近代一支重要的慈善救济力量，在战地救护、灾荒赈济和日常救济中都发挥着重要的作用。每当国内各地发生战事，就有中国红十字会总会及山东各地分会参与救护，如 1925 年对浙奉战争的救护，1928 年对北伐战争的救护，1928~1929 年对黄县、招远兵灾的救护，1929~1932 年对胶东战事的救护等。

2. 华洋义赈会

中国华洋义赈救灾总会（以下简称华洋义赈会）是民国时期最具影响的国际性救灾组织。它的产生与山东烟台有着重要的关系。在 1876~1879 年"丁戊奇荒"期间，为救济灾民，在英国驻烟台传教士李提摩太的推动下，1877 年正月英国驻烟台领事哲美森等成立了赈灾委员会，1878 年 1 月 26 日，在上海成立了山东赈灾委员会。1878 年 2 月在伦敦成立了中国救济基金伦敦委员会。形成一个跨国募捐赈灾网络，成为民国时期中国华洋义赈会成立的先声。

华洋义赈会正式成立于 1921 年。1920 年，北方五省大旱，中外各界人士纷纷组织慈善团体，各自为政，参与救灾。赈务结束后，由北京国际统一救灾总会发起，又纠合各地华洋义赈会在北京开会，为保存以往的救灾经验，便于日后应用，遂于 1921 年 11 月正式成立一永久性救灾机构，定名为中国华洋义赈救灾总会。

山东华洋义赈会是中国华洋义赈救灾总会最早的分会之一，在加入总会之前，已参与 1920 年山东旱灾的救济。加入总会之后，在总会的领导和资助之下，在山东开展了大量的救灾与防灾工作。山东华洋义赈会在山东的防灾与救灾事业涉及急赈、打井、修路、浚河、农赈、农事试验等诸多方面，是民国时期山东的重要救灾力量。

3. 世界红卍字会

民国时期，山东民间慈善事业得到显著的发展，起源于山东的世界红卍字会是民国时期山东设置最为普遍、影响最大的民办慈善组织。

世界红卍字会源于道院。中国第一个道院是济南道院。1921 年，刘福缘与吴福森等人在济南创立道院，主张东西方五教同源，以提倡道德，实行慈善事业为宗旨。次年 1 月，"呈部立案"，获北京政府内务部批准，并"通行各省，同时并呈奉山东省省长公署备案，登报公布"。道院成为政府许可的公开合法组织。1922 年济南道院设红卍字会。并形成"院、会并立"的组织原则（即道院和世界红卍字会）。地方须先设道院，后设红卍字会。济南道院成立后迅速向全国和外国扩展。1922 年，世界红卍字会中华总会在北京成立，旋即在各地设立分会。山东是道院的发源地，也是红卍字会设立最多的省份，全省的红卍字分会有 70 余处。

1928 年 11 月，山东各地红卍字会成立世界红卍字会全鲁各分会联合救济办事处，以下简称全鲁卍联处，附设全鲁卍联施诊总所及全鲁卍联第一施诊所、第二施诊所、全鲁卍联因利局。如遇兵燹水旱灾劫发生，临时组织全鲁卍联救济队实施救护赈济，并设临时医院及难民收容所。

山东红卍字会从事的慈善救济活动可分为两类：一是临时慈善事业，二是永久慈善事业。临时慈善事业是指对突发的水旱、瘟疫、战乱、匪患等自然和人为灾害进行救济。如 1928 年对济南惨案的救济、1932~1933 年对胶东战乱的救济、1933 年对鲁西黄河水灾的救济、1937 年对济南灾民及河北难民的救济等规模都比较大，成效也很明显。

永久慈善事业则指常年开办的具有固定场所的机构，专门救恤鳏、寡、孤、独及贫困人群。其种类有卍字学校、平民工厂、施诊所、医院、因利局、平粜局、育婴堂、残废院、恤嫠局、恤产局、恤养院等，尤以恤养院规模最为庞大，举凡收养孤儿、婴儿，救济产妇、嫠妇、残废、老赢附设学校，开办工厂等，几乎无所不包。

四、中华人民共和国成立前
山东重点城市慈善发展状况

近代以来山东城市慈善事业发展迅速，济南、青岛、烟台的慈善事业均有独特之处。以烟台慈善事业起步最早，慈善力量基础深厚。青岛慈善事业民国时期最为完善。济南是民国时期跨国慈善组织世界红卍字会的发源地。

（一）中华人民共和国成立前济南的慈善发展状况

济南作为省会城市，则始自明代。洪武初，改济南路为济南府，领 4 州 26 县，同时置山东行省，在济南设山东布政司治所，"此省会之始也"。从此，济南才成为全省的政治中心。济南作为山东省省会，传统的慈善救济机构养济院、普济堂和育婴堂设置完备。同时，清末民初，济南也成立了若干慈善机构。如广仁善局、历城普益公会、济南贫民医院和盲人养济院等。

1. 广仁善局

广仁善局由山东巡抚陈士杰等人于 1885 年在院西大街私立。以兴学、恤嫠、卫生为宗旨。初建时，施医、药、棺木，设义学十余处，后设牛痘局济良所、因利局、全节堂。1914 年 4 月，山东省行政公署令其改组，更名为山东省会慈善事业公所。办理省会及全省慈善事业，改属官督民办，并颁发《省会慈善事业公所章程》。章程规定公所分设十个机构：养老院，收养六十岁以上无依者；孤儿院，收养三岁至十岁无依儿童；贫儿学校，教育贫困不能就学之男女；恤嫠所，经发极贫、次贫、较贫嫠妇恤金；济良所，收养择配不愿为娼之妓女及诱拐之女子；因利局，经放款项与小贩业者；掩骼所，施舍棺木及掩埋骨骸；免囚保护所，收留介绍免囚之人于社会；惜字局，检收造遗弃字纸；临时设置之慈善事业机关。经费来源于公款基本生息、不动产生息及慈善家寄附金。①

2. 历城普益公会

建于光绪二十七年（1901 年），由历城县吴树梅、张英麟、毛承霖、严翰臣等人捐款设立。后称历城慈善公会、济南私立慈善事业公所等。该会地址初在十王殿，后迁净居寺。该会以会员赞助为主要经费来源，举办冬赈施粥、种痘防疫、施医药、棺木、补助私立学校等。

济南市私立慈善救济公所初名历城普益公会，后称历城慈善公会、济南私立慈善事业公所。1901 年设于十王殿，后迁净居寺。1946 年改称济南市私立慈善救济公所。主要经费来源是会员赞助，举办冬赈施粥、种痘防疫、施医药、棺木、补助私立学校等。1953 年并入省会慈善公所。

3. 济南贫民医院

清光绪初年，由长清绅七周馥卿、济阳绅士王子明捐款设立，初名精一馆、贫民医院。1921 年，董事杨济川、张荆山扩充该馆，改称慈悲社，施舍药品。1927 年改称栖流贫民养病所，1928 年更名贫民医院，设外科、皮肤科、耳眼鼻喉科，1948 年底被市卫生局接管。

4. 盲人养济院

清代光绪年间拨款重修始建于明末的济南盲人养济院（又称盲人大院）。清末盲人崔秀实等人捐资在东城墙根北侠士巷 1 号购房屋筹建济南盲人公所，收留

---

① 叶春墀：《济南指南》，大东日报社 1914 年版，中国文联出版社 2004 年重印，第 46 页。

当地盲人及家属，也收留外地流浪乞讨的盲人歇宿。中华人民共和国成立后所收容的盲人被政府安置参加福利生产，其组织被解散。

20世纪初期，随着济南的开埠和民国的建立，济南的慈善事业有所发展，但相比省内早期开埠城市烟台、青岛仍显落后。直到20世纪二三十年代，特别是济南道院暨世界红卍字会的出现，使济南成为世界红卍字会开展慈善事业的中心城市。济南慈善事业才进入大发展时期。

民国初期，济南慈善组织很少，慈善事业还在起步阶段。《济南指南》（1914年）所列慈善组织有三处：一是教养局。专以收养无业贫民，教令习艺，期因材施教，各有所能，使日后可以自谋生计为宗旨，设南北两厂，并附设初等小学校，以公款维持。二是红十字会。以慈善救恤医疗疾病为宗旨，其常年经费为慈善家之捐助金。三是省会慈善事业公所。原为广仁善局，以兴学、恤嫠、卫生三者为宗旨，嗣后又推广各种善举并设牛痘局、济良所各慈善事业。

20世纪20年代末至30年代初期，济南慈善组织迅速增加，慈善事业走上大发展阶段。

据1927年出版的《济南快览》，济南永久慈善团体有四个：一是道院。除该院自办之残废院及红字会盲哑学校外，每届冬令，均有种种之施予。二是红十字会。平时以医治疾病为主务，遇有战事，则范围扩大，兼赴战场收埋战士及救治受伤者。三是工业教养局。四是慈善事业公所，即《济南指南》中的"省会慈善事业公所"。此外，济南个人或团体所办的非营业性质的慈善团体还有14个：慈善救济会、全省平粜处、普济孤儿院、厚德贫民厂、商埠水会、孤儿院、女子青年会、同善社、悟善社、青年会、育婴堂、市厅消防队、道德社、残废院。这一时期，随着道院的兴起，其附设的红卍字会逐渐成为济南慈善救济事业的主体。

可以看出，20世纪30年代后，济南慈善组织种类多、规模大，济南慈善事业开始走上大发展阶段。

（二）中华人民共和国成立前烟台的慈善发展状况

烟台是山东第一个对外开放的通商口岸，由于它处于我国南北洋交通的要冲位置，其腹地又有丰富的资源，因而开埠后的国内外贸易发展一直比较顺利，在19世纪下半叶，是山东唯一的对外贸易中心。

自1861年烟台开埠以来，在经济发展的同时，慈善事业也开始起步。光绪年间，登莱青道员盛宣怀创立的广仁堂，成为当时山东最大的慈善机构。20世纪30年代，烟台道院暨世界红卍字会成为烟台慈善救济事业的主体，其创办和经营的恤养院规模大、门类全、效果好，成为全国民办慈善机构的典范。

1. 官办慈善——广仁堂

1861 年开埠前，烟台只是登州府福山县下面"不过一渔寮耳"。因此，开埠初期的烟台既没有明清时期官方设置的养济院、普济堂和育婴堂这样的官办或半官办慈善机构，也没有救助流民的栖留所。因此，驻烟台的历任登莱青道台先后设立了一系列慈善救济机构。同治元年（1862 年），"刘前道达善捐廉创设粥厂、庇寒所。龚升道易图购置房屋，立为兼善堂，添设种牛痘、施棉衣。张升道荫桓添设给棺木，修义冢。方升道汝翼又添购地亩，将兼善堂房屋扩充，增设施送医药"。①

1891 年，盛宣怀在烟台创办了大型综合性的慈善机构——广仁堂。烟台广仁堂"分设十会十所，十会曰保婴、恤嫠、训善、因利、拯济、保熄、备棺、运枢、掩骸、惜字，十所曰施粥、栖贫、蒙养、慈幼工艺、戒烟、施医、西法施医、养病、寄棺等名目。其完善程度为整个华北地区所罕见"。② 是近代山东最大的官办慈善机构。

2. 民办慈善——烟台红卍字会

除了官办慈善、教会慈善事业以外，烟台的民办慈善也发展很快。其中，20世纪 30 年代后，烟台红卍字会成为烟台慈善救济事业的主体。烟台红卍字会的慈善事业分为永久慈善事业和临时慈善事业两大类。所谓永久慈善事业是指"皆有定所，而能永远行其慈业者"，专门救恤贫困、被难的鳏寡孤独、老幼男女。烟台红卍字会开办的永久慈善事业主要有因利局、冬春赈、防饥会、胶东卍报、育德学校、资遣难民、恤养院、普济医院、栖流所、平粜局、年赈、惜字会、义地等。其中，烟台红卍字会开办的恤养院规模大、门类全、效果好，成为全国民办慈善机构的典范。

（三）中华人民共和国成立前青岛的慈善发展状况

青岛是近代山东沿海新兴的第二个城市。19 世纪末青岛开埠，开埠初期各种社会问题严重，胶澳总督府从建立"模范殖民地"目标出发，积极兴办学校、医院等公益设施。不过胶澳当局推行的华欧分治政策，使中国人所办慈善处于次要位置，主要是中德合作建立的红十字会进行了战争救护，其他方面的慈善业很少，只有齐燕会馆、三江会馆和广东会馆三大会馆举办的义冢、义学等设施。自

---

① 《烟台广仁堂章程样本》，上海图书馆，档号：SD073400。
② 《申报》，光绪十八年八月初四。

1914年起，日本占据青岛9年，但其自占领之初就受到中国民族主义的强烈抵制和抗争，日本占领的不稳定心理使其在城市的慈善公益方面少有行动，只是为日本侨民开办了几所日侨子弟学校。1922年10月，中国从日本手中收回青岛之后，设胶澳商埠督办公署，1925年设胶澳商埠局。此后，青岛的慈善事业得到较快的发展。先后设立教养局、济良所、育婴堂等救济机构，并鼓励民间捐助并参与管理，青岛慈善事业获得很大发展。

1. 教养局

教养局，官名为胶澳商埠教养局，设立于1924年9月20日，是由胶澳商埠督办公署督办高恩洪创立的，直隶于督办公署。教养局以收容警察厅拘留人犯及埠内无业游民授以工艺技能、施以普通教育、陶冶良好品性、养成生活能力为宗旨，局内设有织染、成衣、印刷、靴鞋、编织、绳索、藤竹、木工等科。1925年7月，教养局移交青岛商会接办。国民政府接管青岛后，教养局于1931年5月归并于青岛市救济院。

2. 济良所

成立于1924年10月，为胶澳督办公署所办，收容无告之妇女。1925年10月，因属地方慈善事业，改由商会接办。商埠局每年补助费1800元，其余由商会补助。收容妇女三十名内外，老幼兼收，每日并授以市内工作及读书习字，正当婚配准其出所，年幼被拐入所者经本生父母领回者亦不少。①

3. 育婴堂

成立于1927年5月，最初由商埠局提倡募集款项，官绅募集经费14815元，商埠局拨给第63号官产一处，并于捐款项下增筑房屋一所其后陆续增捐，约计开办费20000元，其常年经费则由牛照项下每张附捐一角，约计每年可收6000余元。截至1928年底，共收男女婴孩32名，除领出男婴2名、女婴6名、病殇4名外，存有男女婴20名，其领出男女婴者均各捐助洋三五十元。②

自1897年开埠后，由于特殊的政治经济环境和地理位置，慈善事业发展迅速，到20世纪30年代已建立起比较完善的慈善救济网络，各类慈善救济机构齐全，各类慈善救济业务井然有序，慈善救济业绩突出。青岛成为中国城市慈善救济的样板之一。

---

① 《胶澳志》卷十二《大事记》，卷三，民社志，1928年。
② 《胶澳商埠行政纪要续编》，载《民国史料丛刊》第11册，大象出版社2009年版，第335页。

五、中华人民共和国成立前山东慈善发展的特点

山东在中国历史、文化上有着特殊的地位。正如 1919 年巴黎和会上，民国第一外交家顾维钧宣称："中国不能没有山东，就像西方不能没有耶路撒冷。"可以说，山东就代表了中国。进一步说，山东慈善史几乎就是一部中国慈善发展史。这体现在两方面：一是山东是中国慈善思想的发源地，二是山东慈善史就是中国慈善史的缩影。山东慈善创新是引领中国慈善事业的先锋。

（一）儒家慈善思想奠定了中国慈善事业的发展基础

儒家思想是中国思想的主体，而儒家慈善思想则是中国慈善思想的主体。先秦时期，中国儒家慈善思想即诞生于山东。

儒家慈善思想可以归结为仁爱思想、民本思想和大同思想三个方面。

仁爱思想是儒家核心思想。儒家创始人孔子最早提出"仁"。"仁"即"同情和爱人"。是一种推己及人的助人为善精神。孟子继承并发展了孔子"仁者爱人"的学说，提出了"性善论"思想。他认为，"恻隐之心，人皆有之；羞恶之心，人皆有之；恭敬之心，人皆有之；是非之心，人皆有之。恻隐之心，仁也；羞恶之心，义也；恭敬之心，礼也；是非之心，智也。仁义礼智，非由外铄我也，我固有之也"（《孟子·告子上》）。在孟子看来，所有仁爱之行和慈善之举都发自人们内心深处，就像骨肉亲情一样。由"亲亲"而推演至"亲民"是儒家思想的精华，这种仁爱观进一步影响到整个社会，形成了中国人"尊老爱幼、孝慈为怀、邻里相帮、扶危济困、助人为乐"的优秀品质。

民本思想是儒家重要思想。孟子认为"民为贵，社稷次之，君为轻"，荀子也认为"君者，舟也，庶人者，水也；水则载舟，水则覆舟"。儒家民为邦本的思想反映在社会慈善方面就是主张推行"仁政"，实行"惠民"政策。

大同思想是儒家对未来社会的构想。这一思想对中国慈善事业的发展具有不可估量的影响。孔子主张收入均等化，反对贫富悬殊。"闻有国有家者，不患寡而患不均"。孔子对未来社会最初的设想是"老者安之，朋友信之，少者怀之"，后来他又具体描绘了一个令人神往的大同世界："人不独亲其亲，不独子其子，老有所终，壮有所用，鳏寡孤独皆有所养"。其后，孟子也提出了"出入相友，守望相助，疾病相扶持，则百姓亲睦"的理想社会。

儒家仁爱思想是组成中国人慈善观念的一个重要源泉，民本思想是中国慈善

事业的立足点，大同思想是中国慈善事业的根本追求。可以说儒家慈善思想是中国慈善思想最主要的渊源，奠定了中国慈善事业的基础。

儒家慈善思想进一步影响了先秦大国齐国慈善制度。如战国时期齐国宰相管仲提出了"兴德六策"和"九惠之教"。所谓"兴德六策"，即"匡其急、振其穷、厚其生、输之以财、遣之以利、宽其政"。所谓"九惠之教"，即"一曰老老，二曰慈幼，三曰恤孤，四曰养疾，五曰合独，六曰问疾，七曰通穷，八曰振困，九曰接绝"。并继而系统性地提出了"养孤老，食常疾，收鳏寡"的慈善政策。

（二）山东慈善发展史是中国慈善发展史的缩影

山东是中国历来慈善救济的重要区域。历代王朝推行的各种慈善事业，都能在山东得到有效的贯彻和落实。可以说，山东慈善发展史就是中国慈善发展史的缩影。

春秋战国时期，山东大国齐国创办的各项慈善制度是中国此后慈善事业的先声。管仲相齐时，就在齐国实行"九惠之教"。所谓"九惠之教，一曰老老；二曰慈幼；三曰恤孤；四曰养疾；五曰合独；六曰问疾；七曰通穷；八曰振困，九曰接绝"。从这九惠的内容来看，基本包括了对老人、儿童、穷人、病人等所有社会弱势群体的社会救济。《管子》中多次提到管仲建议齐桓公实行"振孤寡，收贫病""慈爱百姓"的政策，使"饥者得食，寒者得衣，死者得葬，不资者得振"，以此收揽民心。

汉朝和唐朝时期，中央政府制定的救灾制度和措施在山东得到了有效的贯彻和落实，构成了山东慈善救济史的重要内容。汉朝建立了比较完备的救灾制度。主要有赈济、赈贷、减免租赋、移粟就民与移民就粟、赐民公田或假民公田、节省用度等。此外，还颁布了一系列尊老、养老的政策法令，对鳏寡孤独、老人、残疾人给予特别的优待和抚恤。为平抑粮价汉设常平仓，为后代所沿袭，在中国救荒史上具有重要意义。

唐朝作为大一统的帝国，其救灾制度较前代更为完备。唐朝的救灾措施主要有遣使赈恤、蠲免租赋、令民逐粮就食、调粮救民等。常平仓、义仓的设置更加普遍。另外，唐代设置的"悲田养病坊"是中国慈善史上的又一个标志性的慈善机构。最初由佛教寺庙负责，是一个集赈恤、收养贫病者和废残老人于一体的慈善机构。

宋代是中国古代慈善救济事业发展的一个高峰。各类救济措施和机构相当完备。其赈灾救荒措施包括两个措施：①官方措施，主要有赈给、赈贷、赈粜蠲免、倚阁、施粥、居养、募兵、免役、宽禁捕等。②市场措施，主要包括罢官籴

（即暂停每年官府例行收购粮食，以便使粮价不至过高）、弛禁榷（关卡减税或免税）、招商（减商税）、以工代赈、禁遏籴（不得禁止灾区来本境籴粮或不得禁止粮食出境）等。民间赈济措施主要是劝分或劝粜。在慈善组织方面，宋代主要有两大类：一是各类仓储；二是各类收养贫困人口的救济机构，如福田院、居养院、安济坊等。

元代慈善救济体制沿袭宋朝，但其规模和力度都不如宋朝。元代的赈恤之名有二：一曰蠲免，二曰赈贷。蠲免有恩免与灾免之别，赈贷又分鳏寡孤独之赈、水旱疫疠之赈、京师赈粜等。

明、清时期是中国古代慈善救济事业发展成熟时期。在救灾制度方面，清政府制定了一套非常严密的制度："一曰备侵；二曰除孽；三曰救荒；四曰发赈；五曰减粜；六曰出贷；七曰蠲赋；八曰缓征；九曰通常；十曰劝输；十有一曰兴工筑；十有二曰集流亡"。并规定了严格的救灾程序，包括报灾、勘灾、筹赈、赈灾、善后等多个方面，基本覆盖整个救灾过程。在慈善组织方面，明代山东的慈善组织主要有各类仓储、养济院、漏泽园（义冢）惠民药局等。清代山东的慈善组织主要有各类仓储、养济院、普济堂、育婴堂、粥厂、栖流所、掩骨会、施棺会等。清代整个山东地区共 110 州县卫所，而设立的"普济堂共 131 所，育婴堂共 58 所"。①

纵观历代慈善事业发展，山东一直是封建王朝统治的中心区域，因此中央政府制定的各项救灾制度和措施在山东得到了有效的贯彻和落实。山东是中国历代慈善事业的集大成者。山东慈善发展史就是中国慈善发展史的缩影。

（三）山东慈善创新是引领中国慈善事业的先锋

山东慈善发展史不但是中国慈善发展史的缩影，同时，山东历来在慈善事业方面也屡有创新，是引领中国慈善事业发展的先锋。

早在春秋战国时期，山东大国齐国就有很多具体的慈善创新。如齐桓公时，就开始"劝富豪以助济施"。齐景公时在慈善方面有很多创新。如由国家进行较大规模的赈济活动；收殓埋葬路边的无主尸骨；把府库的粮食拿出来散发给贫苦百姓；免除周围 40 里之内居民一年之内的劳役；以工代赈；政府供养年老体弱的人；帮助鳏夫、寡妇成家；举行施粥活动等。

在北宋时期，有三位名臣在山东赈济流民，均被历代荒政书视为典范。

其一，滕达到郓州赈流民。"滕达到知郓州，岁方饥，乞淮南米二十万石

---

①　王士俊：《河东从政录》卷七，第 46-47 页，转引自：[日] 夫马进：《中国善会善堂史研究》，伍跃等译，商务印书馆 2005 年版，第 425 页。

为备。后淮南、东京皆大饥，达到独有所乞米。召城中富民，与约曰：流民且无以处之，则疾疫起，并及汝矣。吾的城外废营田，欲为席屋以待之。民曰诺。为屋二千五百间，一夕而成。流民至，以次授地，井灶器用皆具，以兵法部勒。少者炊，壮者樵，妇女汲，民至如归。上遣工部郎中王古按视，庐舍道巷，引绳棋布，肃然如营阵。古大惊，图上其事，有诏褒美。所活者凡五万人。"①

其二，晁补之齐州赈流民。"晁补之知齐州，岁饥，河北流民道齐境不绝。补之请粟于朝，得万斛。乃为流者治舍次，具器用。人既集，则又且日给廪粥、药物。补之皆躬临治之，凡活数千人。择高原以葬死者，男女异墟。"②

其三，富弼青州赈流民。1048 年，河北、京东西大水，流民入京东者不可胜数。"知青州富弼择所部丰稔者五州，劝民出粟，得十五万斛，益以官廪，随所在贮之。择公私庐舍十余万区，散处其人，以便薪水。林河泊之利，有可取以为生者，听流民取之，其主不得禁。死者为大冢葬之及流民将复其业，又各以远近受粮。凡活五十余万人，募为兵者又万余人。"③

清末、民国时期，山东各类慈善创新层出不穷。列举如下：

第一，山东是近代义赈的发源地。清末官赈衰落，义赈兴起。先是烟台的传教士在灾区进行赈济，然后是江南善士受此影响，也深入山东灾区进行赈济。山东成为近代义赈的发源地。

第二，山东是对中国红十字会的起源和发展影响最大的地区。早在 1894 年甲午中日战争中，内地会医疗传教士稻惟德医生在烟台率先开设了国内最早一批红十字会医院之一。1904 年，中国红十字会前身万国红十字会率先设立了烟台分会。

第三，民国时期最大的宗教慈善组织——世界红卐字会——起源于山东，其主要慈善业务也在山东。

参考文献

［1］山东省档案馆、山东社会科学院历史研究所：《山东革命历史档案资料选编》第四辑，山东人民出版社 1982 年版。

［2］山东省档案馆、山东社会科学院历史研究所：《山东革命历史档案资料

---

①②③　王林：《山东慈善史》，山东人民出版社 2018 年版。

选编》第八辑，山东人民出版社 1983 年版。

［3］山东省档案馆、山东社会科学院历史研究所：《山东革命历史档来资料选编》第二十辑，山东人民出版社 1986 年版。

［4］《山东解放区生产救灾初步完成》，（香港）《华商日报》，1948 年 3 月 26 日。

［5］《在二届参议会第一次大会上胶东行署报告工作》，《解放日报》，1945 年 10 月 25 日。

［6］《清世祖实录》卷四十一。

［7］《清会典事例》卷二百六十九。

［8］（清）昆岗等：《钦定大清会典事例》卷二百六十九·户部·蠲恤，清光绪石印本。

［9］（清）于敏中等：《钦定户部则例》卷八十九·蠲恤八，浙江古籍出版社，1988 年版。

［10］星斌夫：《明清时代社会经济史研究》，国书刊行会 1989 年版。

［11］（清）张思勉：《掖县志》，清乾隆二十三年刊本，卷二恤养。

［12］《莱阳县志》，中国方志丛书 057，任恤。

［13］嘉庆《大清会典》卷十二。

［14］《皇朝道咸同光奏议》卷三十三，户政类，仓储。

［15］《清史稿·食货志二》。

［16］（清）《招远县续志（卷三）〈人物志〉》，道光二十六年刻本。

［17］《清实录·雍正朝实录卷之三》。

［18］王卫平：《明清时期江南地区的民间慈善事业》，《社会学研究》1998 年第 1 期。

［19］周秋光、李华文：《中国慈善的传统与现代转型》，《思想战线》2020 年第 2 期。

［20］《民政篇·救济行政》，载内政部年鉴编纂委员会《内政年鉴》第四册，商务印书馆 1936 年版。

［21］《烟台红十字分会会董衔名启事公告》，《申报》，1904 年 5 月 10 日。

［22］王林：《山东慈善史》，山东人民出版社 2018 年版。

［23］A. Armstrong, Shantung, Shanghai, 1891 年版。

［24］山东省教育厅：《山东省政府教育厅视察报告》（第一集），山东省政府教育厅 1930 年版。

［25］山东省教育厅：《山东省政府教育厅视察报告》（第二集），山东省政府教育厅 1931 年版。

［26］魏永生：《晚清山东商埠》，山东文艺出版社 2004 年版。

［27］《烟台广仁堂章程样本》，上海图书馆，档号：SD073400。

［28］刘焕阳、陈爱强：《胶东文化通论》，齐鲁书社 2015 年版。

［29］赵琪修、袁荣叟：《胶澳志》卷三，民社志、青岛华昌印刷局 1928 年版。

［30］《胶澳商埠行政纪要续编》，载《民国史料丛刊》第 11 册，大象出版社 2009 年版。

［31］［日］夫马进：《中国善会善堂史研究》，伍跃等译，商务印书馆 2005 年版。

［32］（宋）董煟：《救荒活民书》卷三。

第二章　山东慈善发展研究报告
（1979～2020 年）

一、中华人民共和国成立前山东慈善发展状况

中国是世界上最早倡行与发展慈善事业的国家之一。中国的慈善思想源远流长。先秦诸子百家与随后的佛家、道家都对慈善有过精辟的阐述。例如，儒家讲"仁爱"，佛教讲"慈悲"，道教讲"积德"，墨家讲"兼爱"，各流各派虽然在表述上不尽相同，但都蕴含着救人济世、福利为民以及人类共同的人道理念和道德准则。

山东地处齐鲁，既有鱼盐之利，又有孔孟之风，自古就有慈善世传。中国最早的慈善家范蠡曾在山东为善。司马迁在《史记·范蠡列传》中是这样记录的："后，经东海出于齐，自称鸱夷子皮，与西施并长子，耕海牧田，居无几何，治产数千万。""齐人以为贤，欲相之，蠡不受，乃散其家财，举家定陶。"范蠡"取之于民用之于民"的金钱观也是超前的，被称为中国最早的慈善家。

孔子和孟子创立的儒家思想是中国慈善事业兴起和发展的思想基础，对中国慈善事业的影响弥久而常新，而根源于儒家仁爱思想的"仁政"理念又成为中国历代统治者治国安邦、赈灾济贫的统治思想。不仅如此，儒家的仁爱思想也最先在山东得到实践，齐国和鲁国作为先秦时期的大国，都非常重视对灾民、贫民的救济，在中国慈善救济史上留下了最初的印记，《周礼》《管子》《晏子春秋》等书对先秦慈善制度的设计和慈善活动的记载，成为中国慈善文献之滥觞。

中国传统的慈善事业在近代激烈跌宕的社会变迁进程中，自然而然地发生了嬗变，由旧趋新，兼纳中西，最终形成了顺应时代要求，又具有崭新内涵的慈善

事业。山东慈善救济事业是中国慈善救济事业的组成部分。

二、中华人民共和国成立后山东慈善发展状况

1949 年后，中国慈善事业在国家与社会关系的重构中发生了地位和历史境遇的转变，在总体性社会架构下，政治整合取代社会整合成为社会整合的主要方式，渗透到社会生活的各个领域，慈善事业也因此呈现出高度的政治化和行政化色彩。[1] 1950 年 4 月 24 日，中国人民救济代表会议在北京召开，在题为"新中国的救济福利事业"的报告中，政府在公益慈善事业中的主导地位得到进一步强化，民间公益慈善组织的独立地位被弱化了，这为后来计划经济时代政府的公益慈善活动埋下了伏笔，也使民间的公益慈善活动归于沉寂。

期间，中国内地没有一个真正意义上的民间慈善组织，也没有出现有组织、有规模、经常性的慈善活动。究其原因，是当时党和国家对慈善事业的定位和政策产生了重要影响，政府占了主导，而民间却失去了独立性。在这样一种制度环境下，中华人民共和国成立初期，山东省对民间慈善组织进行了取缔、改组和接收，当时山东省共有慈善组织 84 个，经过一系列的调整，1955 年底，全省共计形成了 13 处生产疗养院，统一归民政部管理。[2] 1959 年，残老院、儿童教养院、残老儿童教养院统一改称社会福利院。特别值得肯定的是，在对民间慈善组织进行取缔、合并、调整的过程中，山东省政府在城市和乡村发起募捐，慰劳中朝志愿军和朝鲜难民，为抗美援朝战争的胜利做出了重要贡献，显示出蓬勃的慈善精神。

1978 年，党的十一届三中全会后，随着改革开放的全面展开和经济的快速发展，慈善事业的复兴具备了以下两个条件：一是经济快速发展，人们的收入得到切实提高，尤其是社会中出现富裕人群，他们具备一定的财力和资源投身公益慈善事业；二是制度环境比以往宽松，人们对慈善活动有了新的认识。

随着公益慈善事业各方面条件开始成熟，中国儿童少年基金会、宋庆龄基金会、中国残疾人福利基金会、中国青少年基金会等公益慈善组织先后建立，山东

---

① 刘威：《重新为慈善正名——写在〈人民日报〉社论"为慈善正名"发表二十周年之际》，《浙江社会科学》2014 年第 9 期，第 9 页。

② 山东省地方史志编纂委员会：《山东省志·民政志》，山东人民出版社 1992 年版，第 240-241 页。

慈善也开始逐渐萌发与发展。山东的成规模慈善活动也是由慈善组织①开展的，因而可以通过考察山东的慈善组织发展脉络来一窥山东慈善。

总的来说，山东的公益慈善发展历程可以分为萌芽阶段、产生阶段、增速发展阶段和规范发展阶段四个阶段，阶段的划分比较分明，每个阶段的特点和优势也具有一定程度的差异性。

（一）山东慈善萌芽阶段（1978~1999 年）

山东慈善萌芽阶段主要是指改革开放以来至 21 世纪之前这一时期。1994 年2 月 24 日，正值"中华慈善总会"在北京成立之际，一篇名为《为慈善正名》的社论文章在《人民日报》发表，② 标志着慈善事业重获合法性基础，自此开启中国慈善事业黄金二十年。从公益慈善事业的主体性、募捐方式、服务领域、制度支持等角度来看，山东慈善发展历程在这一阶段呈现出政府主导、募捐方式单一、服务领域有限、制度环境渐趋改善、慈善网络初具萌芽的特点。总的来看，这一时期山东慈善发展在主体性、募捐方式、服务领域、制度支持、政策引领、募捐规模等方面远未成熟，处于一种萌发的发展状态。

（1）官方色彩浓厚与行政依赖性强。从慈善事业的主体性角度来看，改革开放初期慈善事业发展的政府官方色彩较为浓厚、政府主导性强，相较而言，慈善组织并没有获得足够的独立性和自主性。20 世纪 90 年代以来的慈善事业并非原有慈善组织的延续，而是另辟蹊径③，依托政府自身强大的动员能力和吸纳能力，从政府内部分化而出，萌芽阶段设立的公益慈善组织依托民政部门建立，与政府有着千丝万缕的联系，名为公益慈善组织，实为政府派出机构，从人员构成结构层面去分析，不管是负责人还是工作人员直接来自政府，基本上属于国家公务员或事业单位编制，基金会的管理和运作呈现出较浓厚的行政色彩。

（2）政策环境日趋改善但制度支持及政策引领依然不足。从制度支持和政策引领的角度来看，改革开放初期山东慈善发展缺少足够的政策支持，主要体现在法律法规的制定方面，专门针对慈善事业的法律法规数量较为有限。从全国的

---

① 慈善组织的官方认定源自 2016 年 9 月 1 日实施的《中华人民共和国慈善法》，其颁布之前的组织可以进行重新认证，因而本书所说的慈善组织为民政部门认定的慈善类社会组织，详见山东省慈善组织信息一览表（动态数据截至 2019 年 8 月）：http://mzt.shandong.gov.cn/art/2019/8/30/art_15318_8440837.html。为了弥补数据的不足，又以"慈善"为关键词在山东省社会组织网上查询获得 2019 年 1 月至 2020 年 12 月的组织名称及性质的社会组织 18 个：http://mzt.shandong.gov.cn/sdnpo/col92798/index.html。

② 孙月沐：《为慈善正名》，《人民日报》1994 年 2 月 24 日。

③ 周秋光、林延光：《传承与再造：中国慈善发展转型的历史与现实》，《齐鲁学刊》2014 年第 2 期。

角度来看是如此，从山东省的法律法规上来看更是如此。因此，这一时期山东慈善的发展缺少完善的制度环境。但总的来看，国家出台了一定数量的法律法规，政策环境处于一种萌发的、日趋改善的方向，这是需要特别肯定的地方。

首先，这一时期自然灾害频发，每遇自然灾害，一些友好国家通过大使馆表达救灾意向时，国家民政部、经贸部、外交部三部门往往由于法律法规不足而处于较为被动状态。因此，1987年5月，三部门向国务院递交《关于调整接受国际救灾援助方针问题的请示》（同年6月批准），1988年8月三部门向国务院提出《关于在接受国际救灾援助中分情况表明态度的请示》（同年9月批准），随着捐助规模和事项的增多，民政部1988年下发《民政部关于做好外援抗震救灾款物接收、发放、使用、管理工作的通知》，1991年国务院下发了《国务院办公厅关于做好境外救灾援助和捐赠款物管理工作的通知》，1996年国家审计署公布了《审计机关对社会捐赠资金审计实施办法》，加强了对募集资金的监管。

其次，这一时期个人和企业的捐赠并没有形成规模，主要原因在于有关捐赠免税方面的法律发挥不完善或未得到有效执行。1993年重新修订后的《中华人民共和国个人所得税法》和1993年颁布的《中华人民共和国企业所得税暂行条例》，即个人将其所得对教育事业和其他公益事业捐赠的部分，按照国务院有关规定从应纳税所得中扣除；企业所得税的纳税人用于公益、救济性的捐赠，在年度纳税所得额3%以内的部分，准予扣除。金融保险企业用于公益、救济性的捐赠扣除的部分不能超过1.5%。1999年6月，《中华人民共和国公益事业捐赠法》出台减免税收政策，明确了公益捐赠可以享受税收优惠政策，但在实际操作过程中并没有很好地执行。

（3）资金募集及救助方式单一。从资金募集及救助方式的角度来看，改革开放初期山东慈善呈现单一化特点。在资金募集层面，主要靠政府提供，社会民众的捐赠占比较小。在救助方式抑或说服务领域层面，大多为突发性的灾害救济和针对贫困人群的帮扶领域。20世纪80年代主要是针对自然灾害的救助，政府承担了主要的工作，捐赠主体主要是境外友好国家、华侨、港澳台同胞，来自国内的个人企业捐赠没有大规模出现。20世纪90年代，慈善事业的主线在救灾之外，又增加了济困。可以说，济困和救灾是相互关联的，对自然灾害救助的发展必然要解决灾区受困人群的经济与生活问题。此外，从这一时期慈善组织的服务领域或者说涉及范围来看，主要集中在救灾、济贫、青少年发展、见义勇为、关心残疾人等传统领域，范围比较单一，服务领域没有触及社会生活的各个细分领域。1989年团中央和中国青少年发展基金会联合发起成立希望工程项目，旨在救助贫困地区失学少年儿童。1990年山东省委和山东省青联宣布实施希望工程，自台湾艺人凌峰于1992年捐资兴建山东省第一所希望小学平邑希望小学起，相继有 796 所希望小学建立，大大促进了青少年成长和教育，促进了贫困地区基础教育事业的发展。

（4）慈善组织初具规模，但体量不足，未形成完善的立体网络。从慈善组织的规模角度来看，山东慈善组织在这一时期初具规模。从全国范围来看，1993年，我国出现了首家以慈善命名的组织，即吉林省慈善总会。1994 年中华慈善总会成立，表明慈善事业在我国重新得到了党和政府以及全社会一定程度上的认可。放眼山东，这一时期山东慈善组织仅有 16 个（见表 2-1），其中，社会团体6 个，基金会 10 个，没有一个社会服务机构（民办非企业单位）进行认证。总体来看，慈善组织零星地散布于山东省某几个城市，并没有形成省、市、县、街道一体化的慈善联动网络。

表 2-1　萌芽阶段的山东省公益慈善组织信息一览（1978~1999 年）

组织名称	统一社会信用代码	登记日期	类型
山东省红十字会	133700000045025000	1980 年 8 月 7 日	社会团体
山东省妇女儿童发展基金会	53370000MJD6757485	1981 年 5 月 4 日	基金会
枣庄市红十字会	12370400MB2803958B	1984 年 12 月 1 日	社会团体
烟台市红十字会	13370600MB2643114E	1985 年 3 月 18 日	社会团体
山东省残疾人福利基金会	53370000MJD675019D	1986 年 12 月 1 日	基金会
山东省青少年发展基金会	53370000MJD675246J	1993 年 6 月 8 日	基金会
青岛市青少年发展基金会	53370000MJD675422F	1994 年 1 月 20 日	基金会
山东省见义勇为基金会	53370000MJD67549XA	1994 年 2 月 1 日	基金会
泰安市慈善总会	51370900MJE570008D	1994 年 4 月 28 日	社会团体
山东墨子基金会	53370000MJD6753934	1995 年 8 月 30 日	基金会
泰安市社会治安见义勇为奖励基金会	53370000MJD675772M	1995 年 12 月 19 日	基金会
山东省送温暖工程基金会	53370000MJD6758604	1996 年 5 月 7 日	基金会
青岛绿华公益基金会	53370000MJD6753859	1996 年 6 月 18 日	基金会
青岛市残疾儿童医疗康复基金会	53370000MJD675318B	1996 年 12 月 24 日	基金会
淄博市慈善总会	51370300MJE0996071	1997 年 12 月 25 日	社会团体
济南慈善总会	51370100MJD680942W	1998 年 5 月 20 日	社会团体

资料来源：山东省民政厅官方网站：http：//mzt. shandong. gov. cn/art/2019/8/30/art _ 15318 _ 48440837. html。

总而言之，在改革开放伊始直至 20 世纪末期，山东慈善的发展呈现出一种萌发的发展样态，一切都是从无到有、慢慢完善成长的过程。值得肯定的是，在主体性层面，政府在应对自然灾害、济贫等方面承担了很大的责任，出台了一定数量的法律法规，为山东慈善事业发展迈入法治化轨道奠定了一定的基础，为慈善组织的发展提供了较为良好的制度环境和政策引领支持，维护了社会秩序，促进了社会稳定。需要肯定的是，这一时期山东慈善组织的发展初具规模，有了一定数量的基金会和社会团体，初步形成了一个涵盖赈灾、济贫、救助、教育等领域的慈善体系，对山东慈善事业发展起到了一定作用。与此同时，我们也不能忽视这一时期存在的不足，行政色彩较浓厚导致慈善组织的自主性和积极性有待加强，募捐方式和救助领域主要集中于救灾、济贫、青少年发展、见义勇为等传统领域，慈善组织规模不足未形成立体联动的慈善网络。概言之，山东慈善发展历程在这一阶段是一种萌发状态，我们将之界定为萌芽发展阶段。萌芽阶段实现了从无到有的过程，存在的问题往往在所难免，我们需要用历史发展的眼光看待社会问题的过程性。实际上，萌芽阶段出现的种种有待完善的问题在之后的新千年得到了不断的完善与解决。

（二）山东慈善产生阶段 （2000～2008 年）

（1）制度环境进一步优化，政策引领得到进一步强化，免税减税政策得到贯彻执行，社会公益纳入企业评价体系。制度优化主要体现在国家和地方政府各项法律法规的进一步完善，尤其是对企业和个人参与公益慈善捐赠的免税政策激励方面，免税政策的范围进一步扩大，权力进一步下放，逐渐实现由"特许制"向"审核制"的过渡。

2006 年 10 月 11 日，党的十六届六中全会通过了《中共中央关于构建社会主义和谐社会若干重大问题的决定》，提出要发展完善社会捐赠减税免税政策，增强全社会的慈善意识。

在山东慈善萌芽阶段我们发现免税政策没有得到严格执行的问题在 2000 年之后得到了进一步的贯彻执行。国家财政部和税务总局在 2000～2007 年共发文 21 次，批准了对 60 个基金会的减免税收政策。尤其是在 2003～2006 年，对基金会的税收减免尤其明显，平均每年 6.5 个基金会得到税收减免。长期以来，依据 1999 年 9 月 1 日施行的《中华人民共和国公益事业捐赠法》和 2004 年 6 月 1 日施行的《基金会管理条例》，对于公益事业捐赠的税收优惠政策受到严格限制，只有少数由财政部和税务总局指定的慈善组织享有这一政策带来的免税福利，这造成了公益慈善组织的不公平不均衡发展，同时也不利于公益慈善组织的发展。为应对这样的困境，2007 年 1 月，财政部和税务总局通过财税〔2007〕6 号文件，将免税政策的惠及范围进一步扩大到民政部登记注册的所有非营利性公益社会团体和基金会，此外权力下放，省一级登记的公益社会团体和基金会可以省一级的财政部门进行资格审核确认。

2007年新版的《中华人民共和国企业所得税法》颁布，规定企业发生的公益性捐赠支出，在年度利润总额12%以内的部分，准予在计算应纳税所得额时扣除。可以说，新颁布实施的《中华人民共和国企业所得税法》大幅度地提高了企业捐赠的税前比例，这有利于企业参与公益慈善事业的热情，提高了企业的社会责任感。

2008年9月，民政部根据国务院发布的民政部"三定"规定，成立了社会福利和慈善事业促进司，以福利彩票发行、慈善和社会捐助、老年人和残疾人福利及儿童福利事业等工作为主要职责。2008年12月5日，时任总书记胡锦涛在接见中华慈善大会代表时强调，"慈善事业是改善民生，促进社会和谐的崇高事业"，为慈善事业的发展指明了方向。2008年12月31日，财政部、国家税务总局、民政部下发《关于公益性捐赠税前扣除有关问题的通知》（财税〔2008〕160号）。

放眼山东省，2008年3月20日，省慈善总会第十三次会长办公会在省政协第六会议室举行，研究并通过2008年山东省慈善总会工作要点、2008年全省"慈善一日捐"活动实施方案，审议了山东省慈善总会2007年度财务工作报告等事宜。

慈善捐助成为企业社会责任体系的重要内容。2007年11月，山东推出企业社会责任评价体系，将社会公益明确放入了企业社会责任评价体系之中。为促进企业将经营发展与社会责任相统一，2008年山东在全国率先将企业责任纳入名牌评价体系，将企业慈善公益支出占销售额的比重这一可以量化的指标纳入企业名牌评价体系。2008年，评选出潍柴控股集团有限公司等36家"最具爱心企业"。

（2）慈善组织数量快速增长，省、市、县（区）、乡镇（街道）、村（居）五级慈善网络初步形成。从慈善组织数量的角度来看，2000～2008年，经过山东省民政系统认证的慈善组织共计84个，其中，基金会有19个，社会团体有65个，相较萌芽阶段我们可以看到明显的增长，但依然没有一家社会服务机构（民办非企业单位）经过认证。图2-1呈现了这一时期慈善组织的类型结构，我们可以发现一个鲜明的特点，即以慈善总会为主要类型的社会团体占据了很大比重。山东各区域的慈善总会数量快速增长，分布范围较为广泛。既有山东省慈善总会（2004年6月成立）这样的省级社会团体，也有诸如滨州市慈善总会（2004年5月成立）、菏泽市慈善总会（2004年5月成立）、烟台市慈善总会（2004年7月成立）这样的市级社会团体，同时还有诸如济南历下慈善总会（2003年11月成立）、青岛市黄岛区慈善总会（2004年3月成立）这样的市区级社会团体。与此同时，公益慈善事业也扩展到了广大农村地区，县级社会团体的数量也有了较快的增长，例如，平阴县慈善总会（2004 年 5 月成立）、济阳县慈善总会（2005 年 3 月成立）等。从整体上来看，这一时期山东慈善网络在省、市两级已经基本建立起来，县（区）这一级的慈善组织有了一定的发展，县（区）以及辖下的乡镇（街道）、村（居）三级亟待建设完善。实现五级慈善网络是未来工作的重中之重。

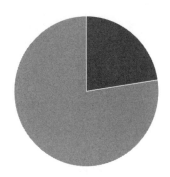

■ 基金会　　■ 社会团体　　社会服务机构

图 2-1　2000~2008 年山东省公益慈善组织构成

资料来源：山东省民政厅官方网站。

（3）在慈善组织功能发挥上，资金募集规模和种类取得切实增长，服务领域进一步扩展，慈善救助工作、宣传工作初见成效。首先，募捐资金规模和种类不断增长，慈善募捐资金取得显著增长，种类还涉及书画等物品。以省级社会团体山东省慈善总会为例，自 2004 年成立以来，山东省慈善总会一直把依托社会力量、多渠道广募资金作为工作的重中之重，颇具代表性的"慈善一日捐"活动，在全省统一联动多方协力下，至 2006 年共募集资金 13 亿元（其中慈善专项基金 3.5 亿元），慈善物品 300 多万件，书画作品 4000 多幅，取得了较大成效和社会影响力。[1] 2006 年山东省慈善总会募集资金 1.04 亿元（含专项基金 7000 万元），2007 年募集 6095 万元（含专项基金），2008 年山东省慈善总会全年共接收捐款 13.4 亿元。

从全省各级慈善组织募集资金情况来看，历年资金募集成效显著。2006 年山东全省慈善组织累计接收捐款 5.6 亿元（其中专项基金 1.65 亿元），青岛、烟台、济南、济宁、潍坊等 11 个市接收捐款累计额突破千万元大关。2007 年，全

---

[1]　中华慈善总会：《中华慈善年鉴 2006-2007》，第 68 页。

省共接收捐款 21.69 亿元（含专项基金），远远超过前一年的资金募集水平。2008 年全省捐赠总额达 52.9 亿元，接收抗震救灾捐赠总额达 14.9 亿元。历年的募集资金情况表明，山东省慈善事业的资金募集水平始终保持稳定的发展态势，为山东公益慈善发展奠定了良好的物质基础。

其次，各级慈善组织的服务领域持续扩展，涵涉范围较为广泛。以基金会为例，服务范围除了涵盖传统的见义勇为、残疾人等领域，继续向更广的范围拓展，满足了社会中特别群体的需求，例如关爱公安民警的山东省公安民警优抚基金会（2003 年 12 月成立）、服务老年人的山东省老龄事业发展基金会（2005 年 12 月成立）。而且针对教育领域的基金会数量也增长迅猛，有各种教育基金会和助学基金会。以山东省慈善总会为例，通过实施朝阳助学、夕阳扶老、情暖万家、康复助医、爱心助残五大慈善救助工程共十一项救助项目，困难群众广为受益。2006 年，山东省慈善总会发放救助资金 2.7 亿元，2007 年发放 3.7 亿元，100 多万名困难群众从中受益。

此外，全省在公益慈善宣传及组织自身建设方面也初见成效。从宣传角度来看，各级政府及慈善组织与新闻媒体协作，开展各种形式的宣传活动，表彰慈善先进人物。山东省连续三年举办"齐鲁慈善之光"大型文艺晚会，山东电视台、《齐鲁晚报》等新闻媒体开设专栏宣传慈善典型。在 2005 年 11 月召开的中华慈善大会上，山东的胜利油田、澳柯玛、"微尘"、韩国驻青岛总领事馆金龙和伟东置业总裁王端瑞获中华慈善奖。在 2008 年 12 月 5 日召开的中华慈善大会上，日照钢铁、海尔集团等 14 家企业荣获中华慈善奖，谢玉堂、胡延森同志荣获中华慈善贡献奖，于永军等 7 名同志被评为慈善工作先进个人。[①]

（4）慈善组织后发优势显现，代表性的慈善组织逐渐涌现，组织自身建设及人力资源开发得到加强和重视。这一时期山东慈善事业发展历程中涌现了一些代表性的慈善组织，为全省慈善组织的发展提供了参考经验与启示。2006 年 10 月 22 日，山东省慈善组织建设经验交流会在济南平阴县召开，山东省政协副主席、省慈善总会会长谢玉堂指出，要全面推广平阴慈善组织构建模式建设取得新进展。平阴县慈善总会 2004 年成立，两年募集善款 1520 万元，救助了 5000 多名困难群众。2005 年 1 月，该县平阴镇东关居成立了全省第一个村级慈善工作联络站。目前，全县 346 个村（居）全部建立起慈善工作联络站，形成了县、乡镇、村三级慈善工作网。2007 年 12 月 17～19 日，"济宁国际慈善论坛"召开，主要内容是学习交流国内外先进的慈善管理理念和经验。2008 年 1 月，全省慈善工作座谈会在威海召开，学习推广威海经验。2008 年 9 月 24～26 日，全省慈善

---

① 中华慈善总会：《中华慈善年鉴 2008》，第 170 页。

义工工作现场会在烟台召开，学习推广烟台市慈善义工建设的经验。由此可见，这一时期山东省慈善事业发展开始关注自身能力建设，不断加强对工作人员的学习培训（见表2-2）。

表2-2　2000~2008年产生阶段的山东省公益慈善组织信息

组织名称	统一社会信用代码	登记日期	类型
曲阜市慈善总会	51370881MJE5488121	2001年4月29日	社会团体
青岛市市南慈善协会	51370202MJD873461L	2001年9月21日	社会团体
青岛市慈善总会	51370200MJD7988799	2001年12月8日	社会团体
济宁市慈善总会	51370800MJE4893737	2002年4月2日	社会团体
莱西市慈善总会	51370285MJE01890X0	2002年4月22日	社会团体
胶州市慈善总会	51370281MJD9742976	2002年4月27日	社会团体
青岛经济技术开发区慈善总会	51370211MJD894123D	2002年5月18日	社会团体
青岛市红十字会	133702005029253000	2003年2月18日	社会团体
济南历下慈善总会	51370102MJD7073243	2003年11月2日	社会团体
济南市残疾人福利基金会	53370000MJD676011U	2003年12月1日	基金会
山东省公安民警优抚基金会	53370000MJD6758011	2003年12月17日	基金会
青岛市黄岛区慈善总会	51370211MJD894334W	2004年3月5日	社会团体
平阴县慈善总会	51370124MJD781487N	2004年5月9日	社会团体
滨州市慈善总会	51371600MJE990475Q	2004年5月15日	社会团体
菏泽市慈善总会	51371700MJF039323E	2004年5月26日	社会团体
山东省慈善总会	51370000MJD6004985	2004年6月5日	社会团体
日照市慈善总会	51371100MJE6956606	2004年6月10日	社会团体
青岛市崂山区慈善总会	51370212MJD923860K	2004年6月18日	社会团体
烟台市慈善总会	51370600MJE3011157	2004年7月21日	社会团体
平度市慈善总会	51370283MJE008760C	2004年7月28日	社会团体
青岛市城阳区慈善会	51370214MJD9511677	2004年11月1日	社会团体
山东省中国石油大学教育发展基金会	53370000MJD675596Q	2004年12月2日	基金会
菏泽市红十字会	13371700676829804X	2004年12月13日	社会团体
青岛市即墨区红十字会	13370282MB2812811P	2004年12月30日	社会团体
山东省胜利油田地学开拓基金会	53370000MJD675414L	2005年1月18日	基金会
济阳县慈善总会	51370125MJD785760B	2005年3月10日	社会团体
槐荫慈善总会	51370104MJD731324U	2005年3月31日	社会团体
菏泽市牡丹区慈善总会	51371702MJF066348E	2005年4月12日	社会团体
邹平县慈善总会	51371626MJF02800XD	2005年5月9日	社会团体

续表

组织名称	统一社会信用代码	登记日期	类型
博兴县慈善总会	51371625MJF023559E	2005 年 5 月 25 日	社会团体
巨野县慈善总会	51371724MJF0741299	2005 年 5 月 31 日	社会团体
成武县慈善总会	51371723MJF064131B	2005 年 6 月 30 日	社会团体
郓城县慈善总会	51371725MJF079202R	2005 年 7 月 1 日	社会团体
单县慈善总会	51371722MJF070101L	2005 年 7 月 6 日	社会团体
菏泽市定陶区慈善总会	51371727MJF0868168	2005 年 7 月 10 日	社会团体
莱芜市慈善总会	51371200MJE754456X	2005 年 7 月 22 日	社会团体
邹城市慈善总会	51370883MJE5552030	2005 年 7 月 25 日	社会团体
威海市见义勇为基金会	53370000MJD6750946	2005 年 8 月 11 日	基金会
临沂市红十字会	13371300503487658Q	2005 年 10 月 25 日	社会团体
山东省老龄事业发展基金会	53370000MJD675107U	2005 年 12 月 7 日	基金会
梁山县慈善总会	51370832MJE543616Y	2005 年 12 月 8 日	社会团体
淄博市见义勇为基金会	53370000MJD67573X5	2005 年 12 月 16 日	基金会
淄博市淄川区慈善总会	51370302MJE156173A	2005 年 12 月 16 日	社会团体
潍坊市慈善总会	51370700MJE38896XR	2005 年 12 月 21 日	社会团体
山东省彩虹援助基金会	53370000MJD675764T	2006 年 3 月 29 日	基金会
新泰市慈善总会	51370982MJE609347M	2006 年 4 月 28 日	社会团体
青州市慈善总会	51370781MJE4371866	2006 年 5 月 18 日	社会团体
枣庄市慈善总会	51370400MJE213588P	2006 年 5 月 28 日	社会团体
淄博市张店区慈善总会	51370303MJE1412971	2006 年 5 月 31 日	社会团体
济宁市兖州区慈善总会	51370812MJE50959X6	2006 年 7 月 8 日	社会团体
淄博市博山区慈善总会	51370304MJE164165M	2006 年 8 月 28 日	社会团体
微山县慈善总会	51370826MJE514866R	2006 年 8 月 31 日	社会团体
威海市慈善总会	51371000MJE6340407	2006 年 11 月 20 日	社会团体
聊城市陈光教育基金会	53370000MJD675641R	2007 年 1 月 12 日	基金会
山东省教育基金会	53370000MJD675545G	2007 年 1 月 19 日	基金会
高密市慈善总会	51370785MJE4652167	2007 年 1 月 19 日	社会团体
山东省人口关爱基金会	53370000MJD675182L	2007 年 2 月 13 日	社会团体
枣庄市市中区慈善总会	51370402MJE2286671	2007 年 3 月 16 日	社会团体
东明县慈善总会	51371728MJF0909381	2007 年 3 月 27 日	社会团体
齐河县慈善总会	51371425MJE9282686	2007 年 5 月 16 日	社会团体
临沂市慈善总会	51371300MJE7742466	2007 年 5 月 22 日	社会团体
寿光市慈善总会	51370783MJE450866M	2007 年 5 月 24 日	社会团体

续表

组织名称	统一社会信用代码	登记日期	类型
威海经济技术开发区慈善总会	51371090MJE6854117	2007 年 6 月 5 日	社会团体
青岛滨海学院教育发展基金会	53370000MJD675078G	2007 年 8 月 10 日	基金会
威海市环翠区慈善总会	51371002MJE654666A	2007 年 8 月 18 日	社会团体
阳信县慈善总会	51371622MJF0143887	2007 年 9 月 9 日	社会团体
青岛市即墨区慈善总会	51370282MJD9843218	2007 年 9 月 20 日	社会团体
山东大学教育基金会	53370000MJD6757560	2007 年 10 月 11 日	基金会
威海市文登区慈善总会	51371003MJE661313B	2007 年 11 月 1 日	社会团体
泰安市教育基金会	53370000MJD675713J	2007 年 11 月 28 日	基金会
无棣县慈善总会	51371623MJF0194377	2007 年 12 月 21 日	社会团体
平邑县慈善总会	51371326MJE84737XW	2007 年 12 月 26 日	社会团体
青岛市见义勇为基金会	53370000MJD6752110	2007 年 12 月 27 日	基金会
昌乐县慈善总会	51370725MJE432289X	2008 年 1 月 23 日	社会团体
山东省武训教育基金会	53370000MJD675131C	2008 年 3 月 18 日	基金会
临淄区慈善总会	51370305MJE171824N	2008 年 4 月 3 日	社会团体
沂水县慈善总会	51371323MJE880356L	2008 年 5 月 9 日	社会团体
潍坊市人口关爱基金会	53370000MJD675115N	2008 年 5 月 27 日	基金会
山东财经大学教育基金会	53370000MJD675553B	2008 年 7 月 7 日	基金会
枣庄市台儿庄区慈善总会	51370405MJE2493107	2008 年 8 月 1 日	社会团体
惠民县慈善总会	51371621MJF0100020	2008 年 11 月 1 日	社会团体
山东科技大学教育发展基金会	53370000MJD675430A	2008 年 11 月 7 日	基金会
滨州市沾化区慈善总会	51371603MJF005932G	2008 年 12 月 12 日	社会团体
安丘市慈善总会	51370784MJE458630W	2008 年 12 月 18 日	社会团体

资料来源：山东省民政厅官方网站。

综上所述，在产生阶段，山东慈善组织的发展突出地表现在制度环境开始优化，减税免税政策开始得到严格贯彻执行，公益慈善机构数量的快速增长，形成了覆盖广大省、市、区县的各类公益慈善组织，资金募集规模切实稳定增长，服务内容相较萌芽阶段向着更广泛更细致化的方向迈进，涉及了拥警、扶老、助学等新的领域，并且重视典型经验的学习推广和人力资源的提升。可以说，山东慈善在这一阶段，公益慈善体系较为完备，公益慈善网络生态初具规模。但问题依然存在，主要表现为基金会和社会团体的数量差异较大，这一阶段涌现出的公益慈善组织中，以慈善总会为主体的社会团体占了绝大多数（见图 2-1），由此可见，基金会的发展还远未成熟。此外，仍然没有一家获得民政部门认证的、民办非企业单位性质的社会服务机构。因此，基金会以及民办社会服务机构需要获得更多的支持和发展。此外，五级慈善网络远未形成，这成为后续阶段要着力解决的重中之重。

（三）山东慈善增速发展阶段（2009~2016 年）

山东慈善事业在这一时期历时八年，在各个方面实现了增速发展。突出地表现出与以往不同的三个特点：一是法律法规大量制定并实施，这是制度支持方面的增速发展；二是省、市、县（区）、乡（镇）、村（居）五级慈善网络基本建成，基金会大量成立，为慈善事业发展提供巨大力量，这是慈善组织体系及慈善力量的增速发展；三是慈善救助工作的内容和范围进一步扩展，这是服务领域的增速发展。

（1）以《中华人民共和国慈善法》为代表的慈善法律法规的数量快速增加，为慈善事业的发展提供了比以往更加强有力的制度支持与政策引领。图 2-2 呈现了 2009~2016 年慈善法律法规增长趋势，由此可以发现，自 2009 年开始，相关法律法规的增长呈现快速上升态势，特别是 2016 年，数量有了快速增长。2015 年 8 月 7 日，山东省人民政府出台了《关于促进慈善事业健康发展的指导意见》，指出到 2020 年，全省基本建立可持续的慈善资源供给体系、全方位的慈善政策保障体系、专业化的慈善行业自律体系、多层次的慈善事业监管体系，慈善事业对社会救助体系形成有力补充，成为加快建设经济文化强省、全面建成小康社会的重要力量。可以说，山东在慈善法律法规的制定上走在了全国的前列，对"十三五"时期国家有关慈善事业发展的政策制定起到了重要参考作用。

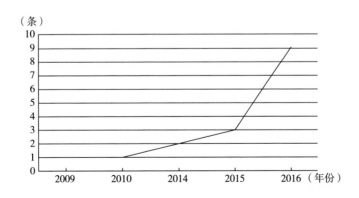

图 2-2 2009~2016 年慈善法律法规增长趋势

注：暂未找到 2011~2013 年的法律法规。

资料来源：笔者通过国家民政部、国务院等部门查找与慈善相关的法律法规整理而成。

2009~2016 年主要的慈善法律法规整理如下：

2009 年 4 月 21 日，下发《民政部关于基金会等社会组织不得提供公益捐赠回扣有关问题的通知》（民发〔2009〕54 号）。

2010 年 7 月 21 日，下发《财政部 国家税务总局 民政部关于公益性捐赠税前扣除有关问题的补充通知》（财税〔2010〕45 号）。

2014 年 11 月 24 日，下发《国务院关于促进慈善事业健康发展的指导意见》（国发〔2014〕61 号）。

2014 年 12 月 15 日，下发《民政部关于贯彻落实〈国务院关于促进慈善事业健康发展的指导意见〉的通知》（民函〔2014〕374 号）。

2015 年 5 月 19 日，下发《民政部 国资委关于支持中央企业积极投身公益慈善事业的意见》（民发〔2015〕96 号）。

2015 年 7 月 16 日，下发《民政部 人力资源社会保障部关于建立和完善慈善表彰奖励制度的指导意见》（民发〔2015〕138 号）。

2015 年 12 月 31 日，下发《财政部 国家税务总局 民政部关于公益性捐赠税前扣除资格确认审批有关调整事项的通知》（财税〔2015〕141 号）。

2016 年 3 月 16 日，十二届全国人大第四次会议通过了《中华人民共和国慈善法》。

2016 年 4 月 14 日，下发《民政部 海关总署关于社会团体和基金会办理进口慈善捐赠物资减免税手续有关问题的通知》（民发〔2016〕64 号）。

2016 年 8 月 25 日，下发《民政部 中国银行业监督管理委员会关于做好慈善信托备案有关工作的通知》（民发〔2016〕151 号）。

2016 年 8 月 29 日，下发《民政部关于慈善组织登记等有关问题的通知》（民函〔2016〕240 号）。

2016 年 8 月 30 日，《民政部 工业和信息化部 国家新闻出版广电总局 国家互联网信息办公室关于印发〈公开募捐平台服务管理办法〉的通知》（民发〔2016〕157 号）。

2016 年 8 月 31 日，民政部颁布《慈善组织认定办法》（民政部令第 58 号）。

2016 年 8 月 31 日，民政部颁布《慈善组织公开募捐管理办法》（民政部令第 59 号）。

2016 年 8 月 31 日，发布《民政部关于指定首批慈善组织互联网募捐信息平台的公告》（民政部公告第 379 号）。

2016 年 10 月 11 日，《民政部 财政部 国家税务总局关于印发〈关于慈善组织开展慈善活动年度支出和管理费用的规定〉的通知》（民发〔2016〕189 号）。

（2）省、市、县（区）、乡（镇）、村（居）五级慈善网络基本建成，慈善组织体系更加健全，基金会大量成立，为慈善事业发展提供巨大力量。八年来，通过坚持不懈地抓慈善组织网络建设，省、市（地区）、县、乡、村五级慈善组织网络基本健全，同时积极推进机关、企业、学校设立慈善工作站，推动社区、高校设立慈善超市等，为广泛开展慈善事业奠定了扎实的组织基础。全省 17 市已普遍成立了慈善义工组织，超过 30 万慈善义工活跃在城乡社区，开展各种形式的慈善义工服务活动，使山东省慈善事业不断向深度和广度推进。

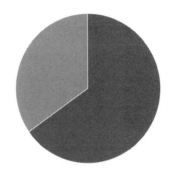

■ 基金会　■ 社会团体　■ 社会服务机构

图 2-3　2009~2016 年山东省公益慈善组织构成

资料来源：山东省民政厅官方网站。

从民政部登记的慈善组织数量和类型上看，2009~2016 年，经过山东省民政部门认证的慈善组织共计 98 个（详见本章附表 1），其中基金会有 64 个，社会团体有 34 个，依然未见一家民办非企业性质的社会服务机构。比较图 2-1 和图 2-3，各类公益慈善组织构成占比出现了新变化，为我们展现了一个很有趣的现象，前述山东慈善发展产生阶段存在的社会团体数量和基金会数量不均衡的问题，在这一阶段得到了一定程度的解决。增速发展阶段的基金会数量（64 个）得到了较大增长，是产生阶段基金会数量（19 个）的 3 倍多，而社会团体的数量较小于产生阶段，图 2-3 直观地反映出占比的变化。慈善组织尤其是基金会数量的快速增长主要得益于这八年间法律法规大量制定实施带来的政策引领作用，各类公益慈善组织有了更加完善的制度环境和免税减税激励政策。可以说，这一时期见证了基金会的大量涌现，山东慈善事业发展获得了五级慈善体系的助力，也获得了众多基金会的大力支持。

（3）慈善专项基金实现新突破，慈善工作的服务内容和范围进一步扩展，涉及许多新的领域，慈善宣传工作多元化多渠道，走上高质量发展道路。2016年，培新集团设立 500 万元"蒙阴县困难民众救助基金"，哈尔滨袋鼠科技有限公司设立 100 万元袋鼠爱基金，定向救助重大疾病儿童。全省 17 市积极响应，通过省、市、县（区）、乡镇（街道）、村（居）五级联动，横向进机关、进企业、进学校的模式，动员社会各界通过设立冠名基金、家庭基金等方式参与脱贫攻坚。2016 年实施的《中华人民共和国慈善法》将每年的 9 月 5 日定为"中华慈善日"，在这一年的 9 月 5 日首个"中华慈善日"里，山东省慈善总会启动了"慈心一日捐"活动，截至年底共接收捐款 707.97 万元，其中，省管企业 381.86 万元、省属高校 107.17 万元、省直机关 218.94 万元。

慈善组织服务内容所涵盖的领域不断延伸，使不同类型的困难群众能够享受到更加精准、有针对性的救助。以 2016 年山东慈善总会开展的多项救助活动为例，服务范围涉及尿毒症治疗、老年人白内障、先天性心脏病、儿童血液疾病、乳腺癌、唇腭裂等特殊疾病的治疗，还包括智能养老、孤独症儿童、银行业困难人群、特困检察人员，此外，山东慈善总会还与中华慈善总会合作开展药品援助项目，格列卫、多吉美等项目 2016 年援助患者 18000 余人次，援助药品折价总计约 5 亿元。以这一时期成立的基金会为例，不仅数量得到了快速发展，而且基金会涉足的服务领域逐渐由传统的领域走向科研、教育、文化创意交流等新的方向。比如在文化领域，威海市恒盛文化艺术发展基金会（2010 年 3 月成立）对具有影响力的公共文化活动、文化创意项目、文化交流项目、文化精品的创作和人才培养进行资助扶持。在科研和教育领域，如山东工商学院教育发展基金会（2012 年 11 月成立）资助贫困学生完成学业，对优秀学生和教师进行奖励，并参与学校的建设与发展。还有一些基金会的服务领域由单一面向走向综合面向，涉及范围甚广，比如山东省乐安慈孝公益基金会（2010 年 8 月成立）的服务领域涵盖扶贫济困、助学兴教、支持科研、兴办医疗卫生、开展敬老爱幼等。由此可见，这一时期山东慈善的社会救助工作涉及社会各类人群，资助的内容也更加具有针对性、精准性。

此外，政府和各级慈善组织在慈善宣传方面迈入高质量发展阶段，宣传的途径、方式多种多样，借助新闻传媒、自媒体、画展、网络平台等各种渠道切实有效地开展慈善宣传工作。比如山东慈善总会创新宣传平台，开通了微信服务号"我的慈善官微"和订阅号"山东慈善"，及时全面地向社会推送慈善工作信息。编撰出版《山东慈善》4 期。采写、编辑山东慈善信息 8 期。编辑整理了《中华慈善年鉴 2015》《山东慈善年鉴 2015》，约 20 万字。

总而言之，这一阶段可以概括为增速发展阶段，山东慈善事业在这一阶段实现了三个方面的增速发展。一是法律法规大量制定并实施，这是制度支持方面的增速发展；二是省、市、县（区）、乡（镇）、村（居）五级慈善网络基本建成，基金会大量成立，为慈善事业发展提供巨大力量，这是慈善组织体系及慈善力量的增速发展；三是慈善救助工作的内容和范围进一步扩展，这是服务领域的增速发展。尤其是 2016 年出台的《中华人民共和国慈善法》为山东慈善发展迈入接下来的规范发展阶段奠定了制度基础。但需要指出的是，无论是在萌芽阶段、产生阶段还是增速发展阶段，民办非企业类的公益慈善组织依然数量不足，这个问题在后续的规范发展阶段得到一定程度的解决。

（四）山东慈善规范发展阶段（2017~2020 年）

可以说，2016 年施行的《中华人民共和国慈善法》标志着山东慈善发展迈入规范发展阶段，在前述三个阶段已有的法律法规基础上，2017~2020 年相继出台了大量与慈善有关的法律法规，这标志着山东慈善的发展迈入更加规范、更加法治化的轨道。得益于法律法规的不断完备，我们发现这一时期出现了一个与以往阶段大为不同的现象，即民办非企业类的社会服务机构实现了从无到有的突破。同时，社会对公益慈善的需求也促进了公益慈善专业人才的培养，这是人力资源上的突破，有了专业人才的供给，山东慈善事业的发展必将在专业化轨道上更加规范，更加行稳致远。

（1）这一阶段的规范性首先体现在慈善法律法规更加完备，山东慈善迈入法治化、规范化发展轨道。2017~2020 年相继出台了 15 份法律法规文件，整理如下：

2017 年 7 月 20 日，民政部发布《关于发布〈慈善组织互联网公开募捐信息平台基本技术规范〉等 2 项行业标准的公告》（民政部公告第 406 号）。

2017 年 7 月 26 日，银监会、民政部印发《慈善信托管理办法》（银监发〔2017〕37 号）。

2017 年 8 月 17 日，下发《民政部办公厅关于全国慈善信息公开平台上线运行的通知》（民办函〔2017〕246 号）。

2017 年 9 月 8 日，民政部、中国红十字会总会下发《关于红十字会开展公开募捐有关问题的通知》（民电〔2017〕145 号）。

2018 年 2 月 9 日，下发《国务院办公厅关于推进社会公益事业建设领域政府信息公开的意见》（国办发〔2018〕10 号）。

2018 年 2 月 11 日，国家发展和改革委员会、人民银行、民政部等 40 个部门印发《关于对慈善捐赠领域相关主体实施守信联合激励和失信联合惩戒的合作备忘录》（发改财金〔2018〕331 号）。

2018 年 5 月 23 日，发布《民政部关于指定第二批慈善组织互联网募捐信息平台的公告》（民政部公告第 433 号）。

2018 年 8 月 6 日，民政部颁布《慈善组织信息公开办法》（民政部令第 61 号）。

2018 年 10 月 17 日，下发《民政部办公厅关于加强慈善医疗救助活动监管的通知》（民办函〔2018〕148 号）。

2018 年 10 月 30 日，民政部颁布《慈善组织保值增值投资活动管理暂行办法》（民政部令第 62 号）。

2018 年 11 月 2 日，财政部、教育部印发《关于印发〈中央高校捐赠配比专项资金管理办法〉的通知》（财科教〔2018〕129 号）。

2018 年 11 月 30 日，印发《民政部关于印发〈公开募捐违法案件管辖规定（试行）〉的通知》（民发〔2018〕142 号）。

2019 年 8 月 27 日，下发《民政部关于印发新修订的〈"中华慈善奖"评选表彰办法〉的通知》（民发〔2019〕81 号）。

2020 年 5 月 13 日，财政部、税务总局、民政部发布《关于公益性捐赠税前扣除有关事项的公告》（财政部、税务总局、民政部公告 2020 年第 27 号）。

2020 年 10 月 29 日，党的十九届五中全会通过的《中共中央关于制定国民经济和社会发展第十四个五年规划和二〇三五年远景目标的建议》要求"发挥第三次分配作用，发展慈善事业，改善收入和财富分配格局"。

从上述法律规范中，我们可以看到这一阶段的法律法规旨在有效应对公益慈善实践当中存在的新问题，契合了慈善事业发展的新需求，比如对互联网募捐平台的技术规范、对慈善信托的管理规范、对慈善信息公开平台的规范等。特别重要的事件是 2020 年 10 月 29 日召开的党的十九届五中全会，明确提出了要发挥第三次分配的作用，发展慈善事业，可以说这是党和国家在完成第一个百年目标之后，在共同富裕道路上提出的新的要求，这必将对山东慈善事业发展起到规范和引领作用。

（2）这一阶段的规范性特点还体现在公益慈善组织规模稳定增长，民办非企业类社会服务机构实现从无到有的突破。2017~2020 年公益慈善组织大概为 80 个，[①] 其中基金会有 55 个，社会团体有 10 个，民办非企业类公益慈善组织 15 个（见本章附表 2）。各类公益慈善组织的数量继续保持较快且稳定的增长速度，绝

---

① 从山东省民政局官网仅查询到 2017 年至 2019 年 8 月的公益慈善组织名单，详见山东省民政厅网站：http://mzt.shandong.gov.cn/art/2019/8/30/art_ 15318_ 8440837. html。为了查询到 2020 年底之前的组织名单，我们又以"慈善"为主题词从山东社会组织网上搜到若干公益慈善组织，详见山东社会组织网：http://mzt.shandong.gov.cn/sdnpo。

大多数基金会致力于助学与教育，这反映了新时代的经济社会发展阶段的新要求，通过教育、人力资本、人才各方面的优化，为实现共同富裕而奋进。结合图2-4，我们很清晰地发现在这一阶段，民办非企业类的社会服务机构实现了数量上的突破，甚至超越了同期社会团体的数量。这是前述山东慈善发展的萌芽阶段、产生阶段和增速发展阶段都悬而未决的问题，而在规范发展阶段得到了一定程度的解决。这标志着山东慈善组织在类型结构上更加完备，更加平衡，也更加规范。只有各类慈善组织齐心协力，发挥各自比较优势、协同配合，山东公益慈善事业发展才会在法治化、规范化道路上行稳致远。但需要指出的是，在规范发展阶段，依然存在一个区域发展不协调不平衡的问题，我们注意到大多数公益慈善组织集中在济南和青岛，而烟台及其他城市则显得数量不足。

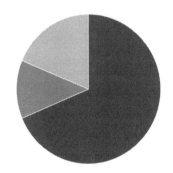

■ 基金会　　■ 社会团体　　■ 社会服务机构

图 2-4　2017~2020 年山东省公益慈善组织构成

注：从山东省民政局官网仅查询到 2017~2019 年 8 月的公益组织名单，为了查询到 2020 年底之前的组织名单，笔者又以慈善为主题词从山东社会组织网上搜到若干公益慈善组织。

资料来源：山东省民政厅网站，山东社会组织网。

（3）这一阶段的规范性还体现在人力资源开发与供给的规范化，公益慈善事业管理人才的培养方面取得新进展。在人力资源开发与人才供给方面，我们看到高等院校发挥了重要作用。特别是山东工商学院，于 2018 年 7 月 14 日成立了公益慈善学院，是国内第一家由公立高校开办的包含本科和研究生阶段学历教育的二级学院。学院自成立以来，依托学校财富管理特色和优势，以社会需求为导向，积极开展"公益慈善+商科"的人才培养模式。学院在公益慈善人才培养、公益慈善学术研究、公益慈善智库咨询、公益慈善教育培训四个主要领域开展工作，比如在人才培养方面，重点培养学生公益慈善项目运营与基金管理能力等，首创全国公立高校四年制公益慈善管理方向本科专业，为国家培养满足社会发展需求的公益慈善事业管理本科及硕士层次人才。可以说，山东工商学院在公益慈善专业人才培养方面走在了山东省前列，为山东慈善事业专业化、规范化发展提供了智力支持和人力资源的支持。

总之，在规范发展阶段，山东公益慈善事业发展迈上了一个新的台阶，各类公益慈善组织的数量持续平稳地增长，国家为慈善组织的发展提供了政策、法律、规范的引领，许多法律法规契合了当前阶段公益慈善发展的新需求，这使慈善组织有法可依，有规可循，大大促进了山东慈善事业向着更加法治化、更加规范化的方向不断发展。此外，民办非企业类公益慈善组织有了明显的增加，实现了由无到有的突破，这使山东慈善组织在类别上更加完备，结构上更加规范平衡。当然，在专业人才培养上，我们见证了高等院校在人力资源开发与供给上做出的创新性尝试和努力，有了专业人才，慈善事业发展就会更加专业，更加规范。当前，共同富裕问题是摆在党和全国各族人民面前极其重要的问题，以人民为主体，以各类公益慈善组织为主导的第三次分配在完善收入分配、缩小收入差距、促进社会和谐、满足人民群众美好生活需求方面发挥着越来越重要的作用。

三、"十三五"时期山东慈善组织发展状况

本部分首先对山东省社会组织发展情况进行整体性介绍和描述，通过选取党建工作、登记管理工作、财力状况等方面与全国社会组织的对比，来进一步展现山东省社会组织发展的整体特点；在此基础上，聚焦山东省慈善组织展开分析和研究，以期客观展示出"十三五"时期山东省慈善组织发展的概貌。

（一）"十三五"时期山东省社会组织发展概况

"十三五"（2016~2020 年）初期，山东省社会组织登记总数为 4.2 万家，到 2018 年底达到 5 万家，再到"十三五"末期突破 6 万家，平均每年新增 4000 家，登记数量比"十二五"末增长 40%；中共中央办公厅、国务院办公厅印发《关于改革社会组织管理制度促进社会组织健康有序发展的实施意见》，省财政安排社会组织发展专项资金 9500 万元；截至 2020 年底，山东省社会组织登记数量突破 6 万家，达到 60214 家，包含社会团体 18460 家、社会服务机构（民办非企业单位）41512 家、基金会 242 家。其中，省管社会组织登记数量达到 2181 家，包含社会团体 1029 家、社会服务机构（民办非企业单位）1029 家、基金会 123 家。全省共有约 12.4 万个在街道乡镇备案管理的城乡社区社会组织，它们在

各地基层党组织和枢纽型社会组织的团结引领下，也在服务群众生活、活跃社区文化、促进居民自治等方面发挥了很好的作用。总之，这些社会组织立足自身职能，积极发挥服务政府、服务社会、服务群众、服务行业作用，初步形成了与山东省经济社会发展相适应，结构合理、功能完善、作用充分、充满活力、规范有序的社会组织发展格局。①

1. 山东省社会组织党建工作概貌

2020年，山东省民政厅等十二部门印发《关于加强党建引领促进社会组织高质量发展的指导意见》，全省16市全部依托市民政局成立了社会组织党建工作机构，党的建设全面加强，市县管理社会组织党建覆盖率达到96.4%，社会组织发展质量进一步提高。山东省委高度重视社会组织党建工作，印发《关于新时代全省社会组织党建工作的实施意见》，为推进社会组织党建相关工作给予了有力支撑。山东省民政厅党组也多次就社会组织"两个覆盖"召开专题会议，并按照有利于加强党的领导、有利于开展党的活动、有利于加强党员教育管理、有利于促进社会组织健康发展、有利于社会组织负责人健康成长的"五个有利于"原则，构建起"省市协同、条块结合、分类管理"的党建工作新型管理体制。对适合属地管理的社会组织，由所在地党组织实施属地管理；对特征明显、管理体系健全、社会组织数量较多的行业，依托行业主管部门成立行业党组织。业务主管单位党组织负责对主管社会组织党建工作实施管理，社会组织综合党委负责兜底管理。②

2. 山东省社会组织登记管理工作

山东省社会组织登记管理部门反复强调增强登记风险意识，制作19项"明白纸"和3项高频事项解读视频，不断规范完善审批流程，推动登记向重质量转变。2020年，省级登记数量比2019年减少1/3，但登记质量明显提高。同时，加大对常年不开展活动、长期不发挥作用的"僵尸"社会组织清理力度，全省通过开展专项行动注销、撤销1322家。

一方面加强登记管理，另一方面落实四类社会组织直接登记政策，推动社会服务机构以市县登记为主，并加强政策培训，提高基层登记人员的业务水平。在此基础上，升级改造山东省社会组织法人库系统，将社会组织监管事项纳入"互联网+监管"体系，推进电子证照建设应用，实现了在省政务服务平台统一受理反馈。同时，制定社会组织行政执法工作指引，完善执法程序，规范执法行为，

---

① 《山东社会组织登记总数突破6万家》，http：//baijiahao. baidu. com/s？id=1691282095004863981&wfr=spider&for=pc。

② 《山东探索社会组织高质量发展之路》，http：//www. mca. gov. cn/article/xw/mtbd/202103/202103000 32591. shtml。

并通过大数据舆情分析监测和风险预警，及时处理苗头性问题，推进"打非"工作常态化。并进一步加强与民政部法人库的系统对接和数据回传，提高了数据质量的精准度，补充缺失信息项，保证存量数据完整性、合规性。

2020年，全省4.3万家社会团体和社会服务机构在年报中公开收费情况，行业协会商会减免降低收费1.02亿元。山东省还进一步完善脱钩改革工作领导机制，及时召开调度会议，定期通报情况，协调解决疑难问题，加快脱钩进度，基本完成全省5300多家行业协会商会脱钩改革任务。同时，加强脱钩后行业协会商会监管和内部运行机制建设，七部门联合印发通知，健全登记管理机关、行业管理部门、职能部门、党建工作机构共同组成的综合监管体系。与此同时，出台《社会组织年度工作报告管理办法（试行）》，进一步完善"双随机、一公开"抽查审计，增强日常监管工作的针对性。会同省发改委开展行业协会商会诚信自律承诺工作，依法管理并动态调整社会组织活动异常名录和严重违法失信名单，并同步在"信用中国（山东）"公示。截至目前，山东省将308家社会组织列入活动异常名录，51家列入严重违法失信名单，移出49家。①

3. 山东省社会组织财力状况分析

通过2016~2020年《中国民政统计年鉴》，我们将2015~2019年我国社会组织固定资产与山东省社会组织的固定资产均值进行比较，详见图2-5。

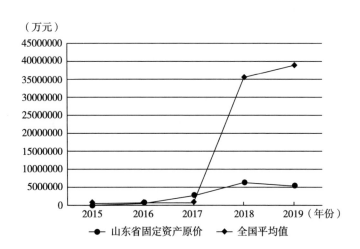

图2-5　2015~2019年我国社会组织与山东省社会组织固定资产原价均值比较

资料来源：《中国民政统计年鉴》（2016~2020年）。

---

① 《山东探索社会组织高质量发展之路》，http：//www.mca.gov.cn/article/xw/mtbd/202103/20210300032591.shtml。

由图 2-5 可见，山东省社会组织固定资产平均水平在 2017 年之前与全国社会组织固定资产平均值基本持平，但是 2017 年之后，我国社会组织固定资产的均值部分省份快速增长，而山东省保持了低速增长，在 2017 年之后产生了较为明显的差距。说明近几年山东省对于社会组织的投入整体上有所不足，还需要继续加强。

　　由图 2-6 可见，在比较固定资产均值的基础上比较了我国社会组织与山东省社会组织年度收入均值，可以看到，2016 年之前虽然山东省社会组织收入合计均值低于国家平均水平，但是增速明显，在 2016 年超过了国家均值，但是 2016~2017 年山东省社会组织年度收入均值出现了下降的趋势，全国社会组织年度收入均值虽然有波动但是整体上保持了较快的上涨势头。

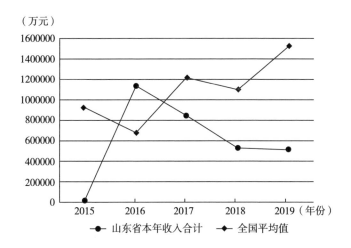

图 2-6　2015~2019 年我国社会组织与山东省社会组织收入合计均值比较

资料来源：《中国民政统计年鉴》（2016~2020 年）。

　　由图 2-7 可知，我国社会组织与山东省社会组织年度支出均值在 2018 年之前基本保持同步，在 2018 年之后我国社会组织年度支出均值有了较大的增速，山东省的支出保持了比较稳定的增速。通过对我国社会组织与山东省社会组织收入与支出均值的比较可以看出，2008 年的汶川地震直接带动了我国社会组织整体收入和支出的提升，山东省近两年在社会组织的整体收入方面有所下降，但是整体支出方面却保持了增长，说明山东省社会组织在整体收入降低的现实中仍然保持了高度的活跃。

　　由图 2-8 可见，山东省社会组织经济增加值的平均值一直优于全国平均水平，虽然 EVA 考核指标本身较为复杂，但从结果来看，整体可以说明一个趋势，山东省社会组织虽然近年来整体投入不足，但是从财务角度看山东省社会组织整体运营情况较好，成本控制能力较强。

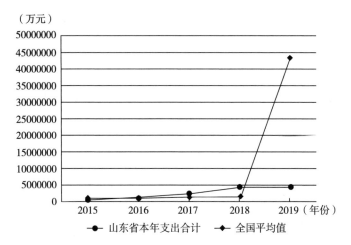

图 2-7　2015~2019 年我国社会组织与山东省社会组织年度支出均值比较

资料来源：《中国民政统计年鉴》（2016~2020 年）。

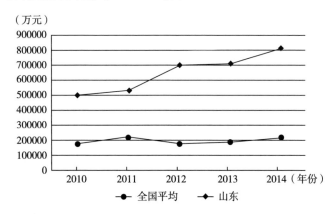

图 2-8　2010~2014 年我国社会组织与山东省社会组织经济增加值比较

注：由于《中国民政统计年鉴》关于社会组织经济增加值只统计到 2014 年，因此本书引用 2010~2014 年官方数据为准进行分析。

资料来源：《中国民政统计年鉴》（2016~2020 年）。

4. 山东省社会组织人力状况分析

如图 2-9 所示，通过对我国社会组织与山东省社会组织的专科学历人才均值与本科学历人才均值比较，可以看出二者具有非常一致的趋势。我国社会组织两类人才数量保持了比较稳定的增速，山东省从 2016 年之后在人才方面有了比较快速的

·50·

增长，且山东省社会组织中具有本科学历及以上的人数优于全国平均水平。

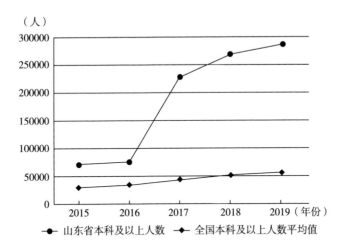

图 2-9　2015~2019 年我国社会组织与山东省社会组织中本科及以上人数均值比较

资料来源：《中国民政统计年鉴》（2016~2020 年）。

　　通过对我国社会组织与山东省社会组织的助理社会工作者人才均值与社会工作者人才均值比较（见图 2-10、图 2-11），可以看出二者具有非常一致的趋势。我国社会组织两类人才数量保持了比较稳定的增速，并且与相关学历人才的变化趋势也保持一致，山东省从 2016 年之后在人才方面有了比较快速的增长，但仍可以看出，社会工作者在总量上的不足。综上所述，山东省社会组织从业人员的整体素质优于全国平均水平。

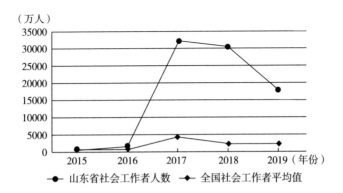

图 2-10　2015~2019 年我国社会组织与山东省社会组织社会工作者均值比较

资料来源：《中国民政统计年鉴》（2016~2020 年）。

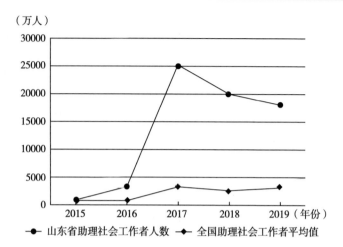

（万人）

图2-11　2015~2019年我国社会组织与山东省社会组织助理社会工作者均值比较
资料来源：《中国民政统计年鉴》（2016~2020年）。

（二）近五年山东省慈善组织发展概况

截至2020年9月底，全国登记认定慈善组织7825个，截至2020年8月，全国范围内经各级民政部门登记认定的慈善组织共7396个，其中基金会5062个、社会团体1875个、社会服务机构459个。净资产规模超过1900亿元；截至目前，山东有慈善组织565家，其中省管社会组织116家。

《中华人民共和国慈善法》于2016年9月正式施行，对慈善组织、慈善募捐、慈善服务、信息公开，以及监督管理都作出了一系列明确具体的规定。民政部随后又发布了《慈善组织公开募捐管理办法》《关于慈善组织开展慈善活动年度支出和管理费用的规定》等，为慈善组织的登记认定和公开募捐资格证书申请工作提供了依据。认定为慈善组织的基金会、社会团体、社会服务机构，由民政部门换发登记证书，表明慈善组织属性。慈善组织符合税收法律法规规定条件的，按照税收规定享受税收优惠。

山东省首批被认定为省管慈善组织的基金会有：山东省扶贫开发基金会、山东省教育基金会、山东省青少年发展基金会、济南市残疾人福利基金会、山东大学教育基金会、山东省中国石油大学教育发展基金会、山东科技大学教育发展基金会、济南大学教育发展基金会、山东省乐安慈孝公益基金会和山东省友芳公益基金会。其中山东省扶贫开发基金会、山东省教育基金会、山东省青少年发展基金会、济南市残疾人福利基金会4家省管基金会获得了公开募捐的资格。

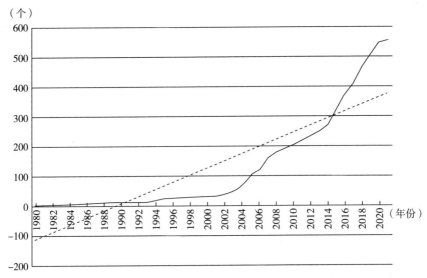

图 2-12 1980～2020 年山东省慈善组织数量统计

资料来源：全国慈善信息公开平台。

1. 总体数量变化情况

（1）总体发展趋势。

根据慈善法的现行分类标准，在山东各级民政部门、省委机构编制委员会、事业单位监督管理局、各市（县）区行政审批服务局登记注册的慈善组织包括基金会、社会服务机构、社会团体三种类型。自 1981 年起，山东省慈善组织数量呈持续增长态势（见图 2-12），据"全国慈善信息平台"统计，截至 2021 年 7 月 24 日，全省共登记慈善组织 562 家，与 2019 年相比，总量增加了 12 家，增长了 2%。在此期间，慈善组织的增长率呈现"上升、下降、上升、下降"的回旋式波动态势。其中，2004 年增长幅度达到顶峰，慈善组织的蓬勃发展表明了山东省财富积累到了一定的程度，也从侧面反映出市场经济的快速发展，贫富差距的进一步拉大。详见图 2-13。

如图 2-14 所示，从社会团体发展趋势来看，2001 年以来，山东省社会团体呈现持续增长态势，截至 2021 年 7 月 24 日，共计 270 家，占全部慈善组织总数的 48.04%；但其每年增长率有所波动，其中，2004 年达到最高值，增长幅度为 1.19 倍。而社会团体中，慈善总会共有 204 家，占全部社团总数的 75.56%，这里需要说明的是慈善总会虽然注册成社会团体，但它的资格是按照公募基金会来获取的，属于民政部门官方直属机构，即慈善总会多为党政部门的延伸，该类社会团体总数的多寡，有效反映了当地民间慈善组织发展的强弱。直至社会开放以后，各地又出现各种新型社会团体类别，比如：协会共有 56 家，占比 20.71%；

联盟共有 4 家，占比 1.48%；促进会共有 3 家，占比 0.53%；联合会共有 3 家，占比 0.53%；等等，社会团体多种类型的出现表明山东省政府大力推进职能转变、简政放权，注重公民的有效参与，通过出台各项举措，比如推动经济类行业协会去行政化：放宽发起成立和登记注册限制，并实行"一业多会"体制，引入市场竞争机制，不断激发其为会员服务的积极性，提升服务质量。

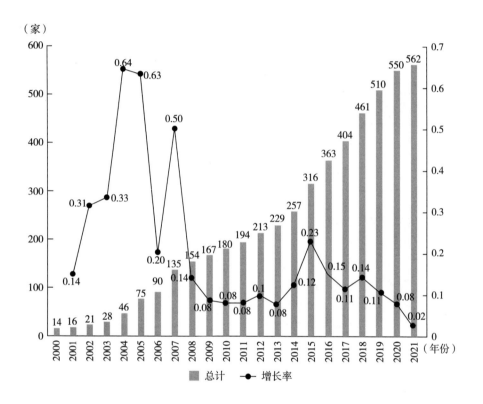

图 2-13 山东省慈善组织发展趋势

注：筛选过程：把以山东命名的慈善组织筛选出来，因为有些是以市/县/区的名称命名的，就根据山东省 16 个地级市、58 个市辖区、26 个县级市和 52 个县名单逐个筛选整理得出。

资料来源：全国慈善信息公开平台。

从基金会发展趋势来看，2001 年以来，山东省基金会数量整体呈现逐年递增的趋势（见图 2-15），实现健康、稳步发展，但其每年增长率有所波动，其中，2007 年达到最高值，增长幅度为 0.43 倍；尤其是 2010 年以后增长速度明显加快，截至 2021 年 7 月 24 日，山东省基金会数量共计 244 家，占全部慈善组织总数的 43.42%，由此可以看出，近十年是基金会快速发展的时期，且由于基金会定义中明确指出"以从事公益事业为目的"，目前基金会基本全部归属于慈善组织，否则其准入机制不存在，它数量的增长也表明在慈善组织中的地位将不断提升，当然，这与当地经济发展基础、城市化水平、市场化程度、人口以及对外开放等内、外部因素都密切相关。

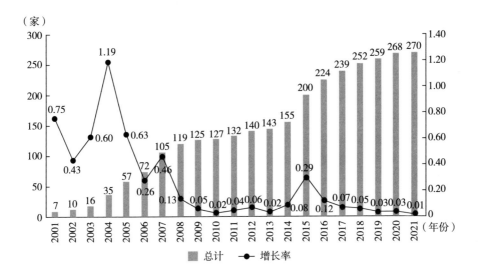

图 2-14 2001～2021 年山东省社会团体发展趋势

资料来源：从筛选出来的山东省慈善组织名单中，进一步以社会团体的具体类别，如"协会""促进会""联盟""联合会"等主题词进一步搜索，并计算统计而得。

从社会服务机构发展趋势来看（见图 2-16），自 2007 年滨州成立第一家社会服务类慈善组织以来，山东省社会服务呈现持续增长态势，截至 2021 年 7 月 24 日，山东省社会服务机构共计 48 家，占全部慈善组织总数的 8.54%；但其每年增长率有所波动，其中，2018 年达到最高值，增长幅度为 122%。社会服务机构由于社会变革开放了慈善组织发展的空间，但都由党政机关演变而来，部分承担政府职能，有的更社会化。慈善法以后更名为社会服务机构。它代表的是社会转型的一种模式，其增长缓慢的原因在于：第一，政府和政党放管服改革不到位，权利和职能的释放空间力度较小，对公民包容性不强；第二，公民慈善意识不足，对政府产生依赖性，自身参与度低，导致社会力量缺失，无法发挥有效职能；第三，社会服务机构密切相关的特定法律条例暂未修订完成，各地民政部门对于如何将现行法律框架下的《民办非企业单位登记管理暂行办法》和《中华人民共和国慈善法》的社会服务机构有效衔接的理解不统一，使其申请认定或登记为慈善组织相对困难。

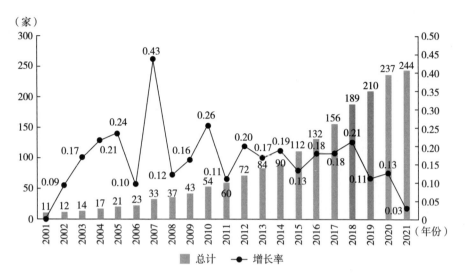

图 2-15 2001~2021 年山东省基金会发展趋势

资料来源：从筛选出来的山东省慈善组织名单中，以"基金会"为主题词进一步搜索，并计算统计而得。

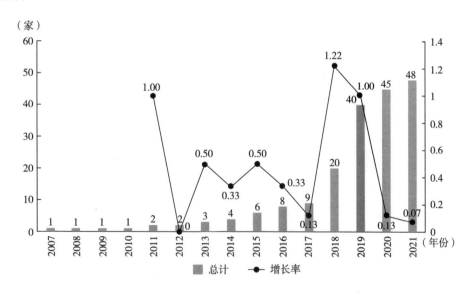

图 2-16 2007~2021 年山东省社会服务机构发展趋势

资料来源：从筛选出来的山东省慈善组织名单中，以"服务中心"为主题词进一步搜索，并计算统计而得。

三种类型慈善组织数量的差距反映了山东省民政部门对不同组织形式登记认定为慈善组织的不同态度：以发展基金会、社会团体为主，社会服务机构类慈善组织为辅，原因可能在于前两者掌握着大量的慈善资源，在特定领域：比如扶贫助困、教育文化、医疗卫生等领域发挥了重要作用；而社会服务机构在提供公共产品和服务以及促进就业等方面也发挥出巨大的作用，能够有效弥补政府、市场的不足，满足公民多元化需求。因此，政府亟须继续加大支持社会服务机构发展的力度，提高其提供公共服务的能力，鼓励社会服务机构参与社会治理，最终实现基金会、社会服务机构、社会团体三大类型慈善组织协同发展，优势互补，共同致力于解决社会问题，满足人们生活质量的提高。

从山东省慈善组织是否获取具有公开募捐资格来看：具有公开募捐资格的有251 家，占全部总数的 44.7%，具有非公开募捐资格的有 311 家，占比 55.3%。详见表 2-3。

表 2-3 山东省慈善组织数量分类一览

慈善组织	社会团体	基金会	社会服务机构	公募资格	非公募资格
数量（个）	270	244	48	251	311
占比（%）	48.04	43.42	8.54	44.7	55.3

（2）年龄图谱。

从慈善组织的年龄图谱（见图 2-17）来看，基本上都是 2004 年以后登记成立的，时间较短，组织需要更多的时间和空间进一步思考、探讨其存在的价值，不断提升自身能力建设，扩大社会影响力。

（3）慈善组织总体数量的区域差异情况分析。

本书利用泰尔指数分解法，进一步分析山东省各个地级市慈善组织总量分布的空间差异，有效反映区域差距的结构特征，计算公式如下：

$$T = T_{WR} + T_{BR} = \sum_i \left(\frac{O_i}{O}\right) Ln\left(\frac{O_i/O}{G_i/G}\right) = \left[\sum_{j=1}^m \frac{O_j}{O} \sum_i^{j(n)} \frac{O_{ji}}{O_j} Ln\left(\frac{O_{ji}/O_j}{G_{ji}/G_j}\right)\right] +$$

$$\sum_{j=1}^m \frac{O_j}{O} Ln\left(\frac{O_i/O}{G_i/G}\right) \tag{2-1}$$

$$T_{WRi} = \sum_i \frac{O_{ji}}{O_j} Ln\left(\frac{O_{ji}/O_j}{G_{ji}/G_j}\right) \tag{2-2}$$

式（2-1）中，T 代表慈善组织总数的泰尔指数，T_{WR} 代表区域内差异，T_{BR} 代表区域间差异，O 为各地级市慈善组织数量之和，O_i 为各个地级市的慈善组织数量，G 为各地级市国民生产总值之和，G_i 为各个地级市的国民生产总值。式 (2-2) 中，T_{WRi} 表示区域内慈善组织的泰尔指数，O_j 为各区域慈善组织数量之和，G_j 为各区域的国民生产总值之和；j = 1、2、3、4，分别代表胶东（青岛、烟台、威海）、鲁中（济南、淄博、潍坊、泰安）、鲁南（菏泽、济宁、临沂、枣庄、日照）、鲁北（东营、滨州、德州、聊城）四大区域。

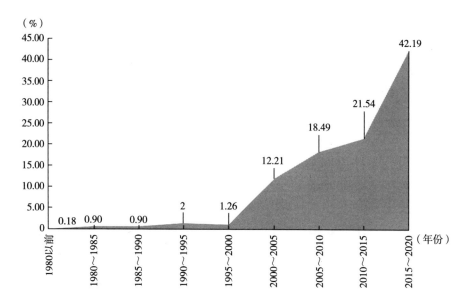

图 2-17 山东省慈善组织年龄图谱

从慈善组织发展的总体差异来看，2015~2018 年慈善组织的泰尔指数整体呈上升趋势，上升了 0.0404（见图 2-18）。这主要因为慈善法颁布以后，地方政府出台了与其相匹配的下位法，降低慈善组织准入条件，加强孵化平台建设，挖掘慈善事业发展潜力，但由于各地级市发布相关规定存在一定时间差，由此导致 2015 年以来慈善组织的泰尔指数出现上升态势。而 2019 年慈善组织发展的泰尔指数为 0.1302，与 2018 年相比，出现较大降幅，下降了 0.139，表明区域差异在缩小，原因可能在于省民政厅将慈善组织的发展放在战略高地，并实行激励政策，培育典型，通过经验的推广提高山东省慈善组织发展的协同程度、缩小区域内各地级市慈善组织的发展差距，有利于整体水平的提升。

从四大分区的慈善组织发展的泰尔指数来看，2021 年鲁北慈善组织的泰尔指数最高为 0.2134，表明该区域内各地级市慈善组织发展差距较大，可能与受当地经济、社会发展等多方面的限制有关。其次是鲁中地区 0.0596，胶东半岛和鲁南地区慈善组织的泰尔指数较低，分别为 0.0598、0.0445（见图 2-19）。

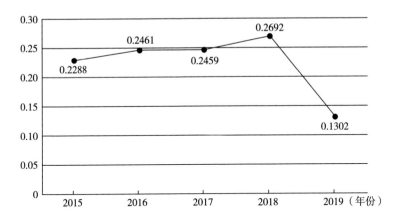

图 2-18 2015～2019 年山东省慈善组织发展泰尔指数变化

资料来源：从国家统计局官网获取山东省各地级市 2015～2019 年"国民生产总值"数据，并结合泰尔指数分解法公式计算而得。

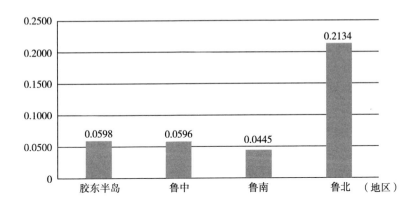

图 2-19 山东省慈善组织数量发展的泰尔指数

资料来源：从国家统计局官网获取山东省各地级市 2015～2019 年"国民生产总值"数据，并结合泰尔指数分解法公式计算而得。

2. 慈善组织各地级市数量变化情况

从地级市分布来看，2020 年，山东省慈善组织总量位居前 3 名的地级市有济南、青岛、东营（见图 2-20）。这 3 个城市的慈善组织总量占到了山东省慈善组织总量的 45.02%，接近一半；其他的 13 个地级市域占一半，区域发展的不平衡较为突出。结合各地级市经济发展水平，2021 年人均 GDP 超过 10 万元的地级市包括东营、青岛、烟台、济南、威海（见表2-4），而烟台、威海两地慈善组织规模比较小，表明其并未完全建立起与当地经济相适应的慈善发展体系。

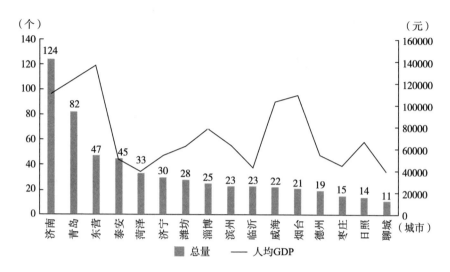

图2-20 山东省慈善组织地域分布情况

资料来源：从山东省慈善组织名单中进一步按照各地级市及其县/区逐级筛选，进一步整理统计而得。

表2-4 2021年山东省慈善组织地域分布情况

城市	东营	青岛	烟台	济南	威海	淄博	日照	滨州	潍坊	济宁	德州	泰安	临沂	枣庄	菏泽	聊城
人均GDP（元）	136128	123144	110090	110227	103704	78160	67556	63819	62537	53760	54882	50576	43605	44896	39581	38938
总量（个）	47	82	21	124	22	25	14	23	28	30	19	45	23	15	33	11

资料来源：从山东省慈善组织名单中进一步按照各地级市及其县/区逐级筛选，进一步整理统计而得。

从各地级市慈善组织分类别情况来看（见图2-21），社会团体总数最多的是青岛市，基金会和社会服务机构总数最多的是济南市，这与其经济发展水平和当地地方政府加大对慈善组织的培育和发展力度、优化慈善组织发展环境密切相关。

3. 慈善组织分类型数量分布情况

（1）社会团体地域分布情况。

通过整理分析可得，山东省各地级市社会团体总量排在前五名的是东营、青岛、泰安、菏泽、济宁（见图2-22）。东营社会团体共计37家，其中慈善总会共36家，占比97%；青岛社会团体共计32家，其中慈善总会共16家，占比50%，

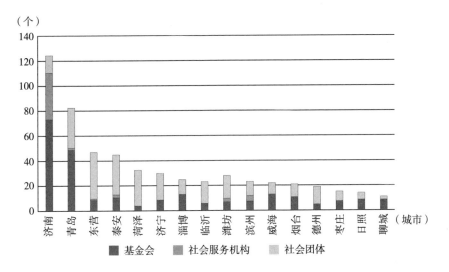

图 2-21　山东省慈善组织各类别地域分布情况

资料来源：从各地级市慈善组织名单中，按照社会团体、基金会、社会服务机构各自类别进一步筛选并统计而得。

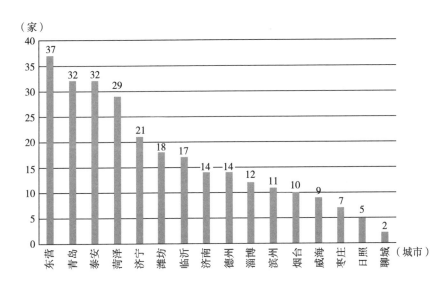

图 2-22　山东省社会团体数量分布情况

资料来源：从筛选出来的山东省慈善组织名单中，按照社会团体的具体类型"协会""促进会""联盟""联合会"等主题词分别进行搜索，然后以各地级市及其辖区为关键词进一步筛选并计算统计而得。

还包括协会 15 家，占比 46.88%，联盟 1 家，占比 6%；泰安社会团体共计 32 家，其中，慈善总会 5 家，占比 16%，协会 22 家，占比 69%，促进会 3 家，占比9%，联盟2家，占比6%。从图中可以看出，青岛、泰安、济宁慈善总会占社会团体总量的比重比较低，表明三地注重民间慈善组织的发展，对政府依赖程度比较低，慈善事业呈现健康的良性发展生态；而济南、烟台、威海、日照等地社会团体被市、区/县、镇级慈善总会全面覆盖，虽然资源动员能力以及项目规模较大，但其内部管理及项目运作等方面行政化色彩比较严重，无法与民间公益组织进行资源共享，且政府部门存在越位与缺位现象，激励机制明显不足，组织内部专职工作人员专业化程度低等问题依然严重（见图2-23）。

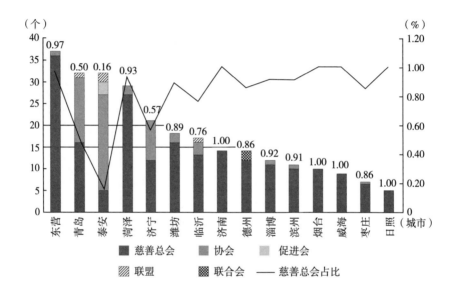

图2-23 山东省社会团体各类型地域分布情况

资料来源：从筛选出来的山东省慈善组织名单中，按照社会团体的具体类型"协会""促进会""联盟""联合会"等主题词分别进行筛选，并进一步计算统计而得。

通过对前五名地级市相关背景的梳理，得到社会团体总量快速发展主要得益于以下几方面：

在政策制度方面，近年来它们相继出台了多项政策法规，表现在：第一，公民慈善意识提高，比如青岛市通过建设"慈善益站平台"助力培养全民慈善观念。第二，高度重视慈善组织的发展，从战略高度把握其发展方向。各地政府提出要改变政府单一救助的模式，着力打造企业单位、慈善组织、社会力量等共同参与社会救助。第三，不断优化慈善组织的发展环境。优先发展具有扶贫济困功能的各类慈善组织，支持慈善组织孵化基地建设；省政府采取奖补资助的方式，资金专项用于支持慈善组织的发展。第四，提供外部支持条件。为公益慈善组织提供登记/认定指导、技能培训等相关配套服务，并实行表彰激励政策。

在经济方面，东营、青岛经济发展水平较高，人均 GDP 均在 10 万元以上，且都具有本市特色资源，比如东营矿产资源及旅游资源极其丰富；青岛海洋特色经济和进出口贸易，有一定政策倾向，社会资金流入较多；都为社会团体的注册成立和慈善活动的开展提供了经济基础。

在社会方面，人民日益增长的服务需求不断提高促使更多社会团体的出现满足他们对于食物、住所、治病等的基本生活需求以及提高社会公众的生活品质。比如：菏泽人均 GDP 排名较为落后，脱贫任务艰巨，贫困人口较多，需要广泛动员社会力量，组织爱心人士和组织进行助力，打通扶贫政策落地的"最后一公里"。

在文化方面，儒家文化、仁爱思想源远流长，直接促成了济宁慈善风俗习惯的形成。济宁市拥有孔孟之乡的天然地理优势，充分挖掘儒家文化慈善思想精髓，对儒家文化慈善思想加以批判地继承吸收，努力打造具有时代特征、孔孟之乡特色的慈善文化品牌，为该市慈善组织的发展提供强有力的文化层面的力量支撑。

（2）基金会地域分布情况。

基金会数量的多寡反映了各地慈善资源的丰富程度。基金会总量排名前五的有济南、青岛、淄博、威海、泰安（见图 2-24）。其中，济南基金会最多（这里统计的不仅包括在济南市本级、区、县民政部门注册成立的，也包括在山东省机构编制委员会办公室以及山东省民政厅登记注册，组织机构位于济南的省级基金会）。原因在于：

第一，政策环境优越。主要体现在：放宽登记限制——对慈善法中规定的慈善活动，比如扶贫、济困、扶老、救孤、救灾等慈善组织实行直接登记，不需要业务主管部门前置审批；优化登记办事流程，精简办事材料；各级民政部门积极帮助基金会享受政策红利；进一步扩大基金会公益性捐赠税前扣除范围并监督其有效落实。

第二，经济发展水平高。济南、青岛发展速度最快，威海、淄博、泰安增速较慢，但人口也相对较少，人均 GDP 相对较高。

第三，优质教育资源丰富。地方高等教育实力较强，公办高校比较多，各高校为面向社会筹集资金、实现办学资金来源多元化，纷纷成立大学教育基金会，为学校发展提供资金支持并实现资金的保值增值的需求。而菏泽、聊城、临沂等鲁西南地区，经济发展相对差，基金会发展缓慢，需要政府加大支持和培育力度。

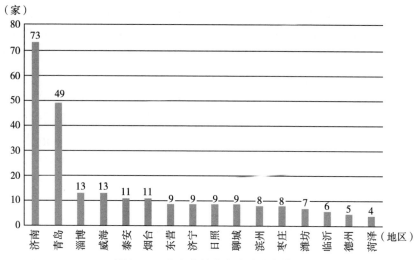

图 2-24　山东省基金会地域分布情况

资料来源：从筛选出来的山东省慈善组织名单中，以"基金会"为主题词进行筛选，然后以各地级市及其辖区为关键词进一步筛选并计算统计而得。

（3）社会服务机构地域分布情况。

如图 2-25 所示，前五名的是济南、滨州、潍坊、泰安、青岛（山东省社会服务机构地域分布）。当地地方政府高度重视和大力发展养老服务、社区服务等

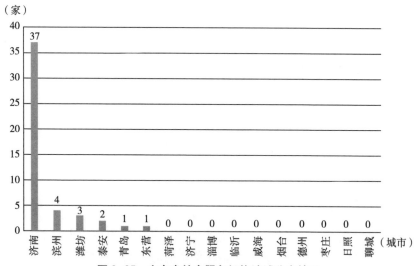

图 2-25　山东省社会服务机构地域分布情况

资料来源：从筛选出来的山东省慈善组织名单中，按照社会服务机构的具体类型为主题词分别进行筛选，然后以各地级市及其辖区为关键词进一步筛选并计算统计而得。

社会服务类组织；也加大探索对于公益慈善、社区建设等类型的社会服务机构直接登记注册的政策法规；建立和完善民政部门与社会服务机构之间的衔接机制等政策，致使其数量较多。然而，由于社会服务机构申请认定或者登记成为慈善组织较为困难，除以上各地级市以外，其他城市均未成立。

　　综上所述，山东省慈善组织的发展离不开当地政府的政策支持、经济实力及文化氛围社会环境的影响。通过将慈善组织数量与人均 GDP 进行相关分析进一步验证可得：两者之间呈显著正相关关系，经济发展水平对基金会数量的影响尤其显著，高达 92.7%，这与其筹款能力密切相关（见表 2-5）。

表 2-5　慈善组织与人均 GDP 相关性分析

		人均 GDP	慈善组织总量	社会团体数量	基金会数量	社会服务机构
数量	皮尔逊相关性	1	0.530*	0.583*	0.927**	0.897**
	Sig.（双尾）		0.035	0.018	0.000	0.000
	个案数	16	16	16	16	16

　　注：*表示在 0.05 级别（双尾），相关性显著，**表示在 0.01 级别（双尾），相关性显著。
　　资料来源：从筛选出来的山东省慈善组织名单中，按照社会团体的具体类型"协会""促进会""联盟""联合会"等主题词分别进行搜索，然后以各地级市及其辖区为关键词进一步筛选并计算统计而得。

　　4. 山东省慈善组织涉及领域结构
　　根据民政部每年发布的民政事业发展统计公报中的行业统计口径，山东省慈善组织业务范围涉及科技与研究、教育、文化、卫生、体育、环境保护、法律服务、社会中介服务、工商服务、农村农业经济等社会生活的各个领域。总体来说，山东省慈善组织在生存权和发展权服务领域都有所涉足，现状是以生存权为主，即教育、社区建设、医疗健康类慈善组织相对较多，占比为 89%，这与中央大政方针保持一致；而环境保护类、科技与研究等发展权类慈善组织所占比例偏低，仅占 11%。这充分反映了山东省慈善组织关注的领域较为传统，力量相对薄弱，未来慈善组织的发展要逐步转向现代意义"大慈善"领域。详见表 2-6、图 2-26。

表 2-6　山东省慈善组织各行业情况

服务领域	社会服务	教育	卫生	其他	文化	科技与研究	环境保护	体育
数量（家）	348	94	52	31	14	8	8	2

　　资料来源：整理于全国慈善组织信息公开平台，时间截至 2021 年 7 月底。

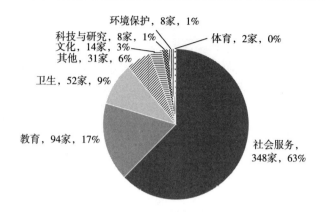

图 2-26　山东省慈善组织各行业情况

资料来源：整理于全国慈善组织信息公开平台，时间截至 2021 年 7 月底。

（1）基金会行业领域情况。

通过整理分析可得：山东省基金会服务领域广泛，在提供社会服务以及教育行业占比最多。在社会服务领域，兴办儿童福利事业、助残、优抚、救灾、扶贫、济困，与国家"十四五"期间《中华人民共和国国民经济和社会发展第十四个五年规划和 2035 年远景目标纲要》提出的重点关注的一系列民生工程相契合。其中，扶贫、济困所占份额最多，表明基金会积极响应"扶贫攻坚"的国家发展战略，在鲁西南地区深入开展精准扶贫等社会公益活动，为其提供雄厚的物资和资金支持，以金融服务创造更大的社会效益和民生价值。在教育领域，主要包括高校教育基金会，其成立的目的为筹集资金改善教学设施、资助生活贫困的学生及基础科研项目，资助有利于学校发展的其他公益项目，也包括负责和支持学校硬软件建设，有利于将科学技术成果转化为现实的生产力，使"科教兴鲁"战略落到实处。在卫生领域，主要包括提供卫生知识普及培训、资助符合国家规定的疾病相关科研项目、对特困户提供免费医疗救助服务以及救援公共卫生突发事件，保障更多病人健康和生命的延续。文化类服务主要资助有广泛影响力的公共文化活动，扶持引导优势文化产业项目，资助具有原创性、探索性的文化创意项目、高端文化交流项目，推动文化产业的发展。详见表 2-7、图 2-27。

表 2-7　山东省基金会分行业分类

服务领域	社会服务	教育	卫生	文化	其他	科技与研究	环境保护
数量（家）	82	76	18	13	6	5	4

资料来源：整理于全国慈善组织信息公开平台，时间截至 2021 年 7 月底。

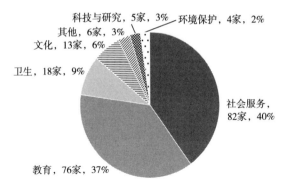

图 2-27 山东省基金会分行业分类

资料来源：整理于全国慈善组织信息公开平台，时间截至 2021 年 7 月底。

（2）社会团体服务领域情况。

山东省社会团体服务领域也比较广泛，排在第一名的同样为社会服务领域，占比为 86%，其中，扶贫、济困、救灾、残障人帮扶等领域比较多，这可能与2018 年山东省民政厅、省委组织部等 14 部门联合印发的《关于大力培育发展社区社会组织的指导意见》有关，自此以后，山东省积极引导、支持社区社会组织，极大地缓解了社会矛盾，维护了社会稳定。其次是卫生领域，占比为 9%，社会团体中红十字会较多，它们积极开展帮助特困农民参加新农合及开展大病救助活动，通过各种渠道筹集资金，帮助弱势群体。详见表 2-8、图 2-28。

表 2-8 山东省社会团体按行业分类

服务领域	社会服务	卫生	其他	环境保护	文化	科技与研究
数量（家）	262	26	10	3	2	1

资料来源：整理于全国慈善组织信息公开平台，时间截至 2021 年 7 月底。

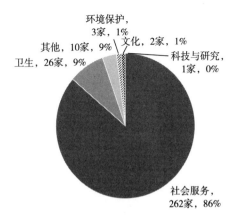

图 2-28 山东省社会团体按行业分类

资料来源：整理于全国慈善组织信息公开平台，时间截至 2021 年 7 月底。

（3）社会服务机构领域结构情况。

山东省民办非企业单位较为集中和活跃的领域是社会服务、卫生和教育。位居第一的是社会服务类，占比为78%，其次是卫生类，占比为14%，位居第三的是教育类，占比为6%（见表2-9、图2-29）。

表2-9　山东省社会服务机构按行业分类

服务领域	社会服务	卫生	教育	环境保护
数量（家）	38	7	3	1

资料来源：整理于全国慈善组织信息公开平台，时间截至2021年7月底。

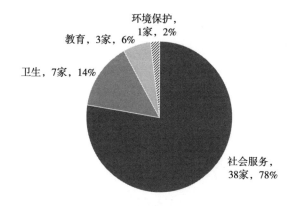

图2-29　山东省社会服务机构按行业分类

资料来源：整理于全国慈善组织信息公开平台，时间截至2021年7月底。

综上所述，山东省慈善组织以开展慈善活动为宗旨，参与救助范围越来越广，涉及大病救助、教育、乡村振兴、"厕所革命"等领域，对政府无暇顾及的服务职能进行了有效承接。近年来不断增加的慈善组织，尤其是基金会为慈善事业的发展提供了必要的资金支持，使慈善事业在调配社会财富方面的能力越来越强；通过吸引和整合包括国际资源在内的各类社会资源，用于提供公共产品和服务，符合多元社会治理体系的建设要求，促进经济与社会等和谐、稳定发展。

5. 山东省慈善组织层级结构

根据慈善组织登记的管理机构，把慈善组织的层级分为省级、市级、县级三个等级。从纵向层级分布来看，在慈善组织的级别分布上，县级慈善组织数量最多，有315个，占比为56.05%；市级次之，有131个，占比为23.31%；省级慈善组织有 116 个，占比为 20.61%。慈善组织是我国社会主义现代化建设的重要力量，虽然省级慈善组织在全省慈善组织总量中占比很少，但无论是资产规模还是动员能力等，省级慈善组织均要高于省级以下民政部登记的慈善组织。仅从基金会来看，无论是捐赠收入还是公益支出，省级慈善基金会都占全省基金会总数的 75% 以上。但县级慈善组织的增加，也得益于省民政厅登记管理政策的引导，其发展为社区服务建设以及公共服务的提供贡献力量，提高了公民政治参与度，畅通基层群众利益表达沟通渠道，减轻政府压力，维护了社会稳定。详见表 2-10、图 2-30。

表 2-10　山东省慈善组织的层级结构　　　　　　单位：个,%

层级	慈善组织	占比
县级	315	56.05
市级	131	23.31
省级	116	20.61
合计	562	100

资料来源：整理于全国慈善组织信息公开平台，时间截至 2021 年 7 月底。

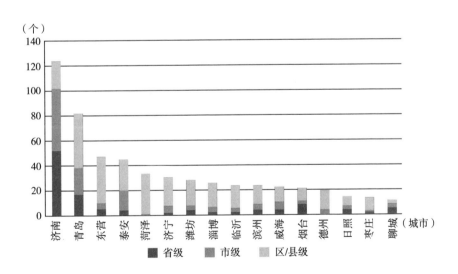

图 2-30　山东省各地级市慈善组织层级结构分析

资料来源：整理于全国慈善组织信息公开平台，时间截至 2021 年 7 月底。

　　从山东省各地级市慈善组织层级结构分析来看，济南省级、市级慈善组织数量较多，而区/县级慈善组织仅占 17.74%；其次为青岛，而菏泽、济宁、泰安、滨州、临沂等地区/县级慈善组织超过省、市级别类，比如：滨州无棣县注重基层社会治理效能，打造县、乡（企业）、村三位一体纵向贯通的慈善组织网络体系，强化措施扎实推进慈善工作（见表2-11）。

表2-11　山东省各地级市慈善组织层级结构分析　　　单位：个

地级市	济南	青岛	东营	泰安	菏泽	济宁	潍坊	淄博	临沂	滨州	威海	烟台	德州	日照	枣庄	聊城
省级	52	17	5	4	1	2	4	2	2	4	4	8	0	4	2	5
市级	50	21	5	16	0	5	3	4	3	4	6	3	4	3	1	3
区/县级	22	44	37	25	32	23	21	19	18	15	12	10	15	7	10	3

资料来源：整理于全国慈善组织信息公开平台，时间截至2021年7月底。

（三）山东省慈善组织各能力发展现状

1. 筹款能力现状分析

本书从筹款规模、筹款结构、筹款效率三个方面获取相关数据并进行比较研究。筹款规模即本年总收入增长率、非限定收入占总收入的比重；筹款结构即捐赠收入、政府补助收入及投资收入占总收入的比重；筹款效率以筹资费用率来体现。

通过在全国慈善信息公开平台将各类别中可查询到年度工作报告的数据进行整理统计可知，在筹款规模方面，社会团体和基金会本年总收入增长率最高，且保持正增长态势，社会服务机构的本年总收入增长率实现负增长；但社会服务机构非限定收入占总收入的比重最高，达到80.59%，表明其自身开展公益项目能力较强，基金会位居第二，社会团体排名最后，原因是协会、促进会等组织成立时间短、知晓度低、公信力、影响力不强等，自身的募资能力较弱。在筹款结构方面，基金会捐赠收入来源比较广泛和多元，既有捐赠收入，占比为78.43%，所占比例最高；又有投资收益（占比为10.48%）及政府补助收入（占比为2.9%）。而社会团体和社会服务机构缺少政府补助这一收入来源，部分来自提供服务获取的收入。在筹款效率方面，社会服务机构的筹资费用率占2.9%，表明其筹资能力相对较弱。详见表2-12、图2-31。

表2-12　山东省慈善组织筹款能力对比

指标	本年度总收入增长率	非限定性收入占总收入的比重	本年度捐赠收入占总收入的比重	本年度投资收益占总收入的比重	本年度政府补助收入占总收入的比重	筹资费用率
社会团体	2.5436	0.4856	0.8946	0.0000	0.0227	0.0000

续表

指标	本年度总收入增长率	非限定性收入占总收入的比重	本年度捐赠收入占总收入的比重	本年度投资收益占总收入的比重	本年度政府补助收入占总收入的比重	筹资费用率
基金会	2.0355	0.6557	0.7843	0.1048	0.0290	0.0001
社会服务机构	-0.1722	0.8059	0.4517	0	0.0131	0.029

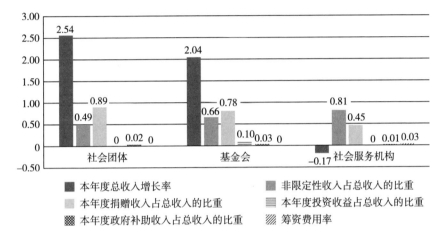

图2-31　山东省慈善组织筹款能力对比

2. 人力资源管理能力现状分析

本书从工作人员数量以及本科人数所占比例进行体现。同筹款能力，通过在全国慈善信息公开平台将各类别中可查询到年度工作报告的数据进行整理统计，可知：在人力资源总量方面，社会团体和基金会2020年年度专职工作人员数量最多，高达5人；而社会服务机构的工作人员总数仅为2人。在人力资源管理质量方面，通过计算2020年慈善组织专职工作人员受教育程度，可知：社会服务机构中本科及以上职工占比仅为37%，在三种慈善组织类别中所占的份额最小。基金会专职工作人员中受教育程度为本科及以上的比重高达72%，高教育水平职工所占的比例越高，越有利于基金会得到更高质量、更具可持续性的发展（见表2-13、图2-32）。

表2-13　山东省慈善组织人力资源管理能力对比

	工作人员数量（个）	本科人数所占比例
社会团体	5	0.48

续表

	工作人员数量（个）	本科人数所占比例
基金会	5	0.72
社会服务机构	2	0.37

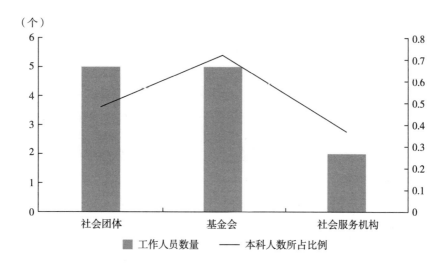

图 2-32　山东省慈善组织人力资源管理能力对比

3. 项目运作能力现状分析

本书运用"本年度慈善活动支出占总支出的比例""本年度慈善活动支出占上年总收入的比例"以及"本年慈善活动支出增长率"代表组织项目运作能力。公益支出占总支出的比例，反映的是支出的社会效用或者说该组织在当年完成社会使命情况；公益支出占总支出的比值已经可以反映慈善组织的社会保障作用。

同筹款能力，通过在全国慈善信息公开平台将各类别中可查询到年度工作报告的数据进行整理统计，可知在本年度慈善活动支出占总支出的比例方面，社会团体所占比例最高，约占98.65%，表明该组织在当年比较好地完成了社会使命；其次是社会服务回购，约达97.77%；三者本年度慈善活动支出占上年总收入的比例都满足《关于慈善组织开展慈善活动年度支出和管理费用的规定》的相关要求，且社会团体所占份额最大，是上年总收入的3.45倍，其次是社会服务机构，约为1.159倍，最后是基金会，为1.1022倍。社会团体本年慈善活动支出增长率最高，说明其公益产出能力相对较强，而基金会的该比率最低，可能的原因为捐赠收入中定向捐赠因到账时间晚等，当年未拨付或拨付比例比较低。详见表2-14、图2-33。

表 2-14　山东省慈善组织项目运作能力对比

	社会团体	基金会	社会服务机构
本年度慈善活动支出占总支出的比例	0.9865	0.9750	0.9777
本年度慈善活动支出占上年总收入的比例	3.45	1.1022	1.159
本年慈善活动支出增长率（%）	5.52	0.1059	2.64

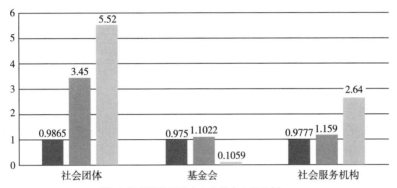

图 2-33　山东省慈善组织项目运作能力对比

综上所述，从慈善组织发展规模来看：山东省慈善组织种类全，覆盖面广；但总量偏少，规模偏小，人均占有量不足。从现代意义上来看，它并没有做到一个社会发展的优秀排头兵，而且处于全国中等位置，受本地文化、现行人们的慈善思想比较大，慈善组织呈现下滑的发展趋势。而现代慈善的标志是注重公民参与，不让行政力量过多影响慈善组织自由的发展，为其提供健康的良性生态环境。

从慈善组织能力建设来看，社会团体和基金会的建设比较规范，社会服务机构在信息公开方面的能力有待进一步提升。从服务领域来看，全省各地已初步建立起与当地经济社会发展基本相适应（除个别地级市以外）、布局较为科学、发展有序的慈善组织体系，且在参与社会管理、公共服务、经济发展中发挥着重要的积极作用。

本章小结

综上所述，山东的公益慈善事业发展既有深厚、久远的历史渊源和文化传统，在具体实践中又体现出阶段性、过程性、渐进性和发展性的特点。山东慈善事业在中西文化激荡与交融之中也不断发展。尤其是改革开放以来走出了一条阶段特征鲜明、不断补足短板、不断完善的公益慈善行稳致远之路。

首先，从历史和文化的角度看，山东的地理位置十分特殊，历来为兵家必争之地，人口众多，地理位置优越，在古代有着鱼盐之利，经济较为发达，为古代慈善事业的发展奠定了一定的物质基础。与此同时，齐鲁大地自古就是礼仪之邦，孔孟文化的影响深远，公益慈善精神有着深厚的文化传承。

其次，中华人民共和国成立后，尤其是1978年改革开放后的山东公益慈善事业发展又体现出较为鲜明的阶段性、过程性、渐进性和发展性特点。总的来说，山东公益慈善事业由起步到成熟，可划分为萌芽阶段（1978~1999年）、产生阶段（2000~2008年）、增速发展阶段（2009~2016年）和规范发展阶段（2017~2020年）四个阶段。每个阶段都呈现出不同的特点，尤为鲜明的特点是，每一阶段悬而未决的问题，在后续阶段都得到一定程度的完善。比如，从产生阶段的规模上看，慈善总会的比重远大于基金会，到了增速发展阶段，基金会的数量得到了大幅度增加。再比如，在前三个阶段都存在的民办非企业类数量不足的问题，在规范发展阶段得到了较大解决。山东公益慈善事业的发展所经历的四个阶段显示出国家重视、法律法规完善、社会慈善意识增强等方面对慈善事业的促进作用，因此，我们可以预见，随着国家进一步提高企业捐赠在应纳税所得额中扣除的比例，尽快出台遗产税和消费税以及公益慈善文化建设，山东的公益慈善事业发展将会走上高质量发展道路。

发展是硬道理，是一切实践活动永恒的主题，山东公益慈善的发展在历史文化的传承中，基于中国社会经济发展的阶段性，开辟出了一条别具特色的公益慈善事业之路。可以预见的是，随着共同富裕在全面建成小康社会之后的重要性日趋凸显，山东公益慈善事业在第三次分配中的作用将愈发凸显。在党和国家的统一领导下，随着公益慈善体制机制建设的不断完善，山东公益慈善事业的发展在新时代必然谱写新的辉煌篇章。

附 表

附表 1 山东省公益慈善组织信息一览表（2009～2016 年）

组织名称	统一社会信用代码	登记日期	类型
山东外事翻译职业学院教育基金会	53370000MJD67557XX	2009 年 3 月 21 日	基金会
庆云县慈善总会	51371423MJE94521XY	2009 年 5 月 6 日	社会团体
昌邑市慈善总会	51370786MJE4713847	2009 年 5 月 23 日	社会团体
曲阜师范大学孔子教育基金会	53370000MJD6756254	2009 年 11 月 10 日	基金会
莘县卓越教育基金会	53370000MJD6755023	2009 年 12 月 7 日	基金会
曹县慈善总会	51371721MJF0591722	2009 年 12 月 31 日	社会团体
青岛市天泰公益基金会	53370000MJD67506XG	2010 年 1 月 9 日	基金会
威海市恒盛文化艺术发展基金会	53370000MJD675342U	2010 年 3 月 8 日	基金会
济南历城慈善总会	51370112MJD759191A	2010 年 4 月 8 日	社会团体
山东省中国海洋大学教育基金会	53370000MJD6752628	2010 年 4 月 29 日	基金会
威海临港经济技术开发区慈善总会	51371092MJE6899499	2010 年 5 月 18 日	社会团体
烟台市枫林公益基金会	53370000MJD675051Q	2010 年 6 月 10 日	基金会
滨州市见义勇为基金会	53370000MJD675633Y	2010 年 6 月 11 日	基金会
山东省乐安慈孝公益基金会	53370000MJD675086B	2010 年 8 月 4 日	基金会
临沂市见义勇为基金会	53370000MJD676257X	2010 年 8 月 24 日	基金会
东营市见义勇为基金会	53370000MJD675844E	2010 年 12 月 31 日	基金会
莒南县红十字会	12371327F51152732D	2011 年 5 月 5 日	社会团体
山东理工大学教育发展基金会	53370000MJD67610X7	2011 年 5 月 17 日	基金会
临朐县慈善总会	51370724MJE4276742	2011 年 5 月 18 日	社会团体
青岛大学教育发展基金会	53370000MJD6753266	2011 年 6 月 7 日	基金会
青岛市华泰公益基金会	53370000MJD675190F	2011 年 10 月 19 日	基金会
荣成市慈善总会	51371082MJE669999F	2011 年 11 月 20 日	社会团体
泰安市泰山义工联合会会	51370900MJE570243D	2011 年 11 月 21 日	社会团体
青岛科技大学教育发展基金会	53370000MJD675588X	2011 年 12 月 30 日	基金会
滨州高新技术产业开发区慈善总会	51371600MJE9918490	2012 年 1 月 16 日	社会团体

续表

组织名称	统一社会信用代码	登记日期	类型
临沭县红十字会	12371329MB28408473	2012年3月14日	社会团体
山东省青岛第二中学教育发展基金会	53370000MJD6752890	2012年5月29日	基金会
山东农业大学教育发展基金会	53370000MJD6753341	2012年5月30日	基金会
青岛农业大学教育发展基金会	53370000MJD675510X	2012年5月30日	基金会
山东英才学院教育发展基金会	53370000MJD675465W	2012年6月15日	基金会
枣庄市见义勇为基金会	53370000MJD675369K	2012年6月27日	基金会
聊城市见义勇为基金会	53370000MJD676871F	2012年6月29日	基金会
山东工商学院教育发展基金会	53370000MJD6751584	2012年9月24日	基金会
山东省南山老龄事业发展基金会	53370000MJD675166Y	2012年10月8日	基金会
聊城大学教育发展基金会	53370000MJD675529T	2012年10月8日	基金会
莱芜市见义勇为基金会	53370000MJD675238P	2012年11月19日	基金会
山东省友芳公益基金会	53370000MJD67565XH	2012年11月30日	基金会
山东省普觉公益基金会	53370000MJD6752035	2013年2月28日	基金会
山东省体育基金会	53370000MJD6781136	2013年4月17日	基金会
济南大学教育发展基金会	53370000MJD675123H	2013年5月30日	基金会
日照职业技术学院教育基金会	53370000MJD675481J	2013年5月30日	基金会
山东泛海公益基金会	53370000MJD6756179	2013年7月17日	基金会
青岛理工大学教育发展基金会	53370000MJD675350N	2013年9月4日	基金会
德州市青年义工协会	51371400MJE895443N	2013年10月29日	社会团体
烟台大学教育发展基金会	53370000MJD675297T	2013年11月22日	基金会
济南京剧国粹发展基金会	53370100MJD7070177	2013年12月3日	基金会
青岛市即墨区爱心养老基金会	53370282MJE007012R	2014年3月8日	基金会
东营市祥瑞慈善功德基金会	53370500MJE275316T	2014年3月11日	基金会
山东师范大学教育基金会	53370000MJD6756847	2014年4月17日	基金会
日照市见义勇为基金会	53370000MJD675895N	2014年4月29日	基金会
济宁市任城区慈善总会	51370811MJE502734W	2014年6月6日	社会团体
山东省泰山文化基金会	53370000MJD6759167	2014年7月22日	基金会
泰安市康复慈善协会	51370900MJE569641H	2014年7月24日	社会团体
菏泽市李荣海艺术基金会	53371700MJF0586208	2014年7月31日	基金会
商河县慈善总会	51370126MJD7897379	2014年8月25日	社会团体
泰安市泰山慈善基金会	53370900MJE5910280	2014年8月29日	基金会
泰安市老园丁爱心接力志愿者协会	51370900MJE569058U	2014年9月22日	社会团体

续表

组织名称	统一社会信用代码	登记日期	类型
泰安市社会公益慈善联合会	51370900MJE5697446	2014 年 11 月 27 日	社会团体
山东省山大齐鲁医院医疗援助基金会	53370000MJD675043X	2014 年 12 月 8 日	基金会
平邑县红十字会	123713264953160495	2015 年 3 月 6 日	社会团体
淄博市孙启玉慈善基金会	53370300MJE1409216	2015 年 3 月 26 日	基金会
青岛市彭措郎加慈善基金会	53370200MJD867029L	2015 年 4 月 27 日	基金会
威海南海爱心基金会	53371000MJE654412A	2015 年 5 月 7 日	基金会
济宁市运河义工服务协会	51370800MJE489197A	2015 年 5 月 7 日	社会团体
山东现代公益基金会	53370000MJD6750353	2015 年 5 月 11 日	基金会
威海市文登仁济基金会	53371003MJE6688147	2015 年 5 月 27 日	基金会
山东省鲁东大学教育发展基金会	53370000MJD6750278	2015 年 6 月 8 日	基金会
枣庄市台儿庄区博爱慈善协会	51370405MJE250418C	2015 年 8 月 19 日	社会团体
泰安市慈善事业促进会	51370900MJE569381A	2015 年 10 月 14 日	社会团体
青岛市大德生公益基金会	53370200MJD867037F	2015 年 11 月 2 日	基金会
济南市单应桂艺术基金会	53370100MJD707033W	2015 年 11 月 25 日	基金会
新泰市东都镇慈善协会	51370982MJE608774Y	2015 年 12 月 17 日	社会团体
新泰市翟镇慈善协会	51370982MJE6087664	2015 年 12 月 21 日	社会团体
巨野县永丰街道办事处慈善总会	51371724MJF074356E	2015 年 12 月 21 日	社会团体
新泰市楼德镇慈善协会	51370982MJE608686G	2015 年 12 月 30 日	社会团体
新泰市谷里镇慈善协会	51370982MJE60866XM	2015 年 12 月 30 日	社会团体
新泰市新汶街道慈善协会	51370982MJE608619J	2015 年 12 月 30 日	社会团体
新泰市龙廷镇慈善协会	51370982MJE6086433	2015 年 12 月 30 日	社会团体
新泰市羊流镇慈善协会	51370982MJE60858X2	2015 年 12 月 30 日	社会团体
新泰市石莱镇慈善协会	51370982MJE608678M	2015 年 12 月 30 日	社会团体
新泰市青云街道慈善协会	51370982MJE608600M	2015 年 12 月 30 日	社会团体
泰安市根本源公益慈善基金会	53370900MJE59101X0	2016 年 2 月 1 日	基金会
烟台弈名教育基金会	53370600MJE314012F	2016 年 3 月 1 日	基金会
泰安市居家养老协会	51370900MJE5692776	2016 年 3 月 30 日	社会团体
鄄城县慈善总会	51371726MJF083260L	2016 年 5 月 5 日	社会团体
青岛市农商银行慈善基金会	53370200MJD8670535	2016 年 5 月 18 日	基金会
青岛市城阳区鑫江慈善基金会	53370214MJD9734118	2016 年 5 月 27 日	基金会
德州市慈善总会	51371400MJE8995918	2016 年 6 月 15 日	社会团体
山东省向日葵生殖健康公益基金会	53370000MJD675174R	2016 年 7 月 28 日	基金会

续表

组织名称	统一社会信用代码	登记日期	类型
山东省齐鲁工业大学教育发展基金会	53370000MJD6752703	2016 年 9 月 9 日	基金会
山东方明齐鲁血液透析公益基金会	53370000MJD67530XB	2016 年 9 月 12 日	基金会
青岛市恒星汉学教育基金会	53370200MJD8670610	2016 年 9 月 12 日	基金会
山东省扶贫开发基金会	53370000MJD675254D	2016 年 9 月 20 日	基金会
滨州学院教育发展基金会	53371600MJE9995179	2016 年 11 月 1 日	基金会
威海市圣儒文化发展基金会	53371000MJE6544205	2016 年 11 月 8 日	基金会
山东省银丰生命科学公益基金会	53370000MJD678105B	2016 年 12 月 7 日	基金会
山东中泰慈善基金会	53370000MJD675828Q	2016 年 12 月 26 日	基金会
威海华艺国粹文化基金会	53371000MJE6544392	2016 年 12 月 26 日	基金会

附表 2　山东省公益慈善组织信息一览表（2017~2020 年）

组织名称	统一社会信用代码	登记日期	类型
青岛市吉上卓锋慈善基金会	53370200MJD86707XP	2017 年 1 月 22 日	基金会
山东省吴孟超医学科技教育基金会	53370000MJD67813XQ	2017 年 2 月 6 日	基金会
济宁市社会工作协会	51370800MJE489824H	2017 年 2 月 10 日	社会团体
山东省金天国际公益基金会	53370000MJD678148Q	2017 年 3 月 1 日	基金会
枣庄市台儿庄区悠铠关爱协会	51370405MJE2517526	2017 年 3 月 14 日	社会团体
山东省中投慈善公益基金会	53370000MJD678156K	2017 年 3 月 17 日	基金会
青岛市森隆慈善基金会	53370200MJD867088P	2017 年 4 月 11 日	基金会
寿光市一中教育基金会	53370783MJE458219B	2017 年 5 月 16 日	基金会
德州学院教育发展基金会	53371400MJE9102876	2017 年 5 月 27 日	基金会
寿光市中学教育基金会	53370783MJE4582351	2017 年 6 月 28 日	基金会
德州市陵城区富路退役军人关爱基金会	53371403MJE9176225	2017 年 7 月 13 日	基金会
山东省鲁信公益基金会	53370000MJD678164E	2017 年 7 月 18 日	基金会
乳山市慈善总会	51371083MJE682050P	2017 年 8 月 2 日	社会团体
青岛市奥利凯慈善基金会	53370200MJD8671098	2017 年 8 月 2 日	基金会
青岛市福慧慈善基金会	53370200MJD8671173	2017 年 8 月 9 日	基金会
济南甘露扶困公益基金会	53370100MJD70705XF	2017 年 8 月 18 日	基金会
泰安市泰邦生物慈善基金会	53370900MJE591052G	2017 年 8 月 18 日	基金会
微山县微山湖教育基金会	53370826MJE5188246	2017 年 9 月 6 日	基金会
青岛市赛轮金宇慈善基金会	53370200MJD867125X	2017 年 9 月 8 日	基金会

续表

组织名称	统一社会信用代码	登记日期	类型
济南市小荷爱心公益服务中心	52370100MJD698392E	2017年9月19日	社会服务机构
威海安然爱心基金会	53371000MJE654447W	2017年10月20日	基金会
青岛市光合慈善基金会	53370200MJD867133Q	2017年10月30日	基金会
泰安市温度公益协会	51370900MJE5761433	2017年11月6日	社会团体
曲阜市时庄街道慈善协会	51370881MJE549399R	2017年11月15日	社会团体
山东威高慈善基金会	53370000MJD6781729	2017年11月22日	基金会
滨城区慈善总会	51371602MJF000218N	2017年11月30日	社会团体
济南市小手拉大手公益服务中心	52370100MJD698552M	2017年12月1日	社会服务机构
曲阜市姚村镇慈善协会	51370881MJE5494285	2017年12月4日	社会团体
济南市四点半助学服务中心	52370100MJD6985285	2017年12月8日	社会服务机构
济宁市宏顺扶老爱幼慈善基金会	53370800MJE502099N	2017年12月18日	基金会
青岛市青银慈善基金会	53370200MJD867096J	2017年12月20日	基金会
济南市历城区玉圃教育发展基金会	53370112MJD766623H	2017年12月27日	基金会
山东艺术学院教育发展基金会	53370000MJD6781991	2017年12月28日	基金会
山东景芝公益基金会	53370000MJD678201L	2018年1月5日	基金会
山东省明日之星教育基金会	53370000MJD6781804	2018年1月12日	基金会
济南爱心桥公益服务中心	52370100MJD698667U	2018年1月26日	社会服务机构
青岛市众绘爱心慈善基金会	53370200MJD867141K	2018年1月29日	基金会
临邑县天行健教育发展基金会	53371424MJE934131X	2018年1月29日	基金会
济南酒联储助学公益基金会	53370100MJD707076A	2018年2月5日	基金会
青岛市恩马世兴慈善基金会	53370200MJD86715XB	2018年4月8日	基金会
东营市润齐慈善基金会	53370500MJE2753598	2018年4月9日	基金会
临沂大学教育发展基金会	53371300MJE7940956	2018年4月13日	基金会
沂源县老干部志愿者协会	51370323MJE2007600	2018年4月28日	社会团体
济南市觉弘公益基金会	53370100MJD7070845	2018年5月23日	基金会
济南市历城区稼轩教育发展基金会	53370112MJD766631C	2018年5月28日	基金会
新泰市希望教育基金会	53370982MJE6170138	2018年5月29日	基金会
青岛市凤凰慈善基金会	53370200MJD867168B	2018年7月3日	基金会
寿光现代教育基金会	53370783MJE45826XE	2018年7月6日	基金会
济南青华宝宝扶贫公益基金会	53370100MJD707105M	2018年7月12日	基金会
济南市境界助学公益基金会	53370100MJD707113G	2018年8月1日	基金会
青岛市润泽慈善基金会	53370200MJD8671766	2018年8月6日	基金会

续表

组织名称	统一社会信用代码	登记日期	类型
新泰市明德义工协会	51370982MJE610612T	2018年8月9日	社会团体
青岛市和华慈善基金会	53370200MJD8671841	2018年8月28日	基金会
青岛市即墨区莲心公益社会服务中心	52370215MJD9962857	2018年9月10日	社会服务机构
山东光明慈善救助基金会	53370000MJD67821XC	2018年9月10日	基金会
威海市文登区"文登学"教育发展基金会	53371003MJE6688222	2018年9月17日	基金会
山东省滴信慈善救助基金会	53370000MJD678228C	2018年10月9日	基金会
山东百格助学公益基金会	53370000MJD6782367	2018年10月23日	基金会
山东青年政治学院教育发展基金会	53370000MJD6782442	2018年10月26日	基金会
山东薇润助残基金会	53370000MJD678252W	2018年11月20日	基金会
平度市博爱教育基金会	53370283MJE0180101	2018年12月6日	基金会
曲阜市微公益协会	51370881MJE5511497	2018年12月26日	社会团体
青岛海之梦慈善服务中心	52370200MJD842630B	2019年1月11日	社会服务机构
山东省扬善仁体彩慈善基金会	53370000MJD678279L	2019年4月17日	基金会
山东企叮咚慈善基金会	53370000MJD6783080	2019年5月31日	基金会
青岛正阳慈善服务中心	52370200MJD8434307	2019年6月28日	社会服务机构
青岛手牵手圆梦慈善服务中心	52370200MJD843609B	2019年7月30日	社会服务机构
青岛市明德慈善基金会	53370200MJD867213C	2019年8月19日	基金会
青岛装企慈善服务中心	52370200MJD843764P	2019年8月26日	社会服务机构
青岛那些花儿慈善服务中心	52370200MJD843895K	2019年9月30日	社会服务机构
青岛华强慈善服务中心	52370200MJD844134R	2019年11月28日	社会服务机构
德州市德善公益慈善事业发展中心	52371400MJE907467D	2020年4月20日	社会服务机构
青岛市文康公益慈善基金会	53370200MJD8672997	2020年4月24日	基金会
青岛繁星助学慈善服务中心	52370200MJD844556Q	2020年5月21日	社会服务机构
青岛市立菲慈善基金会	53370200MJD86723XY	2020年5月28日	基金会
青岛市刘校慈善基金会	53370200MJD867248Y	2020年6月3日	基金会
山东大象公益慈善基金会	53370000MJD678383Q	2020年8月30日	基金会
青岛先锋助学慈善服务中心	52370200MJD845049U	2020年11月9日	社会服务机构
青岛一念扶老慈善服务中心	52370200MJD845073C	2020年11月18日	社会服务机构
青岛市泰诺慈善基金会	53370200MJD867264L	2020年12月3日	基金会

参考文献

［1］刘威：《重新为慈善正名——写在〈人民日报〉社论"为慈善正名"发表二十周年之际》，《浙江社会科学》2014 年第 9 期，第 68-76 页。

［2］山东省地方史志编纂委员会：《山东省志·民政志》，山东人民出版社1992 年版，第 240-241 页。

［3］孙月沐：《为慈善正名》，《人民日报》1994 年 2 月 24 日。

［4］周秋光、林延光：《传承与再造：中国慈善发展转型的历史与现实》，《齐鲁学刊》2014 年第 2 期，第 82-87 页。

［5］中华慈善总会：《中华慈善年鉴 2006-2007》，第 68 页。

［6］中华慈善总会：《中华慈善年鉴 2008》，第 170 页。

第二篇　行业发展篇（2021 年）

第三章　山东省基金会发展研究报告

引　言

公益慈善事业是民间力量参与社会建设的主要方式，近年来基金会组织作为公益慈善事业的载体，其作用愈加突出。在各类公益慈善组织中，基金会具有募集、使用、管理资金的优势，地位尤为重要，在国家治理现代化、实现共同富裕中的作用正在得以彰显。基金会等公益慈善组织近几年的突出表现引起了党中央和国务院的高度重视。时至今日，基金会组织作为专门从事公益慈善事业的社会组织，其法律地位已基本确立，发展定位愈加清晰。基金会的业务范围涉及教育、科技、医药、卫生、文化、艺术、扶贫、环境保护、弱势群体保护等诸多社会公益领域，在募集社会资金、满足公益需要、启沃慈善意识、推动社会力量参与公益、促进社会协调发展等方面均发挥了越来越重要的作用。党的十九大报告提出要"加快推进以改善民生为重点的社会建设"，推动建设和谐社会。要以社会保险、社会救助、社会福利为基础，以基本养老、基本医疗、最低生活保障制度为重点，以慈善事业、商业保险为补充，加快完善社会保障体系。[①] 应当说，公益慈善事业和基金会等公益组织的发展正面临着前所未有的良好机遇。但从另一方面来说，机遇同时也是挑战，目前山东省的基金会无论是数量还是整体素质还远远不能满足慈善事业对基金会的新要求以及人民群众对基金会的新期待。绝大多数基金会动员和组织社会资源的能力没有充分发挥出来，社会影响力有限。最近一段时间，媒体对公益慈善组织一些负面消息的持续关注、曝光，又引发了

[①] 决胜全面建成小康社会　夺取新时代中国特色社会主义伟大胜利，2017 年 10 月 18 日习近平总书记十九大报告。

社会公众对整个公益慈善事业的质疑和批评，社会组织特别是公益慈善事业陷入了空前的信任危机。

本章通过对山东省基金会的数量、类型、公信力等情况进行阐述，以全面、客观的角度展示山东省基金会的真实情况及发展脉络，探索其中存在的问题，为政府职能部门、基金会管理者、研究者提供有意义的参考和借鉴。

一、山东基金会发展历程及特点

基金会取得成熟发展最早是在美国。20世纪初美国基金会开始蓬勃发展。[①]在我国，20世纪前半期基金会的发展经历了数十年的空窗期。为恢复和发展国民经济，政府实行社会主义计划经济体制，社会的一切方面皆由政府包揽。在这种情况下，新中国成立前并不发达的基金会几乎失去继续生存的必要条件，在这30年间，大陆基金会发展几乎处于"空白"状态。改革开放以后，随着社会发展和政府政策的变化，我国基金会也获得了长足的发展。山东省基金会的发展历程与全国的时间规律一致，主要包括初始萌芽、清理整顿、快速发展和依法治理几个阶段。

（一）山东基金会发展历程（1981~2019 年）

山东省基金会的发展历史相对比较短暂，是改革开放的催生物。回顾山东基金会的发展，大致经历了以下四个阶段。

1. 初始萌芽阶段（1981~1990 年）

改革开放以来，社会逐渐产生了自由流动的资源和自由发展的空间，为基金会的产生和发展创造了条件。我国第一家基金会——中国儿童少年基金会成立于1981年，其后陆续有一些基金会或基金管理组织出现。根据1987年9月的不完全统计，当时全国已经建立各种相对规范的基金会214个，其中全国性的基金会3个、地方性的基金会181个。此外各地还利用救灾扶贫款建立了一大批称为基金会的救灾扶贫基金组织，约有6275个，其中乡镇政府设立的就有5888个。[②]

这一阶段，山东省登记注册了6家基金会，分别是：山东省妇女儿童发展基

---

① 高飞、路遥：《美国基金会的历史、发展及其社会影响评析》，《北京行政学院学报》2010年第1期，第26~29页。

② 王名、徐宇珊：《基金会论纲》，《中国非营利评论》2008年第2卷第1期，第16~54页。

金会、中国孔子基金会、山东省残疾人福利基金会、山东省老龄事业发展基金会、山东省企联企业管理科学基金会和泰安市教育基金会。① 其中，山东省妇女儿童发展基金会登记注册于 1981 年，是山东省最早登记注册的基金会组织。这些基金会或者称为基金会的组织，从资金来源看，可以分为国家拨款、社会捐赠和会员出资三种类型。即便是由社会捐资设立的基金会，也是先成立了组织，再以组织的名义吸纳更多的社会资源。1988 年以前的基金会和被称为基金会的组织名目繁多、参差不齐，存在很多问题。

2. 清理整顿阶段（1991~2004 年）

1988 年国务院出台《基金会管理办法》，法规的出台在很大程度上结束了改革开放后基金会无章可循、无序发展的状况，但奉行的主要是控制和限制政策，"三重管理体制""三步批准登记制度"等政策表明了政府对基金会性质及发展认识的偏差，加之随后对民间组织进行清理整顿和重新登记工作的开展，使基金会发展基本处于停顿状态。② 2004 年，国务院颁布实施了《基金会管理条例》（以下简称《条例》），分别规定了基金会登记管理的总原则，基金会的设立、变更和注销登记，基金会的组织机构，基金会财产的管理和使用，政府和社会对基金会的监督管理，基金会的法律责任等，是对基金会登记管理法规的一次重新起草。《条例》将基金会定义为利用自然人、法人或者其他组织捐赠的财产，以从事公益事业为目的的非营利性法人。与分散的、大量的、经常的慈善行为和其他慈善组织相比，基金会具有运作规范、专业化程度高、社会动员力量强的特点。社会性是基金会的本质属性。基金会设立的唯一目的是公益，受益对象是符合其章程规定和业务范围条件的不特定组织和个人，受益对象具有广泛的社会性；基金会的财产来源于特定或不特定人群的捐赠及其增值，也具有广泛的社会性。

在这一阶段，山东省登记注册了 8 家基金会，分别是：山东省青少年发展基金会、山东省见义勇为基金会、山东墨子基金会、青岛市教育发展基金会、泰安市社会治安见义勇为奖励基金会、山东省送温暖工程基金会、青岛市残疾儿童医疗康复基金会和青岛绿华公益基金会。

3. 快速发展阶段（2005~2015 年）

《基金会管理条例》颁布以后，明显具有民间性和社会性特征的非公募基金会取得了飞速发展。尤其是在 2008 年，汶川大地震中，全国人民的数亿爱心开

---

① 基金会中心网，http://foundationcenter.org.cn/。

② 周秋光等：《中国慈善发展的战略思考：历史与现实》，《湖南师范大学社会科学学报》2013 年第 42 卷第 1 期，第 5-20 页。

启了中国慈善事业的公益元年，中国慈善迈入公益时代。2008 年 8 月 8 日，第 29 届夏季奥林匹克运动会在北京举办，加上南方雪灾等重大事件，中国当年的捐赠活动客观上全面创新了中国慈善事业的发展格局，新的格局中居首位的是捐款捐物，已达到 592 亿元，加上其他各类慈善捐赠，当年慈善捐赠款额达到上千亿元①。与此同时，基金会的形态也更加多元、境外境内、公募非公募、官办民办等多种形态的基金会共同构建了复杂的中国基金会体系。

在这一阶段，山东省登记注册了山东环境保护基金会、山东省公安民警优抚基金会、山东省中国石油大学教育发展基金会、山东省鲁卫预防性病艾滋病基金会、青岛市残疾人福利基金会、山东省人口关爱基金会、山东省彩虹援助基金会、山东大学教育基金会等 31 家基金会。值得注意的是，在这一阶段注册的基金会组织除了广泛地分布在省会济南和青岛、威海、淄博、烟台等较发达的地市外，也首次出现了在欠发达地区县市的基金会——莘县卓越教育基金会，这反映了基金会组织在山东省的发展呈现逐步推广的势头。②

4. 依法治理阶段（2016 年至今）

2016 年，《中华人民共和国慈善法》正式实施，与之配套的一系列法规政策相继出台，与此前的《基金会管理办法》等相关的基金会发展政策一起，初步构成支持促进基金会发展的法律法规体系雏形。③ 与此同时，在实践过程中，相关部门依据法律法规，采用各种手段加强了对基金会的日常监督管理。由此可见，基金会这类组织的最大特点就是以公益为目的且是一个财产的集合，我国基金会的发展历史与国外相比，十分短暂，是改革开放的催生物。为了整顿存在的问题，规范基金会的发展，国务院出台文件并采取一系列措施。可以说，2016 年，《中华人民共和国慈善法》的颁布，进一步使基金会发展和管理工作进入了法治化的轨道。

在这短短不到五年的时间内，山东省基金会组织由原有的 40 多家增长到 200 多家，呈现了井喷式的飞跃发展势头。基金会广泛分布在 17 地市以及众多县级区域，业务范围涵盖了教育、文化、养老、医疗、社区服务等多个领域。④形成了具备较大规模、内容丰富的公益资助机构群落，对省内各方面的国计民生产生了积极而广泛的影响。

---

① 秋是：《我国慈善公益发展之路：观念变革与实践创新》，《中国民政》2015 年第 20 期，第 12-21 页。

②④ 基金会中心网，http://foundationcenter.org.cn/。

③ 杨思斌：《慈善法治建设：基础、成效与完善建议》，《社会科学战线》2019 年第 10 期，第 190-198 页。

（二）山东基金会发展特点

近年来，山东省基金会在推动公益事业发展、促进社会和谐等方面发挥了积极作用，自身发展体现出以下新的特征。

（1）数量显著增加，非公募基金会发展迅速。

山东省基金会由 21 世纪初的寥寥数家增长到 2020 年底的 243 家，是各类社会组织中发展最快的。基金会的开放发展，为个人、企业自主地进行公益创投和实现公益意愿开辟了广阔空间。

（2）内部治理结构逐步完善，自身建设进一步加强。

在内部结构治理方面，各基金会的工作框架符合麦卡锡模型当中以共同价值观为核心的结构体系建设。此外，各基金会普遍加强了章程的基础地位，建立了理事会集体决策、理事监事各负其责的民主议事制度，淡化了基金会的行政色彩，提高了基金会自我管理能力和自身活力，为基金会的健康发展提供了科学的组织保障。

（3）公益项目的运作更加成熟，逐渐形成了特色和品牌。

基金会主要依托公益项目开展业务活动。基金会在公益项目的设计和运作上更加成熟，已经形成了一些具有鲜明个性和广泛社会影响力的特色品牌项目，而且在项目的管理上初步建立了科学决策与监督反馈相结合的机制，取得了良好的社会效果，主要表现为结合自身领域、发挥自身特长实施公益项目，注重品牌效应，迅速应对灾害事件，探索新的公益模式。

总之，近年来基金会的实力明显增强，社会贡献显著提高，运作较为独立的基金会已经走在非公募基金会发展的前列，发挥出重要的作用，对整个行业的发展做出了一定的贡献。相对于民政部登记的基金会来说，在地方登记的这类基金会较多且有很多已经进入了快速发展的轨道。虽然目前从资金规模上看没有优势，但在公益项目的运作和内部治理等多个方面开始活跃在最前沿，显示出强大的活力与巨大的潜力。

二、山东基金会发展的现状分析（2020 年）

（一）山东基金会的发展规模分析

近二十年来，山东省基金会呈现了显著的快速增长趋势。2001 年，山东省内仅有基金会 11 家，至 2005 年增长至 22 家，五年之内数量翻了一倍；到 2010 年增长到 60 家，在之前的基础上又翻了近两番，这一段时间基金会数量的快速增长与全国的情况是一致的，由于汶川地震、南方雪灾、北京奥运会等一系列重大社会事件的推动，全国公益慈善组织呈现了前所未有的快速发展。到 2015 年，尽管经历了金融危机、公益组织信用危机等一些曲折，基金会组织的数量还是攀升到了 121 家，五年之内又增长了一倍有余。2019 年山东省基金会的数量为 206 家，尽管该年末发生了新冠肺炎疫情，社会经济生活和各方面事业都受到一些冲击，然而山东省基金会的数量仍保持了快速增长的趋势，从 2019 年的 206 家增长至 2021 年的 243 家，两年之内的增幅高达 18%，显示了山东省公益慈善事业发展的蓬勃趋势（见图 3-1）。

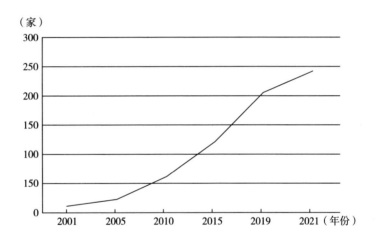

图 3-1　2001~2021 年山东省基金会数量变化趋势

山东省位于祖国东部，山东省西部及北部属华北平原，东部是山东半岛，各区域社会经济文化生活差异显著，呈现多彩而不均衡的状况，山东省各地区基金会数量分布如表 3-1 和图 3-2 所示。

表 3-1　2020 年山东省各地区基金会数量分布

地区	数量（家）
济南	73
青岛	49
威海	14

续表

地区	数量（家）
淄博	13
泰安	11
聊城	11
烟台	10
日照	9
济宁	9
潍坊	8
枣庄	7
东营	7
滨州	7
德州	6
临沂	5
菏泽	4
莱芜	0
总计	243

资料来源：基金会中心网，http：//www.foundationcenter.org.cn/。

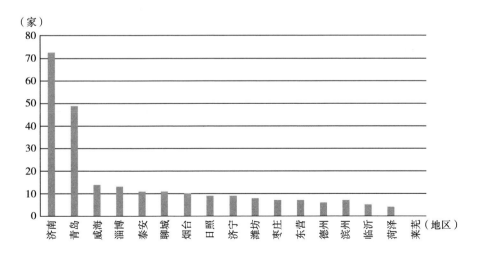

图 3-2 2020 年山东省基金会各地区分布

山东省共有 17 个地市，按照地区生产总值（GDP）排名从前到后依次是济南、青岛、烟台、潍坊、淄博、济宁、临沂、东营、泰安、威海、德州、聊城、菏泽、滨州、枣庄、日照、莱芜。2018年10月起，莱芜地区划归省会济南，合并为同一地市。从山东省经济状况区域分布来看，东部沿海地区显著优于西部内陆地区，基金会数量分布亦大致符合该规律，值得注意的是，济南地区作为省会城市所在地拥有最高数量的基金会73家，占全省基金会总数的30.04%；而济南市莱芜区（原莱芜地区）在山东省基金会数量分布中为最低，作为一个总面积1642平方千米、人口超过137万人的区域，还没有出现第一家基金会，这说明山东省基金会分布的不均衡状况较为显著，发展的空间相当巨大。

（二）山东基金会的种类

1. 按照是否为公募来划分

截至2020年12月31日，山东省现有的243家基金会中有公募基金会44家，占总数的18%；非公募基金会199家，占总数的82%，随着国家对基金会注册资质审核越来越严格，近年新注册的基金会多为非公募基金会（见图3-3）。

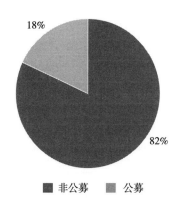

图3-3　山东省公募基金会与非公募基金会比例

2. 按照基金会的营业范围来划分

本章纳入样本为243家基金会涉及各种行业和类型，为便于描述分析，根据其工作内容简要分为以下8个类别：教育助学、扶贫济困、综合公益、见义勇为、文化艺术、医疗卫生、扶残助残、其他。

其中，与全国相似而尤为典型的是，教育助学类基金会占到最高的数量和比例，而且扶贫济困类和综合公益类二者大多包含部分教育助学的工作内容，这与山东省历来重视教育的社会风气有关。另外，见义勇为、文化艺术、医疗卫生、扶残助残这几类基金会的分类边界相对比较清晰，而扶贫济困和综合公益在分类时并没有十分清晰，往往很多实际项目工作有一些相似或交叉（见表3-2）。

表 3-2　山东省基金会分类情况

类别	基金会数量（家）	占比（%）
教育助学	88	36.21
扶贫济困	48	19.75
综合公益	31	12.76
见义勇为	19	7.82
文化艺术	18	7.41
医疗卫生	11	4.53
扶残助残	6	2.47
其他	22	9.05

资料来源：基金会中心网，http://www.foundationcenter.org.cn/。

　　本章在分类时的标准主要是考虑基金会在公益资源（资金或志愿服务）分配之外是否包含其他的内容，以及是否对综合性或开创性的公益形式有较明显的兼容性，若有则界定为综合公益类，其他一些单纯以分配公益资源（资金或志愿服务）为主的扶贫公益基金会、爱心公益基金会则归于扶贫济困类基金会。

　　最后，本次分类中的其他类别主要包括老年服务、妇女服务、环保、技术服务等，值得说明的是，以青少年服务为主的几家基金会在本次分类中归于教育助学类组织（见图 3-4）。

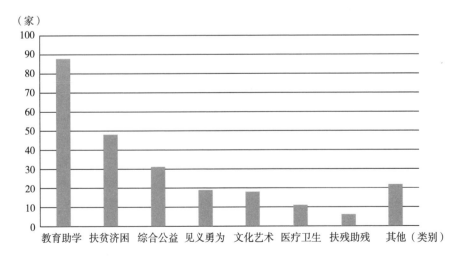

图 3-4　山东省基金会分类

（三）山东基金会的分布情况分析

1. 山东省教育助学类基金会现况分析

在山东省 243 家基金会中，有 88 家专门的教育公益基金会，占总数的 36.21%。根据基金会中心网（The China Foundation Center, CFC）发布的数据，山东省基金会中所有参与教育公益的基金会比例高达 62.96%，可见教育事业在山东省公益慈善乃至整个社会生活中所受重视的程度。在已有的 88 家专门教育公益基金会中，助教助学基金会有 39 家，高等院校基金会有 36 家，中学教育基金会有 10 家，其他教育基金会（主要为行业教育）有 3 家。下文将对各类别的教育基金会分别进行描述分析（见图 3-5）。

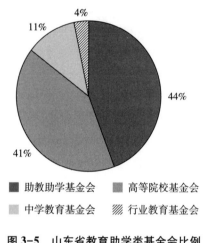

图 3-5 山东省教育助学类基金会比例

助教助学基金会在山东省教育事业尤其是基础教育事业发展过程中发挥了重要的作用。2019 年 12 月 24 日，教育部办公厅发布了《关于进一步规范义务教育阶段家庭经济困难学生生活补助工作的通知》，要求各地区教育部门高度重视"一补"工作，帮助家庭经济困难学生接受义务教育，防止学生因贫失学辍学[①]。确保家庭经济困难学生应助尽助，精准识别资助对象，与脱贫攻坚工作任务相结合，向深度贫困地区和建档立卡等重点人群倾斜。规范资金使用管理，各地应将补助资金直接发放至学生本人或监护人银行卡，鼓励有条件的地区实行统一发

---

① 范国睿、陈婧：《以蓝图引领发展——2019 年我国教育政策评析》，《现代教育管理》2020 年第 9 期，第 1-13 页。

放。建立监管长效机制，进一步完善管理制度，健全监管机制，推进学生资助工作规范管理建设常态化，确保将惠民政策落到实处（见表3-3）。

表3-3　山东省排名前十位的助教助学类基金会　　　单位：万元

序号	基金会名称	净资产	捐赠收入	公益支出	年度总收入
1	山东省教育基金会	29352	17266	13416	18131
2	青岛市教育发展基金会	12648	1446	3186	1786
3	济南市历城区稼轩教育发展基金会	10369	7980	38	8007
4	济南市历城区玉圃教育发展基金会	9110	7023	2241	7070
5	泰安市教育基金会	2452	3260	2337	3273
6	青岛市青少年发展基金会	1311	1666	994	1666
7	新泰市希望教育基金会	1272	580	238	604
8	山东省武训教育基金会	1046	553	329	553
9	聊城市裕昌教育发展基金会	903	0	65	30
10	烟台市希望青少年发展基金会	876	627	0	628

注：按照净资产规模排序。

资料来源：基金会中心网，http：//www.foundationcenter.org.cn/。

根据民政部《2019社会服务统计发展统计公报》统计数据[1]，目前集中在教育领域的社会团队10102个，基金会为1511个。[2] 公益助学方面主要满足的是受助人物质方面的需求，例如求学过程中必需的资金（学费）、支教、书籍以及教育环境改善（例如建设学校）等方面的物质需求，这些措施均是多年助学公益实践的可行模式，也是目前大多数助学公益所采取的成熟方案。受助人在满足物质基础上，仍无法满足不同年龄层的真实需求，公益助学仍无法解决"简单粗暴"的问题；解决其现有物质或资源无法满足的需求点，才是公益助学发挥作用的根本所在，也是公益助学中需要解决的瓶颈（见表3-4）。

表3-4　山东省排名前十位的高等院校教育公益基金会　　　单位：万元

序号	基金会名称	净资产	捐赠收入	公益支出	年度总收入
1	山东大学教育基金会	19458	4210	2009	5295
2	山东科技大学教育发展基金会	12202	971	279	1323
3	青岛滨海学院教育发展基金会	11759	1127	666	1466
4	山东师范大学教育基金会	8849	2406	49	2434

① 民政部：《2019社会服务统计发展统计公报》。

② 《公益助学要变简单"给予"为全面育人》，《南方都市报》2019年8月27日。

序号	基金会名称	净资产	捐赠收入	公益支出	年度总收入
5	山东省中国石油大学教育发展基金会	7930	2669	1350	2817
6	山东省中国海洋大学教育基金会	4240	1373	755	1510
7	山东财经大学教育基金会	4179	802	417	1017
8	青岛科技大学教育发展基金会	3054	2323	2410	2333
9	山东农业大学教育发展基金会	2963	670	272	741
10	山东省鲁东大学教育发展基金会	2679	1397	203	1401

注：按照净资产规模。

资料来源：基金会中心网，http：//www.foundationcenter.org.cn/。

截至 2021 年 7 月，已有青岛滨海学院教育发展基金会、日照职业技术学院教育基金会、山东英才学院教育发展基金会、山东外事职业大学教育基金会、山东商业职业技术学院助学基金会共计 5 家民办高校基金会。山东省高校教育基金会分布比例如图 3-6 所示。

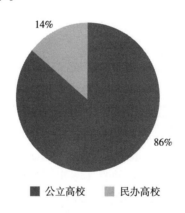

14%

86%

■ 公立高校　■ 民办高校

图 3-6　山东省高校教育基金会分布比例

基金会作为高校筹资的一条重要渠道，在高校发展中发挥着极其重要的作用。对于经费来源单一且不稳定的民办高校而言，设立基金会将有助于改善其筹资结构。高校基金会属于教育领域的非营利性组织。基金会的资金主要来源是校友及社会各界的捐赠，其资金主要运用在学生资助项目、教育发展项目、校园建设项目、科研合作项目上，以推动学校的软实力、硬实力发展，现在有些学校基金会还将服务范围扩张到社会公益。高校教育基金会的作用主要体现在：吸引和管理捐赠，增加学校收入。大学教育基金会是连接学校与社会的纽带，作为一所学校筹资的平台，现在教育捐赠已经成为西方大学筹措经费的重要渠道，西方发达国家的社会捐赠可达到大学经费总收入的 5%。[①] 以哈佛大学为例，该校捐赠已经积累达 260 亿美元，捐赠收入每年为学校提供了 1/3 的年度预算。基金会还可以通过对资金的筹集运作、投资等，使基金保值增值，保持基金的生命力。

2. 山东省扶贫济困类基金会现况分析

扶贫济困、崇德向善，是中华民族的传统美德，也是社会主义核心价值观的重要内容；乐善好施、助人为乐是社会倡导的时代新风，也是实践中国梦的现实要求。基金会积极为贫困人士摆脱贫困铺路，为爱心人士行扶贫善举架桥；让需要帮助的人有尊严地受到帮助，感受到社会的温暖，让奉献爱心的人看到他们的成果，收获助人为乐的喜悦。

目前，山东省共有扶贫济困类基金会 48 家。其中，大多数基金会组织从事的主要工作是公益资源分配，同时，亦有部分组织从事开创性的公益工作，如在乡村振兴领域从事社会创业公益活动（见表 3-5）。

表 3-5　山东省排名前十位的扶贫济困类公益基金会　　　单位：万元

序号	基金会名称	净资产	捐赠收入	公益支出	年度总收入
1	山东省公安民警优抚基金会	39819	11167	4342	13179
2	山东省扶贫开发基金会	20695	11449	20985	12635
3	威海南海爱心基金会	14838	1550	882	2595
4	山东中泰慈善基金会	4006	1515	0	1608
5	山东省友芳公益基金会	3240	478	581	753
6	山东省扬善仁体彩慈善基金会	2967	1002	0	1039
7	山东省送温暖工程基金会	2913	0	139	150
8	青岛市吉上卓锋慈善基金会	2300	348	155	351
9	泰安市泰山慈善基金会	1911	7201	0	7206
10	单县乡村振兴扶贫基金会	1422	1085	0	1088

注：按照净资产规模排序。

3. 山东省见义勇为类基金会现况分析

值得注意的是，在山东省 19 家见义勇为类基金会中，除博山区、沂源县两处县级单位见义勇为类基金会外，其余的 17 家见义勇为类基金会全部为公募基金会，占全省公募基金会数量的 38.64%，全省及每个地级市都有一家具有公募资格的见义勇为类基金会（见表 3-6、图 3-7）。

---

① 杨卓英、陈凯洪、何文意、戴江：《我国民办高校设立基金会可行性研究》，《才智》2014 年第 20 期，第 208-209 页。

表3-6　山东省见义勇为类基金会　　　　　　　单位：万元

序号	基金会名称	净资产	捐赠收入	公益支出	年度总收入
1	淄博市见义勇为基金会	3902	100	101	290
2	聊城市见义勇为基金会	2754	10	44	16
3	烟台市见义勇为基金会	2433	312	247	472
4	枣庄市见义勇为基金会	2366	666	93	667
5	东营市见义勇为基金会	2119	0	91	19
6	临沂市见义勇为基金会	1883	54	107	396
7	菏泽市见义勇为基金会	1695	0	44	69
8	济南市见义勇为基金会	1173	308	89	323
9	潍坊市见义勇为基金会	1161	0	51	38
10	滨州市见义勇为基金会	1145	0	65	26
11	山东省见义勇为基金会	1061	0	205	172
12	青岛市见义勇为基金会	1042	10	35	40
13	威海市见义勇为基金会	886	10	19	16
14	德州市见义勇为基金会	723	10	21	12
15	日照市见义勇为基金会	712	0	21	32
16	泰安市社会治安见义勇为奖励基金会	691	148	257	171
17	济宁市见义勇为基金会	542	0	3	14
18	博山区见义勇为基金会	361	0	0	9
19	沂源县见义勇为基金会	269	0	6	39

注：按照净资产规模排序。

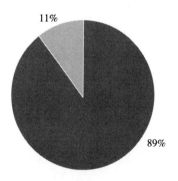

图3-7　山东省见义勇为类基金会公募资质比例

4. 山东省医疗卫生类基金会现况分析

截至 2021 年 7 月，山东省共有医疗卫生类基金会 8 家，详情见表 3-7。

表 3-7　山东省医疗卫生类基金会　　　　单位：万元

序号	基金会名称	净资产	捐赠收入	公益支出	年度总收入
1	山东省银丰生命科学公益基金会	7982	7503	163	7508
2	山东方明齐鲁血液透析公益基金会	1205	2754	2575	2754
3	山东省山大齐鲁医院医疗援助基金会	895	359	137	362
4	山东光明慈善救助基金会	242	105	62	105
5	威海市燕喜堂公益基金会	201	22	22	22
6	山东省鲁卫预防性病艾滋病基金会	168	0	16	0
7	济南市玛利眼科公益基金会	146	0	11	0
8	章丘市肾病救助基金会	138	0	62	0

注：按照净资产规模排序。

5. 山东省扶残助残类基金会现况分析

截至目前，山东省共有扶残助残类基金会 6 家。详情见表 3-8。

表 3-8　山东省扶残助残类基金会　　　　单位：万元

序号	基金会名称	净资产	捐赠收入	公益支出	年度总收入
1	山东省残疾人福利基金会	3936	3019	2906	3168
2	济南市残疾人福利基金会	2405	1132	2729	1178
3	青岛市残疾儿童医疗康复基金会	665	43	55	51
4	青岛市残疾人福利基金会	565	136	144	137
5	山东薇润助残基金会	465	102	51	117
6	泰安市泰山残疾人福利基金会	166	200	0	200

注：按照净资产规模排序。

6. 山东省文化艺术类基金会现况分析

截至 2021 年 7 月，山东省共有文化艺术类基金会 14 家，详情见表 3-9。

在山东省文化艺术类基金会中，规模和社会影响力最大，也最有代表性的是中国孔子基金会。

表 3-9 山东省文化艺术类基金会   单位：万元

序号	基金会名称	净资产	捐赠收入	公益支出	年度总收入
1	中国孔子基金会	9831	192	589	606
2	菏泽市李荣海艺术基金会	536	0	63	69
3	山东省泰山文化基金会	407	200	200	201
4	山东墨子基金会	305	100	0	120
5	威海市恒盛文化艺术发展基金会	300	20	43	71
6	潍坊市铭仁文化发展基金会	206	16	0	16
7	威海华艺国粹文化基金会	206	0	18	18
8	济南市单应桂艺术基金会	203	9	16	17
9	威海市圣儒文化发展基金会	200	12	16	16
10	曲阜市金徽传统文化发展基金会	200	0	0	0
11	临沂市卫康孝爱基金会	180	0	18	0
12	滨州市黄河文化基金会	166	0	15	0
13	济南京剧国粹发展基金会	147	0	18	0
14	青岛市恒星汉学教育基金会	102	40	25	40

注：按照净资产规模排序。

7. 山东省其他类别基金会现况分析

截至 2021 年 7 月，山东省共有其他类别基金会 19 家，这里的"其他类别"主要是指老年服务、妇女服务、技术服务、环境保护等。详情见表 3-10。

表 3-10 山东省其他类别基金会   单位：万元

序号	基金会名称	净资产	捐赠收入	公益支出	年度总收入
1	山东省体育基金会	4295	0	17	0
2	山东省胜利油田地学开拓基金会	1442	76	117	127
3	山东省人口关爱基金会	1168	1539	2853	1560
4	山东省青年创业就业基金会	732	39	31	41
5	山东宋心仿蜂业发展基金会	566	570	0	571
6	山东省妇女儿童发展基金会	538	181	181	181
7	山东省老龄事业发展基金会	511	71	335	77
8	山东现代公益基金会	459	32	0	63
9	山东环境保护基金会	397	186	238	187

续表

序号	基金会名称	净资产	捐赠收入	公益支出	年度总收入
10	山东省胜利石油工程技术创新基金会	386	0	0	44
11	山东省企联企业管理科学基金会	309	0	0	1
12	日照港职工爱心基金会	304	0	0	0
13	济宁市火焰蓝消防公益基金会	274	110	36	110
14	山东省南山老龄事业发展基金会	222	3457	3449	3457
15	德州市陵城区富路退役军人关爱基金会	205	0	10	5
16	青岛市时序国际标准化杰出贡献奖励基金会	201	0	0	1
17	青岛市即墨区爱心养老基金会	200	33	17	33
18	济南铭源人才发展基金会	135	0	16	0
19	济南市现代社会组织发展基金会	23	12	0	0

注：按照净资产规模排序。

在以上类别的基金会中，规模和社会影响力最大，也最有代表性的是山东省人口关爱基金会。

8. 山东省综合公益类基金会现况分析

截至 2021 年 7 月，山东省共有综合公益类基金会 31 家，这里的"综合公益"主要是考虑基金会在公益资源（资金或志愿服务）分配之外是否包含其他的内容，以及是否对综合性或开创性的公益形式有较明显的兼容性，若有则界定为综合公益类。详情见表 3-11。

表 3-11　山东省排名前十位的综合公益类基金会　　　　单位：万元

序号	基金会名称	净资产	捐赠收入	公益支出	年度总收入
1	山东省乐安慈孝公益基金会	94937	11298	3810	22094
2	威海市文登仁济基金会	7251	0	34	64
3	山东省鲁信公益基金会	6487	2132	0	2311
4	山东泛海公益基金会	5010	1080	1350	1390
5	青岛市天泰公益基金会	1342	181	112	209
6	青岛绿华公益基金会	1228	74	108	129
7	山东威高慈善基金会	643	2600	2345	2600
8	山东省金天国际公益基金会	575	0	0	10
9	山东景芝公益基金会	424	36	36	36

续表

序号	基金会名称	净资产	捐赠收入	公益支出	年度总收入
10	淄博市皇城基金会	338	10	25	40

注：按照净资产规模排序。

在山东省 31 家综合公益类基金会中，规模和社会影响力最大，也最有代表性的是山东省乐安慈孝公益基金会。山东省乐安慈孝公益基金会于 2010 年 8 月在山东省民政厅注册登记，是为积极推动医疗、教育、养老、科技、文化等领域公益事业而发起的全国性公益基金会。乐安慈孝秉承"让更多人获得幸福感"的愿景，形成了以"金童银发"为核心的多元化公益服务体系，并于 2014 年获得"中华慈善奖"荣誉称号，"金童银发"项目两度荣获"山东慈善奖——最具影响力慈善项目"。乐安慈孝成立以来，通过各种不同的方式累计在社会帮扶、公益、抗震救灾、教育等方面完成捐赠上亿元。

从以上各类别基金会现况来看，山东省基金会门类多样，已经具备了相当的规模。但是，值得注意的是，相比较于全国 7408 家基金会来说，山东省的基金会数量占全国基金会数量的比例不足 3%，每十万人仅拥有 0.17 家基金会，为全国平均值的 36%，相对数量少，仍需大力推进发展。

（四）山东基金会的资产状况分析

截至 2021 年 7 月，如表 3-12 和图 3-8 所示，山东省 243 家基金会原始基金数合计为 129350 万元，平均每家为 532.30 万元。根据基金会中心网（CFC）发布的数据，山东省基金会净资产占全国基金会净资产的比重不足 2%，243 家基金会净资产总额约 48.53 亿元；基金会规模较小，平均净资产规模约为 1997 万元，仅为全国平均水平的八成。投资收入占净资产比例约为 1%，基金会资产保值增值情况较差。

表 3-12　山东省基金会资产情况

单位：万元

原始基金	净资产	捐赠收入	公益支出	年度总收入
129350	485308	155032	94778	198590

随着中国经济腾飞和互联网信息技术的大发展，中国社会正迎来前所未有的社会创新活跃期，慈善事业越来越受到政府的重视，并被定位为 2020 年全面实现小康社会的重要力量。作为捐赠方的慈善资源供给越来越多，释放潜力依旧巨大。随着中国经济的发展，中国亿万富豪的数量名列全球第二，仅次于美国，众

多知名富豪都已经在过去几年间成立了基金会或亲自参与慈善事业。同时,伴随着移动互联网和移动支付的快速普及,公众得以更容易地了解慈善和参与慈善。从网络捐款来看,"99 公益日"不断刷新了国内互联网的募捐纪录。据统计,仅 2016 年"99 公益日"期间就有 3643 个在筹公益项目获得捐款,涵盖扶贫、助学、疾病救助、助残、妇女儿童、环境保护、动物保护、传统文化保护、公共建设、人文关怀、社会创新等各大领域。其中,扶贫救灾类项目 317 个,疾病救助项目 393 个,教育助学项目 1382 个,环保动物保护项目 305 个,其他项目共计 1246 个。此外,2016 年 9 月 1 日《中华人民共和国慈善法》正式生效,将中国基金会行业带入新的发展阶段。《中华人民共和国慈善法》也必将给基金会的发展带来深刻的影响(见表 3-13)。

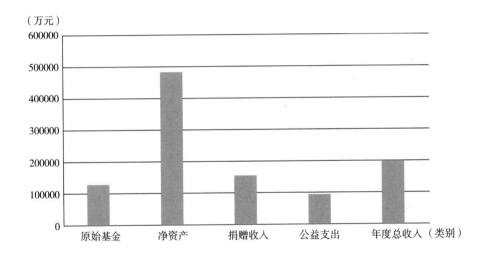

图 3-8　山东省基金会资产情况

表 3-13　山东省净资产排名前十位的基金会　　　　单位:万元

序号	基金会名称	净资产	捐赠收入	公益支出	年度总收入
1	山东省乐安慈孝公益基金会	94937	11298	3810	22094
2	山东省公安民警优抚基金会	39819	11167	4342	13179
3	山东省教育基金会	29352	17266	13416	18131
4	山东省扶贫开发基金会	20695	11449	20985	12635
5	山东大学教育基金会	19458	4210	2009	5295
6	威海南海爱心基金会	14838	1550	882	2595
7	青岛市教育发展基金会	12648	1446	3186	1786

续表

序号	基金会名称	净资产	捐赠收入	公益支出	年度总收入
8	山东科技大学教育发展基金会	12202	971	279	1323
9	青岛滨海学院教育发展基金会	11759	1127	666	1466
10	青岛市四十人金融教育发展基金会	10370	312	407	21059

（五）山东基金会透明度现况分析

信息化时代的今天，慈善基金会若要长远发展，公开和透明是首要因素，透明已经成为基金会的立名之本、发展之基。[1] 2016 年 9 月，首部《中华人民共和国慈善法》颁布实施，势必会引导中国的慈善事业走上更为健康的道路。

近年来，山东省不断完善公益基金会信息披露的法制建设，弥补了公益基金会信息披露法律层次低的问题。在《基金会信息公布办法》《公益慈善捐助信息公开指引》的配合推动下，山东省对外公开信息的公益基金会数量与日俱增，且对外公开的信息内容也日渐丰富，信息公开渠道更加明确、广泛，与之前相比，信息公开渠道增加了民政部门设立的统一公开平台，这一平台的建设，帮助更多的普通公众迅速获取慈善基金会的真实信息。同时，也有利于公益爱好者及时找到想要参与的公益项目，促进公益事业的发展。目前，山东省慈善信息公开平台已建设完成，该平台设置了政策法规、政府信息公开、慈善组织信息公开、慈善救助、慈善募捐搜索等模块。整个平台结构合理、内容丰富，便于利益相关者迅速获取所需信息。此外，官方网站是公众获取基金会信息的一个重要途径。官网数量的增加，不仅便于社会公众获取基金会的相关信息，还表明基金会管理者由被动披露向主动披露思想的转变。

根据基金会中心网（CFC）发布的中基透明指数 FTI 值排序，山东省基金会排名靠前的十家机构情况如表 3-14 所示。

表 3-14　山东省信息透明指数排名前十位的基金会

序号	基金会名称	中基透明指数 FTI 值
1	山东大学教育基金会	100
2	泰安市泰山慈善基金会	100

---

① 程昔武、纪纲、刘子怡：《公益基金会财务信息披露指标体系设计》，《北京工商大学学报（社会科学版）》2014 年第 29 卷第 5 期，第 49-57 页。

序号	基金会名称	中基透明指数 FTI 值
3	青岛市彭措郎加慈善基金会	94.4
4	山东省中国石油大学教育发展基金会	87.86
5	山东省中投慈善公益基金会	84.12
6	山东省普觉公益基金会	83.18
7	中国孔子基金会	82.93
8	山东省乐安慈孝公益基金会	82.25
9	山东省武训教育基金会	80.38
10	山东泛海公益基金会	79.44

注：数据指标：FTI 值。

（六）山东基金会的监督与评估分析

为提高山东省基金会组织自身建设水平、专业服务能力及社会公信力，山东省民政厅着手对包括基金会在内的省管社会组织进行评估。此次评估对象为在省民政厅登记成立，年检合格的省管社会组织，参加评估的社会组织均为自愿。其中，山东省社会组织管理局从基金会中选择开展评估试点工作。山东省民政厅根据我国现行评估法律文件，结合山东省实际情况，参照全国其他省市区的评估指标体系，印发了山东省基金会评估指标①。该评估指标体系与民政部的基金会评估指标体系在内容上大致相同，同样覆盖了四个板块，只是内部治理与社会评价所占分值略有不同。评估工作委托于山东省应用统计学会承担，同时评估经费也由其负担，不向评估对象收取任何费用。此次评估由省民政厅成立省管社会组织评估委员会和评估复核委员会，共同组织协调具体的评估工作。

此次评估试点工作拉开了山东省对省管社会组织进行第三方评估的序幕，激发了山东省各市区参与评估的积极性。值得一提的是，此次评估提出要建立评估与监管联动机制，也是充分利用评估结果的体现。根据评估结果加强对于存在问题的社会组织的监管工作，督促其整改，否则取消其社会组织的资格。在第一次评估试点工作经验的基础上，山东省民政厅印发《第二批全省性社会组织评估工作实施方案》的通知，其中共有 21 家省管基金会参与评估，包括山东省武训教育基金会、山东大学教育基金会、青岛市见义勇为基金会等。评估组织机构依然是在评估委员会下设评估办公室，负责评估委员会的日常性工作，同时评估办公

---

① 张茜：《我国基金会第三方评估制度优化研究》，山东大学硕士学位论文，2016 年。

室设在山东省社会组织管理局。但是，与第一次评估试点不同的是，此次评估的具体工作委托的是山东标准化协会。山东标准化协会，简称山东标协（SDAS），成立于1982年，是一家从事标准化研究与管理工作的非营利性社会组织。山东标协联合省社会组织管理局联合举办了评估专家培训会议，使评估专家提前熟悉评估指标体系。在会议上，北京久其软件股份有限公司的技术人员还对评估信息系统的使用进行了演示。该信息系统为日后巧估各个阶段的数据汇总提供了良好的技术支持。实地考察环节正式开始。由评估办公室从评估专家库中随机抽取3名左右评估专家为一个评估小组，其中一人为该小组负责人，对每家申请评估机构开始为期半天的实地考察。在省级社会组织评估试点工作的带动下，潍坊市、济宁市等市区也相继开展了市级社会组织评估工作。例如，潍坊市的第二次社会组织评估工作中，潍坊市鸢都义工公益服务中心作为此次评估工作的第三方评估机构，在理事长孙志达的带领下，通过邀请北京市著名高校公益领域的杰出教师、资深会计师及山东省优秀院校里此领域的杰出教师等组成专家团队进行实地考察工作。山东省社会组织评估工作，无论省级还是市级，参评社会组织的数量、规模都在逐渐增长，评估试点工作也积累了一些实践经验。但毕竟起步较晚，社会上成熟的第三方评估机构数量少，竞争性更谈不上，从而导致了第三方评估工作的专业性不足[1]（见表3-15）。

表3-15　山东省基金会职工人数　　　　　　　　单位：人

年份	2015	2016	2017	2018	2019
人数	471	539	1130	1203	484

（七）山东基金会人力资源管理状况分析

近年来，随着山东省基金会数量的不断增长，机构人力资源规模和水平也不断上升。但是，由于受新冠肺炎疫情的影响，各基金会职工人数显著减少。可见，山东省基金会在发展过程中难免会因社会经济、文化、生活等形势的变化遇到一些曲折，在曲折中继续发展和前进（见表3-16）。

表3-16　山东省基金会职工大学本科及以上人数　　　　单位：人

年份	2015	2016	2017	2018	2019
人数	168	180	766	800	219

---

① 张茜：《我国基金会第三方评估制度优化研究》，山东大学硕士学位论文，2016年。

三、基金会对于山东省社会建设和治理的意义

近年来，基金会对山东省社会建设和治理产生了重大的价值，发挥了全面的作用，具备非凡的意义。主要体现在以下几方面：

（一）维护政治稳定，弘扬社会主义核心价值观

山东省公益慈善基金会以现代慈善组织形式为载体，开展项目活动，维护了社会稳定，促进了社会风气的改善，弘扬了团结互助的精神，也激发了整个社会的道德回归，形成了人与人之间协调融洽的关系。所有这些，为和谐社会的建立做出了重要的贡献。基金传导了良好的社会风尚，有利于社会主义核心价值观的建立。慈善基金组织募集的每一分钱都是社会各界群众献出的一份爱心和关怀。这种乐善好施的精神，既是中国优秀传统文化的延续和继承，也是社会主义核心价值观所倡导的基本内容之一。有的基金会组织凭借自身独特的品牌优势和家喻户晓的知名度，有的基金组织凭借发起典型人物的个人人格魅力，唤起公众关注他人关注社会的慈爱之心，引导公民施爱行善，不仅使弱势群体得到帮助，而且在全社会树立起了助人为乐的典范，为社会大众所效仿和践行，这样就在全社会倡导了良好的社会风尚。山东省基金会所投入的公益慈善事业是传承中华民族传统美德、培育和践行社会主义核心价值观的内在要求，也是增强公民慈善意识、培育慈善氛围的重要举措。通过开展慈善公益宣传，普及慈善知识，宣传慈行善举和先进典型，弘扬慈善文化，践行社会主义核心价值观，引导社会公众关心、支持、参与慈善活动，营造有利于慈善事业发展的社会氛围。通过多种形式传授慈善知识，开展慈善实践活动，培育慈善理念，弘扬中华民族团结友爱、互助共济的传统美德；支持高等学校和科研机构与慈善组织合作，开展慈善理论研究，建立慈善人才培养基地和学生实训基地，培养慈善相关专业人才。

基金会在政府与公众沟通的过程中承担了中介和桥梁的角色。一方面，基金会可利用其广泛的社会性基础及时有效地把其成员对政府的要求、愿望、建议、批评集中转达给政府，为满足公民多样性和多层次的愿望并实现自己的利益提供了机制和平台。如对政治协商、政策听证等程序的参与，使这些诉求得以在政府决策乃至政纲中有所体现，从而将矛盾的解决纳入理性有序的轨道，维护和促进社会的公平、公正，积极构建一个稳定和谐的社会。另一方面，基金会可以把政府的政策意图和对相关问题的处理意见转达给成员，通过这种利益表达和利益协

调提高沟通效率，从而填补由于政府职能缺位造成的某些制度上的真空。基金会作为非政府组织的重要组成部分，参与政策监督即对政策过程，包括政策的制定、执行、评估和终结进行监督，在通过自身的活动对相关政策施加影响的同时，及时发现和纠正政策在制定和实施过程中出现的问题，减少政策的负面效应。同时，在合理分担政府公共管理职能、促进民主政治发展等方面起到了良好的组织与制度保障作用。

我们可以乐观地展望，随着我国经济社会的发展和各类慈善基金组织的大力推广宣传，分散于民间的潜在资源必然会不断地被发掘，源源不断地注入社会慈善事业中，社会氛围也日益向善，有利于形成互助友爱的良好社会风尚。

（二）促进经济发展，助力脱贫攻坚伟大事业

山东省的公益慈善基金会开展大量资助，缓解了社会建设过程中资金不足的问题，改进了社会资源配置和利用的合理性，对经济发展做出了重要的贡献。我国各个地区的社会保障能力是和地区经济发展水平相匹配的，基本情况是城市好于农村、沿海好于西部。社会资源过多地集中在城市地区和东部沿海地市，农村地区则极度缺乏必要的救助。慈善基金强调对困难群体的倾斜，同时还注重对具体项目的跟踪，解决重点和紧迫问题。在慈善项目的准备、实施及评估过程中，国际上的新思想、新技术和新方法也同时被引进到中国。传统的慈善组织一般采用运作性的项目模式，事实证明这种模式透明度低、管理难度大、公信力差。基金会强调自身的可持续发展，通过合理投资所获取的回报，一部分收益用于慈善、剩余收益和本金继续投资，循环滚动发展，从制度建设上为中国的慈善基金的可持续发展探索一条出路。公益慈善基金会围绕深度贫困地区和特殊贫困群体的脱贫需求与长远发展，激发政府、企业、社会组织和公众四个层面的供给侧叠加效应。慈善的一个重要功能就是通过社会财富的再分配，缩小贫富差距。因此，扶贫也是慈善的终极价值之一。而扶贫所扶的不仅是经济贫困，更有能力贫困、观念贫困。引导和鼓励社会力量参与深度贫困地区脱贫攻坚工作，带动和引领社会慈善资源向深度贫困地区倾斜。聚焦贫困人口最迫切的需求，利用"互联网+公益"等新渠道、新手段，强化"线上项目众筹"与"线下资源服务"，致力于将每一个脱贫攻坚的良好愿望，转化成惠及贫困人口的实际行动。

（三）助力文化教育，提升全民精神文明综合水平

基金会开展大量公益慈善工作，促进了中国的教育文化发展和改革，取得了较好的经济和社会效果。基金会项目工作覆盖面广、目标明确、管理得当，通过具体项目的开展，采取资助贫困生、培训教师、援建图书馆和改革课程设置等方

法在教育领域进行了大量尝试和创新。例如中国青少年发展基金会发起实施的希望工程是我国社会参与最广泛、最具影响力的民间公益事业。除教育领域外，其他为中国的经济文化发展和改革添砖加瓦的基金还有很多，比如资助有积极社会意义的文化传承与创作，推进国内外文化交流等。

山东省有多家教育基金会将教育机会的平等作为工作的重点，重视相关普及项目的投入。通过对贫困学子的资助、改善教育的软硬件环境、设立奖教、奖学、助学等项目，从多方面推动教育事业的发展。高校基金会通过加强与社会各界尤其是校友的沟通与联络，赢得社会对学校在资金和物质等方面的关心和支持，拓宽了学校办学资金的渠道。目前，基金会捐赠已成为多数高校除财政拨款之外的重要资金来源，这对高校奖优助困、改善教学条件、举办各类学术讲座、聘请知名学者来校讲学、开展科研项目、派遣优秀师生出国深造、加强与国内外各大高校的交流与合作等，都发挥了积极的作用。高校基金会的发展还为先进办学理念的引进、优秀人才的培养、与国际名校的接轨提供了平台，为培养学生尊师爱校、回报社会的情感，也发挥了相应的作用。伴随着城市化进程的加快，大量的农民离开农村进城务工，这直接导致了两部分儿童的教育受到影响：一部分是随父母进城的"流动儿童"，另一部分是在家乡的"留守儿童"。受传统体制的影响，前者进城却不能享受与城市孩子同等的教育，后者在家中因无人管教，也带来一系列问题，引起了社会广泛的关注。对此，一些基金会通过探索各种有效的公益模式，推动问题的妥善解决。如通过资助、创办新公民学校，为农民工子女提供学习场所，改善他们的成长环境，帮助农民工子女获得更好的教育，使孩子们能够发掘潜能，培养现代意识，承担起未来公民的责任，成为国家的高素质建设者。还有一些基金会致力于弥合城乡教育之间的巨大鸿沟，改变乡村教育边缘化与应试化的现状，如为乡村学校建设集互联网、图书及多媒体于一体的多功能教室，提高乡村教育软实力，加强对乡村地区基层教师的专业培训，以此促进当地教师视野和理念的提升，促使他们逐步改变教学思路和教学模式。

文化类基金会通过对优秀文化艺术项目的资助和支持，体现先进文化的主导示范作用。随着社会财富的增加和中国对外开放程度的扩大，社会上的各类文化基金和基金会越来越多，涉及的领域会越来越广，成为活跃的文化投资和融资领域。基金会将不同于社会上其他公益性、私人性、专业类基金会，以鲜明的政治导向、积极的社会效益、广泛的公益服务、国际化的操作规范，起到良好的主导示范作用。通过公平公正公开的基金会运作，把社会上有意资助文化的分散资金和资源集中起来，有效地投入到文化事业的发展中去，为发展民族文化和人类进步而做出积极的贡献。通过基金会的运作，可以使分散的资金发挥规模效应，使资助的风险得到有效的规避和化解，使资助者支持文化发展的良好愿望得以实现。通过对原创性、创新性、实验性项目的资助和支持，有力地推动文化新人的成长，吸引更多优秀的文化项目。基金会高举鼓励创新和培育新人的旗帜，突出自己的鲜明特色，提供更多的文化资源。

（四）增进社会和谐，民生为本提升群众生活质量

山东省的基金会在改善民生方面开展了众多项目，增进了社会和谐。比如新生儿疫苗接种、儿童营养监测与改善、疟疾、结核病和艾滋病项目、赠药项目、雨水积蓄、水窖工程、普及太阳能等。所有这些项目的作用是非常显而易见的，它改善了我国妇女和儿童的健康状况，改善了项目地区人民的原来落后的卫生习惯，树立了环保观念，甚至改变了村容村貌，为达到乡风文明、村容整洁的目标打下了良好的基础。人群的健康水平得到改善，工作效率和劳动积极性便得到提高，这就为国家和社会建设提供了强有力的人力资源保障。

在社区治理方面，基金会发挥了不可忽视的作用。社区治理的目的是要实现社区的多元共治，走向善治是社会治理的最终目标。区居民是社区多元化治理的重要主体，而且在社区治理的主体中占到了绝大多数。社区基金是社区居民自己的资金，它的使用应该本着取之于民、用之于民的原则，发挥社区居民的主体性和主导性作用，除了资助社区个体，例如社区的困难群体外，社区基金还应该根据居民自身对社区的了解来选择资助的公益项目或筛选出公益项目由谁提供，这样有利于减少社区基金本身的运行成本。同时，通过利用有限的社区资源，资助非营利组织为辖区提供项目或活动，使社区居民行动"组织化"，形成公益组织群，从而培育出更多的社区自组织和公益组织共同推动社区治理。此外，居民参与社区治理是保障其基本权利和提升社区治理水平的重要途径，社区基金强调还权和赋能的理念，一方面，倡导把社区治理的决策权、话语权、监督权归还给社区居民，相信居民有能力解决自身及本社区的问题，增强居民对社区基金和社区治理的责任，有利于形成社会监督。另一方面，社区基金重视增强社区居民的参与能力，为其更好地参与社区治理提供能力保障。

（五）致力生态保护，情系家园珍惜绿水青山

山东省的基金会组织通过资助和开展与生态保护、治理相关的项目工作，有效地发挥了生态治理作用。例如通过组织社会力量、参与环境保护把非常分散的、原来完全是个体化的社会力量很好地组织和聚集起来，然后以组织化了的形式，以组织化了的力量参与到环境保护当中去。紧贴群众生活，开展环境宣教，如推广垃圾分类，通过长期的宣传以起到很好的环境宣教的作用。保持敏感中

立，推动环境监督。例如面对某一个环境污染的事件进行长期跟踪和监督，并监督政府部门更好地在环境监督方面去履职尽责。开展环境维权，代表了很多的在环境方面受到污染侵害的这些受害者，帮助他们提供一些法律维权的途径，开展一些环境维权方面的事宜。参与环境保护的国内外交流。环境治理成为一个全球治理的非常重要的内容，每年都会召开一些类似于可持续发展峰会、气候变化大会等这些国际性的会议。在这些国际会议召开的同时同地，往往都会召开非政府组织的会议，在这些非政府组织的会议上，社会组织就可以参与到里边去，在非政府组织的论坛里边去为维护我们国家的环境利益，为实现我们的环境外交去更好地出一分力，这也是基金会组织目前可以在生态文明建设当中发挥作用的很重要的领域。

作为政府、企业和其他社会力量的有力补充，山东省各家基金会通过实实在在的环保行动，在改善环境问题、推动公众和社区广泛参与、唤醒和提升公民环保意识、协助落实国家政策、促进环保科技研究等方面作用突出。基金会从各个地区环境问题现状出发，有针对性地开展环保项目，促进环境问题的改善。基金会动员社会力量积极参与各类环保项目，以此来提升公民环保意识。基金会积极配合政府开展和落实相关政策。同时，积极建议、影响、推动政府相关环保政策的制定。比如成立环保中心，开展调研，为环保政策的出台建言献策。环保科技作为环保的新兴领域，是基金会环保能力建设，也是信息科技时代对环保领域追求创新性的必然要求。同时，部分基金会也开展了一些以环保科技与创新为导向的项目，成立城市可持续建设研究中心，支持绿色产业相关的可持续发展研究研发课题等。

四、山东基金会发展中存在的问题分析

近年来，山东省基金会尽管已经取得了一些进展，但仍然存在以下几个方面的问题，需要继续做出努力。

（一）基金会规模、实力尚显薄弱

目前山东全省基金会大多资产规模较小，整体透明度亟须提高。基金会中心网 CFC 报告显示，山东省基金会数量占全国基金会数量的比例不足 3%，每 10 万人拥有 0.17 家基金会，仅为全国平均水平的 36%。在项目方面，超六成山东省基金会关注教育领域，活动地域以省内为主。① 自1981年中国第一家基金会诞生，基金会经历了40个年头。随着经济持续稳步发展，基金会数量在总体上也呈上升趋势，但无论从基金会数量还是规模上看，均与经济发展水平不相称。山东省基金会数量增长主要体现在非公募基金会上，公募基金会鲜有对民间开放。同时，基金会的分布极其不平衡，越发达的地区资源越集中，越需要资源的地区，越缺乏基金会的资源投入。

（二）基金会管理体制亟须进一步完善

从历史来看，基金会从产生到发展都与政府有着密切的联系。许多基金会甚至是政府部门的下设单位，长期受政府的"呵护"，机关式的管理方式，官本位突出，行政色彩浓厚；政策和制度方面的欠缺和滞后，同时，民间慈善基金会本身运营机制也并不成熟，从外部监督方面来说，缺乏社会监督机制，这几个大方面的原因，造成了中国民间慈善基金会发展缓慢，本书在比较美国相关的制约机制和规范机制的基础上，针对我国慈善机制的不足，对我国民间慈善基金会制度提出相关的建议，企图通过政策和制度、基金会自身运营以及社会监督三个层面来找出完善民间慈善基金会制度的最佳途径。许多基金会面向社会独立筹资的能力有限，只能借助于政府或上级部门的行政性指令募集到少量资金，严重限制公益事业项目的设计和公益资助的开展。

（三）基金会信息披露与管理水平有限

目前，山东省基金会信息披露渠道较之前有所拓宽，但是缺少公众反映的板块，不利于公众对基金会的监督、反馈。山东省基金会关于受赠人员的名单公示期更新不及时的情况较普遍存在。信息披露内容不全面。从基金会官网来讲，并没有重大事项专栏，也没有对重大事项的单独披露。大多数慈善组织对于公益项目的名称、内容有所披露，但是对于受助人评选标准的披露相对较少。如果不能及时披露其评选标准，这可能会给某些人以可乘之机，不达标也可以获取帮助。公众也因不知其标准，未发现上述问题，削弱公众监督的力度。信息披露的监管不力。在没有监管的情况下，基金会将更多地披露利己的信息，对于不利己信息不披露或少披露。信息披露的监管方面，监事数量少，独立性差。基金会的理事和监事数量较少且大多不具备独立性。从国内情况来看，近几年曝光的财务丑闻也大多是合格的基金会。针对公众监督，相对而言公众对于基金会的信息较为关注，但是其获取信息的渠道较少，主要依靠政府披露和组织官网披露。由于基金

---

① 基金会中心网，http://foundationcenter.org.cn/。

会官网的信息披露并不完善，与国家法律法规的要求仍然存在一定的差距。

（四）评估工作有待规范和完善

山东省基金会在监管和评估方面发现以下几方面比较显著的问题：

评估机构有待培育。无论是从数量上还是从规模上来讲，评估机构都还处于亟待增长的弱小状态，评估机构数量少、力量弱小，独立性缺乏。评估机构专业人才欠缺，专业性不够。评估机构资金依赖委托方。资金匮乏影响着第三方评估机构的积极性与评估工作的开展，评估质量也缺乏保证。例如，评估机构聘请评估专家的劳务费受限；涉及对利益相关方的调查工作因成本较高而难以真正有效落实。

被评机构的参评积极性有待提升。被评机构的参评积极性低有几个方面的原因：一是被评机构对评估重要性的认识不足，对基金会评估规范组织发展、提升组织能力的重要意义认识不到位，也不愿意投入大量人力、时间、精力对过往工作进行针对性的梳理，迎接基金会评估；二是有些被评机构目前刚登记注册不久，正处于起步发展阶段，担心机构的发展现状无法达到评估指标的要求，而未主动申请参评。有些被评机构认为，评估结果未给机构带来免检、免税、政府购买等实质性利益，参与基金会评估工作可有可无。

评估结果运用不充分。基金会评估的真正目的是"以评促改、以评促管、以评促建、以评促发"。促成这一目的达成的关键是评估结果的运用问题。然而，目前基金会评估结果的公信力仍不足，直接导致的结果就是评估结果运用不充分。有关评估结果的应用，规定性远强于操作性。无论是全国还是地方对基金会评估结果的应用在很大程度上都停留在文本的规定层面，具体操作性和应用性的案例较少，评估结果的应用范围狭窄，评估指标体系有待完善，而且评估等级事实上在很多应用方面只是作为参考条件，并不是硬性规定。

五、山东省基金会发展的对策建议

（一）构建更为完善的制度体系，进一步为基金会的发展打造良好空间

山东省基金会管理水平的提升亟须通过政策和制度、基金会自身运营以及社会监督三个层面来找出完善民间慈善基金会制度的最佳途径，充分发挥基金会的公益效益，以期建立一套有特色的、完善的基金会管理制度，促进公益慈善事业

的良性发展。

要尊重基金会自身的特点和发展规律，在制定普遍规范的同时，注意不同基金会的具体情况，结合实际加以引导。要关注基金会特别是非公募基金会数量的增长，鼓励基金会做大做强；要建立健全"统一登记、各司其职、协调配合、分级负责、依法监管"的社会组织管理体制，切实解决基金会登记难的问题；要积极配合财政税务部门进一步落实《中华人民共和国企业所得税法》和《中华人民共和国企业所得税法实施条例》对基金会等公益组织的税收优惠政策，使基金会及其捐赠者更普遍、更方便地享受税收优惠。加快建立多部门合作的税收监管机制，发挥税收对基金会行为的调控作用；要进一步转变政府职能，扩大向基金会购买服务的范围；要加大年检、执法和评估的力度，规范基金会的行为，提升基金会的公开性和透明度；要广泛开展交流、研讨、培训和宣传工作，推进基金会整体素质的提高。

（二）基金会要加强自身能力建设，逐步建立现代社会组织制度

基金会要强化责任意识，明确组织使命。在追求社会公平、社会和谐和社会进步的大前提下，分析社会需求，认识自身特点，打造核心竞争力，动员社会资源，实现设立宗旨；要完善内部管理机制，建立健全以章程为基础的各项规章制度，并抓好落实；要健全权责明确、协调运转、有效制衡的法人治理结构，完善理事会决策程序，发挥监事的监督作用，提高管理层和办事机构的运作水平；要提高资产运作和财务管理的水平，提高效率，降低风险；要增强公开透明度，自觉公布募捐、接受捐赠对外资助等运作情况，主动接受媒体和公众的监督，提高社会公信力；要推进人才队伍建设，规范用人制度，完善社会保障，健全激励机制，强化人员培训，充分调动积极性和主动性，建立一支爱岗敬业的专职工作人员队伍。要善于吸引和团结广大志愿工作者，形成一支乐于奉献的志愿者队伍。

（三）进一步完善山东省基金会信息透明工作，提升组织公信力

从基金会内部管理、信息披露内容及基金会信息披露监管三个方面提高基金会信息披露质量。建议如下：公益基金会内部管理的改进方面，引入独立监事，基金会信息的真实性在内部主要依靠监事的监管。明确人员分工，防止因基金会人员分工不明可能产生信息公开问题。完善公益基金会对外披露的内容，建立规范的网站可以使基金会更加全面有效地披露信息。建立"三位一体"的监管体系。根据《中华人民共和国慈善法》规定，要打造政府监管、行业自律、社会监督"三位一体"的监督体系。媒体设立投诉举报热线，以方便公众对基金会进行监督。以"媒体+公众"的合作方式，对基金会进行监管。最后媒体可以对

受赠人持续跟踪采访，以监督基金会资金使用情况的真实性。

（四）积极培育社区基金会组织，探索多元主体参与社会治理的新途径

经过多年的探索，社区基金会在推动居民自治、动员多元参与、打造社区治理体系、建立社区需求和资源联动机制等方面发挥了作用。党的十九届四中全会提出，"建设人人有责、人人尽责、人人享有的社会治理共同体"，对于社会治理和多元主体动员，提出了更高的要求。山东省今后要积极培育和建设适宜社区基金会发展的社区公益支持体系，通过社区基金会对本地公益资源的筹集、管理和分配，把社区中的精英人物、驻区企业、社区居民、社区社会组织、为各类特定群体提供服务的组织以及困境群体，有机地联系在一起，搭建一个多向表达意见、多方互动互助、资源贡献共享、协商解决问题的社区平台，以推进形成社区治理共同体。社区基金会作为社区支持型组织，承担政府与其他社会组织之间的桥梁纽带，推动社区社会组织的专业化、规范化，协助政府起到监督管理社会组织的效果。

（五）全社会应当提高公益慈善意识，培养积极向上的公益慈善文化

公益慈善不仅是一种具体行为，更重要的是尊重人、关心人、理解人的文化理念。公益慈善不是少数人的专利，而是大众的普遍情怀。什么人都可以进行公益慈善，什么条件下都可以进行公益慈善。公众要力所能及地参与各种公益活动，在全社会形成扶贫帮困的社会风尚。要利用各种方式和途径传播公益慈善理念，倡导扶贫济困、诚信友爱、互帮互助、奉献社会的良好风尚，推动中华民族优秀文化和道德观念的发扬光大；要鼓励和引导人们增强社会责任感，积极投身到公益慈善的事业中来，从身边做起，从小事做起，有钱出钱、有力出力。企业和有能力的个人可以通过向基金会等公益组织的捐赠，或设立非公募基金会等渠道，传递爱心，造福社会；媒体应当增加对基金会等公益组织的了解和宣传，客观评价和反映它们的成绩，监督它们的活动，传播它们积极的公益理念，呼吁全社会对基金会、对公益事业关心和支持。

本章小结

通过上述对山东省基金会发展现状、特点、趋势和典型案例的分析，我们认为尽管山东省基金会在近几年中呈现出良好的发展态势但依旧存在诸多发展中的

瓶颈。但这些瓶颈仅靠基金会自身的努力是难以突破的。在今后的工作中，山东省需要进一步提升全省基金会规范化、专业化运作水平，推动基金会建立更加完善的法人治理结构，加强并提升基金会内部控制和管理水平，促进基金会健康有序发展。

参考文献

［1］刘丽珑、李建发：《非营利组织信息透明度改进研究——基于全国性基金会的经验证据》，《厦门大学学报（哲学社会科学版）》2015年第6期。

［2］颜克高、井荣娟：《制度环境对社会捐赠水平的影响——基于2001—2013年省级数据研究》，《南开经济研究》2016年第6期。

［3］刘志明：《非营利组织在线问责实践会影响组织的捐赠收入吗?》，《中南财经政法大学学报》2015年第2期。

［4］陈丽红、张龙平、李青原、杜建军：《会计信息会影响捐赠者的决策吗？——来自中国慈善基金会的经验证据》，《会计研究》2015年第2期。

［5］卢敏：《非营利组织会计信息披露体系优化探讨》，《当代经济》2015年第2期。

［6］何红渠、唐丽梅、时林娜：《公共压力与公益基金会财务信息披露质量关系研究》，《湖南科技大学学报（社会科学版）》2015年第1期。

［7］程刚、王璐、霍达：《2019年中国基金会发展报告》，社会科学文献出版社2019年版。

［8］朱蒙雅：《公益基金会信息披露质量评价研究——以山东省为例》，山东财经大学硕士学位论文，2018年。

［9］张茜：《我国基金会第三方评估制度优化研究》，山东大学硕士学位论文，2016年。

［10］基金会中心网，http：//www.foundationcenter.org.cn/。

［11］《中国基金会发展状况及运作分析报告2019~2025年》，华研中商研究院，2019年。

第四章　山东慈善会发展研究报告

引　言

慈善事业的发展是社会进步和公共文明发展程度的标志。慈善会作为慈善组织的重要组成部分，是我国慈善事业赖以发展的关键保障机制之一。20 世纪 90 年代，受到改革开放的影响，我国经济社会得到全面发展，社会保障制度开始逐步确立。伴随着 1994 年中华慈善总会的成立，具有中国特色的社会主义慈善事业开始迈入发展的"高速快车道"。

以山东省为代表的地方慈善会抓住契机，借助互联网平台，不断探索项目发展模式以应对各种社会问题和挑战，提升慈善服务质量，走出一条颇具特色的转型发展之路，为实现共同富裕和慈善事业的高质量发展目标做出了巨大的贡献。①

一、山东慈善会发展历程及特点

（一）山东慈善会发展历程（1978~2019 年）

慈善会早在清末民初时期就已经存在，但并不普遍。② 20 世纪 50 年代，随

---

① 本报告以山东省内的各级慈善会为研究对象，重点研究山东省慈善总会及市级慈善会。

② 周秋光、李华文：《中国慈善的传统与现代转型》，《思想战线》2020 年第 46 卷第 2 期，第 61-74 页。

着我国社会制度发生巨大改变，大陆地区实行社会福利国家统包的计划经济制度，包括慈善会在内的各类慈善组织和社会组织被国家取缔；"文化大革命"中，"慈善"一词在国家主流意识形态中被彻底否定，成了负面文化价值的代表和消极施舍、伪善的代名词。20 世纪 90 年代中前期，中国的公益慈善尚未形成概念，当时所有的工具书都对"慈善"作出了语言性的注释："仁慈、善良"。甚至到 1991 年出版的《中国大百科全书》，在"慈善事业"条目中仍解释为"带有浓重的宗教和迷信"，"只是对少数人的一种暂时的、消极的救济……它的社会效果存有争议"。

20 世纪 80 年代，随着中国实行改革开放政策，政府中一些有识之士开始意识到民间公益慈善事业对政府民生保障的重要补充作用，因此在允许国外一些公益慈善机构进入中国内地活动的同时，开始批准成立一批中国本土的公益慈善机构。1993 年 1 月，中国第一家省级慈善会——吉林省慈善总会在吉林省会长春率先成立，组织性质是社会团体。这标志着中断了 40 多年的中国慈善会系统在中国大陆地区正式恢复。

1994 年 2 月，《人民日报》发表评论员文章——《为慈善正名》，赋予慈善合法性，不仅让慈善在中国社会"复活重生"，而且开启了官办慈善事业二十年的黄金发展期。同年 4 月，中华慈善总会在北京正式成立，其身份为全国性社会团体，原民政部部长崔乃夫出任会长，中华慈善总会的成立，标志着"慈善"一词从此再无意识形态的争议；作为中国公益慈善载体的慈善会，从此名正言顺地重新进入中国人的视野。中华慈善总会的成立，无疑向全社会发出了一个"慈善"政策彻底开放的积极信号。随后，全国各地也都开始着手成立各自的慈善会。

山东省慈善会的发展历史相对较短，要晚于改革开放的进程。回顾山东省慈善会的发展，大致经历了以下四个阶段，分别是：初创阶段（1994~2002 年）、成长阶段（2003~2007 年）、开拓阶段（2008~2015 年）和规范阶段（2016 年至今）。

1. 初创阶段（1994~2002 年）

继 1994 年中华慈善总会正式成立后，全国各省也开始着手成立各自的慈善会。1994 年 4 月 28 日，山东省内最早的一家地市级慈善会——泰安市慈善总会正式成立，这标志着山东慈善会的发展进入了萌芽期。泰安市慈善总会是由泰安市民政局登记管理的慈善组织，其主要职责包括筹集善款、赈灾救助、扶贫济困、慈善救助、公益援助、交流合作，规范会员行为，维护会员合法权益（涉及行政许可的，凭许可证开展业务）。在此后不到十年的时间里，山东省又陆续成立了四家地市级慈善总会，分别是：淄博市慈善总会（1997 年）、济南慈善总会（1998 年）、青岛市慈善总会（2001 年）和济宁市慈善总会（2002 年）。初创阶段山东慈善会成立情况如表4-1所示。

表4-1 初创阶段山东慈善会成立情况

组织机构名称	成立时间	是否具有公募资格	登记日期
泰安市慈善总会	1994年4月28日	是	2017年8月1日
淄博市慈善总会	1997年12月25日	是	2017年6月16日
济南慈善总会	1998年5月20日	是	2018年5月3日
青岛市慈善总会	2001年12月8日	是	2018年3月15日
济宁市慈善总会	2002年4月2日	是	2017年12月25日

2. 成长阶段（2003~2007年）

省一级的慈善总会——山东省慈善总会的成立时间晚于多家地市级总会。山东省慈善总会于2003年12月18日成立，2017年9月登记为慈善组织，同月获得山东省民政厅颁发的公开募捐资格证书。总会创办宗旨是发扬人道主义精神，弘扬中华民族优秀传统，动员社会力量，筹募慈善资金，扶助弱势群体，发展慈善事业，促进社会文明。其主要业务是筹募善款、赈灾救助、扶贫济困、公益援助，与国内外慈善组织合作交流，指导会员单位工作，推动慈善事业发展。山东省慈善总会的成立标志着山东慈善事业进入了组织化时代。

从2004年开始，山东省各级慈善总会联合其他相关部门举办了一系列社会救助活动，如"心系寒门学子奉献真挚爱心"大型慈善助学活动，"慈心一日捐"活动，同时大力推进山东慈善超市建设工作。总会实施了"朝阳助学""夕阳扶老""情暖万家""康复助医""爱心助残"五大慈善救助工程共十一项救助项目，重点解决特困患者就医难、特困学生上学难、特困群众生活困难的问题。

成长阶段，山东慈善会坚持"依靠社会办慈善，办好慈善为社会"的方针，认真履行"扶贫济困、安老抚孤、赈灾助医、兴善助学"的慈善宗旨，广泛动员社会力量，募集慈善资金，为发展慈善事业奠定了良好的物质基础；救助困难群众200多万人次，充分发挥了慈善事业的重要作用。成长阶段山东慈善会成立情况如表4-2所示。

表4-2 成长阶段山东慈善会成立情况

组织机构名称	成立时间	是否具有公募资格	登记日期
东营市慈善总会	2004年5月1日	是	2017年1月1日
滨州市慈善总会	2004年5月15日	是	2017年8月1日

续表

组织机构名称	成立时间	是否具有公募资格	登记日期
菏泽市慈善总会	2004 年 5 月 26 日	是	2017 年 6 月 16 日
山东省慈善总会	2004 年 6 月 5 日	是	2017 年 9 月 26 日
日照市慈善总会	2004 年 9 月 6 日	是	2017 年 4 月 15 日
潍坊市慈善总会	2005 年 12 月 21 日	是	2018 年 5 月 21 日
枣庄市慈善总会	2006 年 5 月 28 日	是	2017 年 8 月 18 日
烟台市慈善总会	2006 年 6 月 15 日	是	2017 年 5 月 18 日
威海市慈善总会	2006 年 11 月 20 日	是	2017 年 6 月 16 日
临沂市慈善总会	2007 年 5 月 22 日	是	2017 年 11 月 23 日

3. 开拓阶段（2008~2015 年）

从 2008 年开始，山东慈善会的发展迈入了一个新时期。2008 年汶川地震发生后，总会抗震救灾行动迅速有力，受到社会广泛赞誉，救助项目实施顺利，品牌效应不断增强。极大地激发了全省公众的慈善热情。各级慈善会把握发展机遇，注重实践创新，慈善募捐实现突破性增长，慈善工作取得了可喜的成绩。

在筹募资金方面，山东省慈善总会扎实开展各项工作，在动员和组织好赈灾捐赠的同时，继续开展"慈心一日捐"活动，取得理想效果。截至 2015 年底，全省慈善总会系统共募善款超 130 亿元，其中省慈善总会募集善款 13.11 亿元。2008~2015 年，山东省共接收善款大幅增长。以 2015 年为例，全省有 13 个市的慈善会募捐额度超过 1 亿元，8 个市增幅较大，其中，莱芜、威海、日照、济南增幅超过 20%，潍坊、青岛、济宁、滨州四个市在前几年连续增长的基础上，增幅仍超过 10%。[①]

在组织建设方面，经过十几年来的不断推进，省、市、县、乡、村五级慈善组织网络纵横交错地覆盖了全省的城乡社区。全省 1864 个乡镇（街道）已成立慈善分会 1829 个，覆盖率达到 98.12%，基本实现了全覆盖。慈善组织网络体系的逐步完善，为慈善工作的开展提供了有力的组织保障。

在项目开展方面，慈善会坚持以人为本、改善民生的指导思想，按照党和政府最关心、困难群众最需要的原则，开展了"朝阳助学""夕阳扶老""康复助医""爱心助残""情暖万家"五大慈善救助工程、二十余个慈善救助项目。12 年来，全省慈善总会系统共用善款 100 多亿元，惠及困难群众 700 万人次。

在宣传工作方面，慈善会进一步加大宣传力度，社会慈善氛围更加浓厚。

---

① 李本公：《中华慈善年鉴 2015》，2015 年。

2004 年起，省慈善总会每年将"慈心一日捐"活动作为慈善宣传日、动员日和慈善文化传播日，全省采取多种形式，上下联动，全方位开展宣传活动，推动设立 5 月 18 日为山东慈善日，号召全省民众积极参与慈善捐赠活动。为营造良好的慈善舆论氛围，提高社会慈善意识，激发公众的支持参与慈善事业的热情，慈善会先后组织策划了一系列宣传造势活动，如在全省组织开展了 2008 年度"最具爱心企业""慈善之星"评选活动；与山东电视台及部分城市电视台共同开展了"情暖万家"慈善之旅系列宣传活动及系列抗震救灾募捐和救助项目的宣传活动；并与省新闻工作者协会共同开展了山东慈善好新闻活动，有力地调动了媒体记者参与慈善宣传的积极性，同时激发了大众积极参与慈善的热情。①

4. 规范阶段（2016 年至今）

随着 2016 年《中华人民共和国慈善法》出台，公益慈善事业和社会治理走向一个新的时代。继《中华人民共和国慈善法》颁布之后，2017 年我国修订了红十字会法、颁布实施了《志愿服务条例》。在配套制度建设、加强监管规范慈善行为、激励优惠政策等方面出台、修订了一系列规章制度，发挥了重要作用。

山东省慈善会借此契机全面深化改革，逐渐走向规范化。根据省民政厅"123466"总体工作思路，总会围绕"走前列、争一流、创品牌"的目标要求，坚持党建统领和款物募集、项目救助"2 轮驱动"，稳妥地推动各项工作，积极响应国家脱贫攻坚号召，工作重点从济困为主转向扶贫与济困救助并重，联合多方力量开展扶贫济困，汇聚慈善理论，助推巩固拓展脱贫攻坚成果。

近年来，互联网公益蔚然成风，人人公益、随手公益、指尖公益渐成潮流。根据民政部数据，2019 年，全国共有 108.76 亿人次点击、关注和参与互联网慈善活动。互联网慈善有力促成了全民慈善的风尚，慈善组织的活力和线上的爱心善意被进一步激发。借助腾讯 99 公益日契机，山东省慈善会早动员、早准备，积极参加"99 公益日"的网络募捐活动，同时，组织人员参加培训、邀请民政局相关业务处室进行政策讲解、开展公益组织介绍工作经验活动、发动慈善志愿团队营造氛围等多方面筹划慈善活动。

20 多年来，山东慈善会系统在募集社会资金、满足社会需求、推动社会力量参与慈善、促进社会和谐发展等方面均发挥着越来越重要的作用。山东省慈善会体系，已经发展成为山东省公益慈善事业的主力军，为全省救灾、助医、助学、扶老助残、救孤济困等公益慈善领域，做出了不可磨灭的贡献。

---

① 范宝俊：《中华慈善年鉴 2008》，2008 年。

（二）山东慈善会发展特点

1. 慈善会与民政系统关系密切，活动领域与民政业务多有重合

慈善会的建立，体现了政府职能转变的总体思路。受到当时历史条件的影响，慈善会的成立主要还是由各地民政部门主导，民政部门专职或退休人员承担了主要领导工作。这一历史脉络，对于慈善会系统的发展产生了深远影响，一直到今天。

比如，慈善会系统的主要业务范围与民政系统传统业务范围有很多重合，包括赈灾救助、扶贫济困、社会救助、扶老助孤等。但近年来，随着我国慈善事业的发展，慈善会系统业务范围也逐渐扩大到环境保护、社会公共设施建设、教育、科学、文化、卫生、体育等社会服务领域。

以山东省慈善会为例。在慈善会系统的发展进程中，山东省慈善会主动完成了自身的定位：一是牵线搭桥，主动建立起政府和其他社会组织、企业、公众之间的桥梁纽带；二是身先士卒，慈善会是全省慈善组织的标杆，结合自身特点，发挥各级总会的主观能动性，在推动公益慈善项目方面大胆尝试、勇于创新。

2. 慈善会项目类型多样，重视品牌项目打造

在救助工作方面，山东省慈善会坚持"党和政府最关心，困难群众最需要"的原则，积极开展社会救助工作，自成立以来，采取全省统一规划、上下联动、分级实施的方法，开展了五大救助工程、二十余个救助项目，有力地促进了山东慈善事业的发展和社会的文明进步。山东省慈善会形成的特色品牌工程包括："朝阳助学""夕阳扶老""康复助医""爱心助残"和"情暖万家"。

"朝阳助学"工程：这一工程旨在救助家境贫困、品学兼优的学生克服困难，顺利完成学业。救助的主要项目包括：助高考特困新生项目、救助在校特困优秀大学生项目、特殊教育助学项目、农民工子女助学项目和情系红丝带项目。2006年，山东省慈善总会朝阳助学工程荣获中华慈善事业突出贡献奖。

"夕阳扶老"工程：该工程重点关注老年服务机构的基础设施配套建设，改善老年人的生活质量。主要项目包括：

（1）社会养老资助项目：为部分敬老院（福利院）的改扩建提供资金援助，完善有关配套设施，改善供养老年人的生活条件。另外，对城乡贫困老年人给予及时救助，帮助其安度晚年。

（2）康老健身项目：为部分欠发达地区敬老院等养老机构配置健身器材，提高老年人的生存质量。

"康复助医"工程：主要为山东省部分贫困家庭的重病患者给予医疗救助，给部分医疗单位捐赠药品或医疗器械。主要项目包括：

（1）"医疗救助卡"项目，以不能享受基本医疗保险的低收入人员和被纳入最低生活保障线中的特困居民、农村五保户、农村特困家庭成员等为救助对象，为患者发放充入部分金额的"医疗救助卡"，可持卡到定点医院就诊并享受优惠医疗待遇。

（2）"爱心工程"项目，"爱心快车"项目和"爱心医疗救助工程"项目，即免费或限价为先天性心脏病患者施行矫治手术或介入手术，已有数千名儿童患者接受了治疗并得以康复。

（3）"善心助行"项目，由省慈善总会和省千佛山医院联合资助患有风湿性心脏病需二尖瓣置换和患有膝关节病需膝关节置换的贫困患者实施免费手术。

（4）慈善赠药项目，共包括"格列卫""多吉美""健行天下"等有关项目，为患有慢性粒细胞性白血病、胃肠道间质细胞瘤、肝细胞癌、肾透明细胞癌、非小细胞肺癌、先天性肺动脉高压以及股骨头缺血性坏死等患者免费提供药物治疗。

（5）"阳光医疗救助工程"项目，省慈善总会将接受捐赠的医用超声波诊断仪、动态血压监测仪、心电监护仪等医疗设备，分别转赠济南、泰安、济宁、淄博、威海、枣庄、青州等地荣军医院、福利院和部分乡镇医院，改善其医疗条件。

"爱心助残"工程：在国家实行的残疾人康复计划指导下，山东省残疾人康复事业发展很快，慈善事业在其中发挥了较大的补充作用。此工程主要包括：

（1）"微笑列车"项目，由美国微笑列车基金会资助，为山东省贫困的唇腭裂患者实施免费矫治手术。

（2）"爱心复明"项目，为山东省贫困老年性白内障患者免费施行人工晶体植入复明手术。

（3）明天计划项目，资助社会福利院中的孤残儿童实施免费矫治手术，并进行康复治疗。

（4）肢体残疾康复项目，为部分下肢残疾贫困患者免费装配假肢或矫形器，帮助其生活自理并回归社会。

"情暖万家"工程：对各类困难群众实施慈善救助。山东省城乡享受低保人群、贫困儿童、残疾儿童（0~6岁）、孤儿、流浪儿童、失学儿童、特困家庭，还有特困大学生、下岗职工和遭遇疾病或事故的困难家庭等，均是山东省慈善救助重点关注的对象，也是使用慈善资源最多的救助领域。

在募捐方面，山东省慈善总会于2004年倡导发起了"慈心一日捐"活动。作为募集慈善资金的一种有效形式，该活动坚持"依法组织，广泛发动，坚持自愿，鼓励奉献"的原则，倡导个人捐赠不低于一天的经济收入，生产和经营性企业包括股份制企业、民营企业捐赠 1 天的利润，机关事业单位捐赠节约的一笔资金，同时鼓励国有企业和民营企业积极认捐设立慈善专项基金。经过数十年的发展，"慈心一日捐"已经成为山东省乃至全国的慈善组织通用的进行募捐活动的有效手段和推进慈善事业的一个品牌。针对该项目的推广，慈善会采取的举措如下：一是倡导社会责任意识，激发企业捐助热情。全省热心公益事业的优秀企业率先行动，积极回报社会奉献爱心。二是各级慈善总会和慈善组织实行上下联动、统一行动，不断扩大社会募助的覆盖面。各级慈善总会在"慈心一日捐"活动中，注重发挥慈善组织的网络作用，加大劝募力度。三是畅通募捐渠道，及时公布善款募集情况。各级慈善组织利用当地新闻媒体、慈善网、板报、墙报等形式适时向社会公布捐款爱心榜，开门纳捐，做到随捐随收，掀起募集善款的高潮。

3. 慈善会迈入"互联网+"时代，服务领域不断拓展。

"互联网+"时代到来后，数字化技术为个人参与公益事业开辟了新渠道，不仅降低公众参与门槛，提升参与体验，让社会公益更加便利，参与途径更加多样，也让公益项目进度更加透明，促进了公益事业的蓬勃发展。

在互联网公益崛起发展的时代，长期以线下募捐为主的山东省慈善会感到了与新时代的脱节。数据显示，民政部公布的具有互联网公开募捐资格的"互联网募捐信息平台"已有 20 家，其中包括腾讯、淘宝、百度、新浪、京东、美团等多个互联网科技公司或电商巨头。2018 年，20 家互联网募捐信息平台募集善款总额超过 31.7 亿元，参与人次达 80 多亿。与此形成鲜明对比的是，2015 年，腾讯 99 公益日筹款活动就已经开始，但到 2017 年底山东省慈善总会网络公开筹款额几乎为零，这种情况直到 2019 年才开始改善。在 2019 年 99 公益日活动中，山东省慈善总会、山东省社会创新发展与研究中心联合临沂市慈善总会、滨州市慈善总会、烟台市慈善总会、泰安市慈善总会及全省超过 100 家公益机构，共发起乐捐项目 132 个，子项目 345 个。截至 2019 年 9 月 8 日 12 时，477 个字母项目公众筹款总额 1752 万元。

"互联网+"时代的来临，对公益慈善的发展提出了新的要求。山东慈善会紧跟时代要求，在发挥好传统筹款方式的基础上，开放视野，全力运用腾讯、阿里、百度等更大的公益平台和自媒体进行众筹，引进互联网劝募的新方式，尝试运用机构自身平台、参与知名公益平台合作探索网络众筹新思路，开辟善款募集新渠道。

经过二十多年的发展，慈善会的核心业务已经从单纯的社会救助过渡到社会服务全领域，省慈善总会已经从传统的以给予为主的慈善理念和实践，转型到以综合兜底、社会服务、社会建设"三位一体"的专业化、体系化、现代化慈善组织。

二、山东慈善会发展的现状分析（2020 年）①

（一）组织发展

据不完全统计，山东慈善会现有慈善总会共 184 家，其中，省级慈善总会 1 家，地市级 16 家，县级 122 家，县级以下 45 家。

山东省慈善会地区分布如图 4-1 所示。

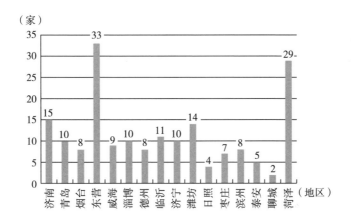

图 4-1　山东省慈善会地区分布

资料来源：全国慈善信息公开平台"慈善中国"。

从地区分布来看，东营市拥有的慈善总会数量最多，其中，东营县级及以上慈善总会有 6 家，县级以下共 27 家；而聊城市拥有的慈善总会数量则最少，共有 2 家。山东各级慈善总会遍布全省 16 个地级市，各组织机构的服务涵盖了扶贫、养老、助残、医疗、环保、志愿者服务、关爱儿童等公益慈善事业的主要领域和主要范畴。

而从全国范围来看，截至 2020 年底，慈善会数量过百的省（区）一共有 12 个，分别是四川省 205 家、河南省 167 家、山东省 184 家、湖南省 142 家、广东省 136 家、黑龙江省 135 家、陕西省 118 家、江西省 112 家、内蒙古自治区 109

---

① 本部分数据查询截至 2020 年底。

家、江苏省 109 家、河北省 108 家、浙江省 105 家。从拥有慈善会的数量来看，山东省慈善会排名位于全国的前列。

（二）慈善会治理结构

1. 多家慈善会会长、秘书长均具有政府工作经历

对全省 17 家市级及以上的慈善会进行的调查显示，随着慈善事业的发展，慈善会的治理结构已经呈现出从成立之初的单一模式向多元化发展的趋势。在这 17 家慈善会中，有 9 家的慈善会会长担任或曾担任党政机关、国有企事业单位职务，有 10 家慈善会的秘书长担任或曾担任党政机关、国有企事业单位职务，这也从一个侧面反映了慈善会历史渊源对于慈善会治理结构的影响。

慈善会会长的社会背景，使其在社会资源整合和慈善资源使用上具有很大优势。慈善会与民政部门关系密切，因此其实施项目与民政系统工作的重合也就在所难免。这反映了慈善会诞生的起源与过程，也说明政府部门对慈善组织民间性与独立性的认知程度有待提高。

2. 专职工作人员呈现年轻化、专业化态势

以山东省慈善总会为例。从年龄构成来看，2020 年，山东省慈善总会专职人员（不含主要负责人）总数为 20 人，20~39 岁年龄段人员为 13 人，占总人数的 66%；40~59 岁年龄段人员为 6 人，占总人数的 30%。60 岁及以上年龄段人员为 1 人，占总人数的 6%，可以看到，整个团队年龄结构呈现年轻化趋势（见表 4-3）。

表 4-3　成长阶段山东慈善会成立情况（年龄构成）

	20~39 岁	40~59 岁	60 岁及以上
人数（人）	13	6	1
比例（%）	66	30	6

从专业构成来看，总会本科及以上学历 13 人，占总人数的 65%。伴随着整个慈善行业的专业化发展，慈善会也在不断提升团队的专业能力（见表 4-4）。

表 4-4　成长阶段山东慈善会成立情况（专业构成）

	本科及以上	大专	其他	总人数
人数（人）	13	5	2	20
比例（%）	65	25	10	100

从全省数十家年报可见的总会数据来看，截至 2020 年，各总会专职工作人员年龄均在 45 岁及以下的有 5 家，45 岁及以下人数占据半数以上的共有 2 家，45 岁以上和 45 岁及以下人数各占一半的有 1 家，仅有 3 家总会内年龄在 45 岁以上的工作人员数量超过了 45 岁及以下的工作人员数量。即调查对象中 72% 的慈善总会内部 45 岁及以下的工作人员能够占到多数，这也反映出全省各级慈善总会工作人员年龄结构年轻化的总趋势。

同样，从全省总会工作人员的学历分布来看，截至 2020 年，各总会专职工作人员拥有学历均在本科及以上的有 4 家，本科及以上占据半数以上的共 4 家，拥有本科专科学历人数各占一半有 1 家，另外有 5 家总会内拥有专科及其他类学历的人数超过了拥有本科及以上学历的人员数量。尽管多数总会的工作人员均拥有本科及以上学历，但慈善总会在人员专业化方面明显存在较大的提升空间。

3. 组织架构设置合理，制度建设完善

慈善会内部制度建设完善，项目管理、机构管理、工作人员管理、志愿者管理、财务管理及信息公开制度等一应俱全。

以山东省慈善总会为例，总会设有 3 个分支机构及 4 个内设机构，其中内设机构包括：综合事务部、财务与募捐中心、救助联络部及项目与志愿服务部。

组织架构方面，省内各地慈善总会的组织架构与总会基本一致，采用了直线—职能型组织架构（见图 4-2）。

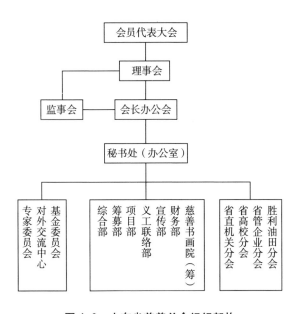

图 4-2 山东省慈善总会组织架构

制度管理方面，随着 2004 年《基金会管理条例》的出台，作为该条例执法主体的民政部鉴于慈善会历史形成的格局，明确各级慈善会暂时保留社团等级，但完全纳入公募基金会性质管理，包括财务、审计、年检、评估等。根据实际情况，山东省各级慈善总会的证书印章管理制度、工作人员管理制度、志愿者管理制度、财务和资产管理制度及信息公开制度一应俱全，省一级慈善总会在专项基金管理制度、代表机构管理制度和内设机构制度建设方面则更为健全。

（三）社会捐赠接收与活动支出

2020 年新春伊始，新冠肺炎疫情影响全国。全省慈善会系统围绕新冠肺炎疫情防控开展专项募捐和款物拨付工作，为全面打赢疫情防控阻击战发挥了重要作用。

以山东慈善总会为例，2020 年山东省慈善总会捐赠收入 2.96 亿元，比上年同期增长 291.52%。其中，现金捐赠 2.84 亿元，比上年同期增长 279.34%；非现金捐赠折合人民币 1164 万元，增长了 1100.32 万元，均为境内捐赠。受新冠肺炎疫情影响，2020 年省慈善总会大额捐赠收入为 2020 年新冠肺炎疫情筹款，其中现金收入 2.45 亿元，非现金收入折合人民币 958 万元。

2020 年，山东省慈善总会支出总计 3.41 亿元。据不完全统计，慈善会在抗击疫情领域各项目中投入的资金及物资数额最大，其中，本年度用于慈善活动的支出 3.36 亿元，管理费用 256.41 万元，其他支出 299.65 万元，本年度慈善活动支出占上年总收入的比例（占前三年收入平均数的比例）为 396.37%（综合三年 491.28%），远高于《中华人民共和国慈善法》规定的捐赠支出不得低于上年捐赠收入的 70% 的比例。本年度管理费用占总支出的比例为 0.75%，远低于《中华人民共和国慈善法》规定的具有公开募捐资格的社会团体和社会服务机构的年度管理费用不得高于当年总支出的 13% 的比例。[①]

而从全国范围来看，2020 年山东省慈善总会的募捐数额位列"全国募捐超过 1 亿元慈善会募捐排名"第 16，而青岛市慈善总会则位列第 37（见表 4-5）。一方面可以看到，山东省慈善总会已经具备了一定的募捐实力；另一方面，无论是在上榜总会数量还是募捐数量方面，与众多东部省市相比，山东省仍具备一定的募捐实力提升空间。

从全省来看，据统计，山东省共接收慈善组织抗击疫情捐款 12.28 亿元，其中，青岛市慈善总会系统作为省、市疫情防控指挥部指定的疫情捐赠款物接收单位之一，共接收抗击疫情捐款 3.33 亿元（市慈善总会募集款物 6817.5 万元，其

---

① 山东省慈善总会：《山东慈善总会 2020 年度工作报告》。

中善款 5211.3 万元，物资折款 1606.2 万元），占全省募款总数的 1/4，彰显了青岛慈善事业的巨大力量（见表 4-6）。

表 4-5　全国募捐超过 1 亿元慈善会募捐排名　　　　　　单位：亿元

序号	机构名称	募集善款数额
1	湖北省慈善总会	85.07
2	武汉市慈善总会	46.56
3	上海市慈善基金会	15.15
4	重庆市慈善总会	9.95
5	河南省慈善总会	9.27
6	陕西省慈善总会	8.08
7	深圳市慈善总会	6.63
8	广州市慈善总会	5.93
9	广东省慈善总会	5.80
10	襄阳市慈善总会	4.41
11	宜昌市慈善总会	4.40
12	福清市慈善总会	4.21
13	荆门市慈善总会	3.62
14	湖南省慈善总会	3.36
15	江西省慈善总会	3.22
16	山东省慈善总会	2.96
17	新疆慈善总会	2.45
18	辽宁省慈善总会	2.40
19	贵州省慈善总会	2.32
20	江苏省慈善总会	2.07
21	福建省慈善总会	1.84
22	吉林省慈善总会	1.76
23	宁波市慈善总会	1.63
24	内蒙古自治区慈善总会	1.63
25	浙江省慈善联合总会	1.55
26	长沙市慈善总会	1.50
27	安徽省慈善与社会福利协会	1.43
28	成都市慈善总会	1.39
29	北京市慈善协会	1.39

续表

序号	机构名称	募集善款数额
30	大连市慈善总会	1.33
31	珠海市慈善总会	1.23
32	天津市慈善总会	1.19
33	云南省慈善总会	1.13
34	苏州市慈善总会	1.09
35	榆林市慈善协会	1.05
36	温州市慈善总会	1.02
37	青岛市慈善总会	1.01

表 4-6　东部地区募捐超过 1 亿元的慈善会排名　　　　单位：亿元

序号	机构名称	募集善款数额
1	上海市慈善基金会	15.15
2	深圳市慈善会	6.63
3	广州市慈善会	5.93
4	广东省慈善总会	5.80
5	福清市慈善总会	4.21
6	山东省慈善总会	2.96
7	辽宁省慈善总会	2.40
8	江苏省慈善总会	2.07
9	福建省慈善总会	1.84
10	宁波市慈善总会	1.63
11	浙江省慈善联合总会	1.55
12	北京市慈善总会	1.39
13	大连市慈善总会	1.33
14	珠海市慈善总会	1.23
15	天津市慈善总会	1.19
16	苏州市慈善总会	1.09
17	温州市慈善总会	1.02
18	青岛市慈善总会	1.01

　　各地公开的慈善总会年报显示，从捐赠收入来看，2020 年临沂、青岛、潍坊三市慈善总会接收到的慈善捐赠数额位列地市级慈善总会捐赠排名第一梯队，

东营与烟台的接收数额位列捐赠排名的第二梯队，而济南和滨州则位列第三梯队。慈善支出过亿的慈善总会有 1 家，为临沂市慈善总会。慈善支出在 5000 万～7000 万元的慈善总会共 3 家，分别为潍坊市慈善总会、东营市慈善总会和烟台市慈善总会。支出在 5000 万元以下的有 2 家，为济南慈善总会和滨州市慈善总会。具体数据如表 4-7 所示。

表 4-7　2020 年山东省各地市级慈善总会捐赠接收与支出情况　单位：万元

名称	社会捐赠接收	支出（含管理费用）
临沂市慈善总会	10842.20	10987.66
青岛市慈善总会	10080.2	—
潍坊市慈善总会	9415.41	6626.80
东营市慈善总会	7619.26	6231.23
烟台市慈善总会	7024.12	5584.39
济南慈善总会	4122.50	4750.39
滨州市慈善总会	3602.47	3675.80

（四）募捐活动

1. 腾讯 99 公益日募捐活动

2020 年，山东省慈善总会、山东省社会创新发展与研究中心联合全省 98 家公益组织参加了 9 月 7～9 日腾讯 99 公益日募捐活动。截至 2020 年 9 月 9 日 17：00，筹款总额超过 3309 万元，位列全国公募机构排行榜第 22。济宁、济南、临沂、日照、潍坊 5 市 10 个项目位列公众筹款额、筹款总额前 10 名[1]，其中有 5 个项目由各慈善总会发起，分别是：关爱子弟兵、情暖万家、济南爱心助老计划、善爱沂蒙情暖万家和善爱沂蒙急难救助。具体情况如表 4-8 所示。

表 4-8　2020 年腾讯 99 公益日期间筹款总额 Top10 项目　　单位：元

项目名称	机构	金额
关爱子弟兵	济宁市慈善总会	5739296
情暖万家	济宁市慈善总会	3597569
微爱 1 加 N 成长计划	泗水县微公益协会	2412728

---

① 山东省慈善总会：《2020 年腾讯九九公益日终极战报》，2020 年 9 月 30 日。

续表

项目名称	机构	金额
济南爱心助老计划	济南慈善总会	1796450
善爱沂蒙情暖万家	临沂市慈善总会	1521723
我想开口说话	济宁市任城小不点听力语言康复研究中心	1994739
残疾儿童助学 1 加 N	济宁市惠泽儿童康复中心	1004251
为自闭儿童留住老师	济南博乐特殊儿童关爱中心	806232
摆渡爱心食堂	日照市扶贫志愿者协会	655155
善爱沂蒙急难救助	临沂市慈善总会	517433

从全国范围来看，山东省慈善会体系位列腾讯 99 公益日各省慈善会体系机构筹款总额前 10 名，然而遗憾的是，与头部省份慈善会相比，山东省在公众筹款额、腾讯配捐额、捐赠人次方面差距仍然较大（见图 4-3）。

99公益日各省慈善会体系机构筹款总额Top10
前5遥遥领先

方德瑞信 Fundraising Center　YiSHAN易善

注：本表数据包括母项目+独立项目，不重复统计子项目

省市	慈善会体系收款机构数量	项目数量（母项目+独立项目）	公众筹款（百万元）	腾讯配捐（包含项目的随机配捐，以及项目和子计划的非限定配捐，百万元）	自有配捐（含惊喜配捐，百万元）	筹款总额（百万元）	捐赠人次（万次）	平均单笔捐赠额（公众筹款/捐赠人次，元）
重庆市	1	141	274.41	53.92	106.53	434.87	1,167.74	23.50
河南省	1	130	212.24	22.50	95.53	330.28	612.52	34.65
湖南省	9	186	125.16	21.69	77.65	224.49	197.01	63.53
陕西省	2	79	170.55	16.46	20.49	207.51	267.65	63.72
江苏省	5	62	78.16	10.09	29.47	117.73	153.48	50.93
广东省	5	130	25.28	5.58	16.88	47.74	55.00	45.96
山东省	3	117	25.45	4.44	3.85	33.75	55.11	46.18
湖北省	2	23	12.24	1.33	0.19	13.75	19.08	64.11
吉林省	1	9	6.72	0.73	0.60	8.04	18.67	35.97
四川省	2	42	4.27	0.66	0.54	5.46	25.93	16.46

图 4-3　2020 年 99 公益日各省慈善会体系机构筹款总额 Top10

注：贵州省（贵州省慈善总会）、安徽省（铜陵市慈善总会）虽整体筹款金额不高，但平均单笔捐赠额超过百元，贵州省为 101 元，安徽省为 173.34 元。

资料来源：易善数据。

2. “共克时艰　国泰民安”慈善抗疫募捐活动

2020 年初，山东省第一时间成立了新型冠状病毒感染肺炎疫情处置工作领导小组（指挥部），省慈善总会在省民政厅的指导下闻“疫”而动，牢记使命宗

旨，充分发挥慈善组织优势，按照高效、有序、透明的工作要求，第一时间发布了《共克时艰 国泰民安 山东省慈善总会发布抗击新冠肺炎疫情募捐倡议书》，全面开启"共克时艰 国泰民安"慈善抗疫募捐行动，众多爱心人士、爱心企业积极投身抗疫行动，捐款捐物、志愿服务等各类公益行动有序展开。

2020 年 1 月 30 日，山东魏桥创业集团有限公司和山东阳谷华泰化工股份有限公司率先行动，分别向省慈善总会捐赠 1000 万元和 100 万元用于新冠肺炎疫情防控工作。1 月 31 日，山东鲁花集团、山东省福建总商会分别捐赠 500 万元和 100 万元。

省慈善总会作为山东省新型冠状病毒感染肺炎疫情处置工作领导小组（指挥部）指定接收社会捐赠渠道之一，除了总会本级募捐，同时也接收各级慈善组织、红十字会汇缴捐赠资金，共 99383 万元。为把山东人民的爱心及时送往疫区，省慈善总会在发布募捐公告的同时，资金组和物资组第一时间联系了湖北省慈善总会、武汉市慈善总会、黄冈市慈善总会，主动对接协调捐赠款物的运送及接收等工作。根据山东省新型冠状病毒感染肺炎疫情处置工作领导小组（指挥部）《关于做好社会捐赠款物使用分配管理工作的通知》精神，经省委新冠肺炎疫情处置工作领导小组（指挥部）办公室研究决定，从山东省疫情防控募集资金汇缴专户，先后 6 批次及时向湖北拨付慈善募捐资金 105136.60 万元。在这笔资金中，1 亿元用于武汉市防疫医疗物资和设备购置；91217.62 万元用于黄冈市传染病医院、黄冈市中医院、黄冈市疾控中心二级实验室、黄冈市职业技术学院护理学院、黄冈市中心血站、黄冈 5 个县市重症监护病房等建设，以及疫情防控急需的医疗设备购置、一线医护人员防护用品保障等；3200 万元用于支援黄冈市大别山区域医疗中心开展疫情防控；718.98 万元用于购置负压救护车 5 辆，荧光定量扩增仪、核酸提取仪、远程会议、诊疗系统等设备 68 台套，支援黄冈 5 个县市及市疾控中心。

疫情防控期间，省慈善总会积极回应社会关切，主动接受社会监督，根据《慈善组织信息公开办法》要求，每天在省慈善总会官网、微信公众号、微博上对前一日 0～24 时的募捐资金情况进行公示，对捐赠资金和捐赠物资的使用根据拨付时间及时进行公示；同时，在新闻媒体上公示募捐收支情况，社会反响良好。截至 2020 年 12 月 31 日，"共克时艰 国泰民安"新冠肺炎疫情防控募捐项目发布募集资金公示 91 期，募集资金使用公示 10 期，物资拨付公示 17 期。省民政厅、省审计厅对疫情防控专项募捐的督导及审计结果一致认为，省慈善总会依法有序开展社会捐赠和社会救助各项工作，整个过程高效有序、公开透明，充分彰显了专业慈善组织的组织力、凝聚力和影响力。

截至 2020 年 12 月 31 日，山东省慈善总会"共克时艰 国泰民安"新冠肺炎疫情防控募捐项目共收到 107176 笔捐款，累计接收捐赠资金 24568 万元，接收物资捐赠 29 宗，折款 958 万元。

同年，根据《民政部关于调整第十一届"中华慈善奖"有关安排的通知》要求，山东省慈善总会申报"共克时艰国泰民安"抗击新冠肺炎疫情防控募捐项目，12 月，民政部确定了第十一届"中华慈善奖"拟表彰名单，总会申报项目荣获民政部第十一届"中华慈善奖"——慈善项目奖项。

（五）公益创投

2018 年、2019 年，山东省慈善总会、山东省社会创新发展与研究中心连续举办了两届"慈山东·益齐鲁"公益创投大赛，培育扶持社会组织 200 家，上线筹款项目总计 418 个，总筹集资金近 5000 万元，服务对象涵盖农村困境儿童和留守儿童、贫困老人、城乡低保困难家庭、心智障碍等群体以及社区矫治、环境教育、公益人才培训等领域，直接受益服务对象突破 20 万人次。

在此基础上，2020 年，为推进新冠肺炎疫情防控常态化下山东省慈善事业的发展，充分调动社会组织参与脱贫攻坚工作的主动性、积极性和创新性，提升慈善组织运营与服务能力，推动山东慈善生态建设，山东省慈善总会、山东省社会创新发展与研究中心联合举办第三届"慈山东·益齐鲁"公益创投大赛。自大赛组委会发布大赛招募公告以来，通过广泛宣传和邮件、短信等方式的邀约，大赛组委会共接收到 93 家机构申报的 110 个项目。经过大赛评审会认真评审，最终共有 85 家机构的 95 个项目入围。

从项目所在地市分布来看，仅德州市、临沂市没有项目申报入围，滨州市、济宁市、济南市项目申报和入围较多（见图 4-4）。

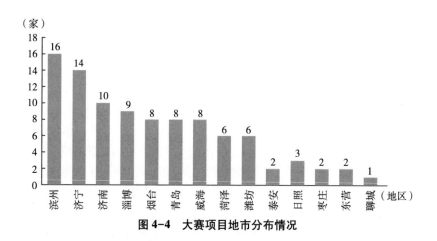

图 4-4 大赛项目地市分布情况

从服务领域来看，入围项目主要为儿童、老人和残疾人等核心弱势群体服务领域。其中儿童服务领域项目 46 个，老人服务领域项目 26 个，残疾人服务领域项目 16 个（见图 4-5）。

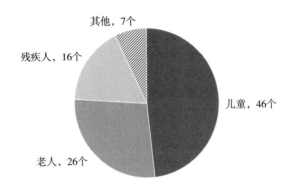

图 4-5 大赛项目服务领域分布情况

（六）东西部扶贫协作

东西部扶贫协作是习近平总书记和党中央着眼"两个百年"宏伟目标，促进区域协调发展、加强区域合作、实现共同富裕的大战略、大布局、大举措。近年来，山东省慈善会深入学习贯彻落实习近平总书记关于扶贫工作的重要论述，认真学习贯彻党中央、国务院关于脱贫攻坚和东西部扶贫协作决策部署，按照中共中央办公厅、国务院办公厅加强东西部扶贫协作工作的总体要求，积极参与东西部扶贫协作和对口支援工作，对扶贫任务重、脱贫难度大的贫困地区开展携手奔小康行动。

以总会为例，根据省民政厅对口援建工作安排，2019 年 10 月，省慈善总会发起"助力东西部扶贫协作、鲁渝携手奔小康"公开募捐活动，广泛动员全省社会各界参与，共筹集善款 1362506.66 元，主要聚焦产业、民生等重点领域，实施 6 个慈善项目，为助力重庆打赢脱贫攻坚战发挥了积极作用。

新冠肺炎疫情发生以来，山东省对口帮扶重庆市万州区确诊新冠肺炎人数较多，防控形势严峻。建档立卡贫困户、低保户和特困人员自我防护能力不足，是疫情防控中需要重点保护的人群。为保障困难群众顺利度过疫情期，2020 年 2 月，山东省慈善总会向万州区慈善会捐赠 5 万元，万州区慈善会迅速行动，第一时间将 5500 个医用一次性口罩、620 瓶免洗消毒洗手液、600 斤二氧化氯消毒原液、995 斤医用消毒酒精等，发放到低保、特困和乡镇敬老院人员手中，使他们感受到了山东人民的浓浓情谊。

开展产业帮扶，助推脱贫攻坚。云阳县泥溪镇是重庆市确定的 18 个深度贫困镇之一，为支持泥溪镇泥溪社区柑橘和花椒产业示范园建设，山东省慈善总会捐赠 16 余万元专项用于泥溪社区柑橘和花椒产业示范园区生产便道、排水沟等配套设施建设，巩固脱贫成效，助力贫困群众脱贫致富。山东省慈善总会向万州区后山镇和弹子镇分别捐赠 50 万元，用于扩大鲁渝扶贫产业协作项目——济宁汶上芦花鸡生态养殖扶贫产业项目养殖规模和建设花椒基地脱贫攻坚产业发展。

聚焦民生重点领域，开展精准帮扶。山东省慈善总会向城口县妇联捐赠 10 万元用于农村留守妇女儿童关爱服务，围绕留守人员基本生活保障、教育、就业、卫生健康、思想情感等实施有效服务；向万州区梨树乡梨树中心小学捐赠 5 万元，设立助学金，让更多的贫困学子能够通过教育改变命运，逐渐摆脱贫困，实现人生理想。

另外，利用自有筹集的善款，省慈善总会捐赠 40 万元用于万州区民政局社会组织助力脱贫攻坚孵化中心项目建设，支持帮助提升本地社会组织参与脱贫攻坚的能力。

三、山东慈善会系统发展现状的特点分析

2020 年，山东各级慈善会继续积极推进《中华人民共和国慈善法》实施，表现在深入宣传贯彻落实《中华人民共和国慈善法》，依法开展各项慈善工作；强力助推脱贫攻坚，实现社会帮扶资源和政府精准扶贫的有效对接；广开慈善募捐渠道，提高慈善事业可持续发展能力；加大宣传力度，推动慈善进机关、进企业、进学校、进社区、进乡村等。

（一）主动作为，迅速响应疫情，注重发挥引领、协调与指导作用，创出品牌

2020 年，山东省慈善总会发起"共克时艰 国泰民安"抗击新冠肺炎疫情防控募捐活动，通过线上线下多渠道面向社会开展募捐，共接收社会各界捐赠款物 2.5 亿元，为打赢脱贫攻坚战和疫情防控阻击战做出了积极贡献。展现了慈善组织在依法行善和扶危济困方面发挥的重要作用。2020 年 9 月 8 日，由中华慈善总会、中共河南省委宣传部、中共河南省委直属机关工委、河南省民政厅、河南省扶贫办、河南省慈善总会、河南广播电视台联合主办的"汇大爱攻克疫情、集

善行决胜小康——庆祝第五个'中华慈善日'慈善活动"上，山东省慈善总会疫情防控募捐项目荣膺"中华慈善品牌"项目。

（二）积极推动"互联网+慈善"事业的发展，探索网络募捐新途径

移动互联网时代，网络募捐成为公益慈善新模式，在此形势下，山东省慈善会坚持高点定位，着眼科技向善，旨在通过政策规则解读和典型经验介绍，吹响网络募集集结号，探索网络募捐新路径，全面提升慈善会的服务能力和水平，推动山东省慈善事业开创新局面，迈上新台阶。各级慈善会认真学习腾讯"99公益日"筹款规则，认真筹备"99公益日"募捐活动，策划实施网络募捐工作。慈善会重点对养老、儿童、社会救助、社会事务和志愿服务等公益项目进行顶层设计，通过建立上下联动、密切协同的合作模式，充分利用系统网络优势，推动网络募捐工作转型升级，以更大决心、更强力度、更实举措，在探索网络新型募捐方式上实现新突破，为实现山东省慈善事业高质量发展做出新的更大贡献。值得称赞的是，山东省慈善总会为参加99公益日筹款的第三届"慈山东·益齐鲁"公益创投大赛入围项目提供了300万元配捐，每天配捐100万元，项目执行方以民间机构为主，其筹款金额达到891.45万元。

通过发挥自身优势，各级慈善会充分利用"中华慈善日"活动，进一步调动了工作人员动员社会群众参与慈善事业的积极性、广泛募集慈善资金、积极开展慈善救助，以实际行动助力山东省脱贫攻坚和扶贫济困工作。

（三）借助慈善日的影响力，向社会传播慈善理念，普及慈善法律法规与政策

2020年9月5日是第5个"中华慈善日"。为大力宣传《中华人民共和国慈善法》（以下简称《慈善法》），围绕"决战脱贫攻坚，助力疫情防控"宣传主题，进一步倡导"人人慈善、处处慈善"的慈善理念，弘扬慈善文化，动员引导社会力量广泛参与慈善活动，各地慈善会均制作了慈善法展板进行宣传展示，将《慈善法》精神传递给社会，深入普及《慈善法》法律知识。

（四）充分发挥各区市慈善总会的积极性，鼓励探索慈善事业发展新模式

如在2020年度青岛慈善评选表彰中，青岛市慈善总会设立了青岛慈善创新奖。城阳区慈善会开展的"1+8+N"益起慈善、胶州市慈善总会的物资捐赠"管理零库存""捐赠零距离"、平度市慈善总会的"道德银行"、莱西市慈善总会的"慈善大使·温暖莱西"、市慈善总会的爱基金手牵手圆梦项目和青岛市退役军人关爱基金荣获青岛慈善创新奖。另外，即墨区慈善总会编印了《即墨慈善》画册，盘点全年慈善大事，记录慈善足迹，褒扬慈善人物，宣传慈善政策；西海岸新区慈善总会构建"心理救助"慈善平台，在4个镇街试点实施心理救助服务，帮助低保、特困供养人员、孤儿等困难群众走出心理困境，推动慈善"物质救助"向"综合救助"方向的转变。各区市慈善总会的这些工作都很有特色，值得学习和借鉴。

（五）公益创投助力社会组织参与脱贫攻坚战

2020年是我国决战决胜脱贫攻坚之年，是全面建成小康社会之年。为推进新冠肺炎疫情防控常态化下山东省慈善事业的发展，充分调动社会组织参与脱贫攻坚工作的主动性、积极性和创新性，提升慈善组织运营与服务能力，推动山东慈善生态建设，山东省慈善总会、山东省社会创新发展与研究中心联合举办了第三届"慈山东·益齐鲁"公益创投大赛，涌现出了一批服务社会、锐意创新的公益机构，谋划了一批定位精准、有效对接的慈善项目，建立了一批敢于奉献、专业性强的人才队伍，在筹募善款、赈灾救助、扶贫济困、扶老助残、教育助学、公益援助、慈善文化普及推广等方面做出了有益的探索与实践，在救济困难群众、服务特殊群体、助力脱贫攻坚、弘扬中华传统美德、培育和践行社会主义核心价值观等方面发挥了积极作用。

四、山东慈善会系统发展中存在的问题分析

自1994年山东省成立第一家慈善会以来，经过20多年的发展，慈善会在扶贫济困、改善民生、弘扬传统美德和社会主义核心价值观中发挥了积极作用。近年来，山东省慈善会开始努力探索从传统慈善向现代公益转型。主动同地方社会组织合作，向外输出资源优势，发挥枢纽组织功能，打造地方公益生态，培育地方特色公益项目，培养公益专业人才……在自我变革的过程中，山东省慈善总会进行了很多有益探索。

由传统慈善向现代公益转型，已成为慈善会系统不可逆转的发展趋势。但是，出于体制机制等历史原因，目前慈善会系统的运作行政化色彩依然很重，政府部门越位与缺位现象并存，系统内激励机制明显不足。总的来看，慈善总会的发展过程中也暴露了诸多问题，如：

第一，引领公众参与慈善的能力有待提高，慈善宣传工作任重道远。自成立以来，山东慈善会相继开展了很多慈善公益项目，举行多次募捐活动，但是社会

公众响应力较低，这也是山东慈善会在引领慈善发展方面水平尚有待提高的表现。对于大多数的普通民众来说，慈善行为仅仅是在当灾难发生时对政府号召的积极响应或者是对弱者的同情，而不是对慈善事业的长期关注，慈善还远远没有如同发达国家一样成为公民日常生活的构成部分。腾讯 99 公益日期间，山东慈善会体系机构的筹款表现便充分说明了这一点。可以看到，2020 年腾讯 99 公益日活动期间，山东省虽名列全国各省慈善会体系机构筹款总额前 10 名，但捐赠人次仅有 55.11 万人次，远低于排名第一的重庆市（1167.74 万人次），公众筹款金额 2545 万元，也远低于重庆市的筹款金额（2.74 亿元）。

在激发大众的热情方面，通过广泛宣传，营造慈善氛围，能够更好地促进公众参与到慈善事业中。尽管目前山东省慈善总会已经搭建了包括电视台、电台、报刊、网络等在内的全媒体宣传推广平台，且这些平台全部免费供社会组织使用。然而，强化慈善宣传、普及慈善文化作为一项重要任务，尤其需要积极创造"以人为本""助人为乐"的人文关怀社会环境。如济宁市慈善总会以"慈润济宁·善行万家"为主题，联合济宁市民政局、市文广新局、市教育局、市文联等 10 个单位举办了孔孟之乡慈善书画展，将济宁慈善和济宁文化深度融合，进一步增强全社会慈善意识。而其他慈善会多注重媒体宣传，在文化建设方面的努力工作仍显不足。

山东是著名的"孔孟之乡、礼仪之邦"，山东人民积德行善、扶危济困的传统美德代代相传，山东慈善事业有着深厚的思想渊源和良好的物质基础。在此背景下，如何更好地关注慈善文化建设，体现山东深厚的慈善文化底蕴，彰显山东慈善传统特色，山东慈善会工作任重道远。

第二，政社不分、职责不明的现状仍需改善。目前，山东省多家慈善会的现任会长、秘书长或曾担任过党政机关、国有企事业单位的领导，或为现任政府机构领导兼任。由此可见，慈善会与政府仍然保持着千丝万缕的联系。不仅如此，慈善会仍以政府作为慈善事业的依赖主体，政府在慈善事业中的角色定位和职能仍然被混淆。政府需要与慈善会等多重主体联合起来，明确职责定位和边界，激发更多的民间力量协同并进。为此，更需要进一步明确政府在慈善事业中的定位，从而发挥其应有的作用。

第三，筹款方面"马太效应"加剧，慈善会亟待转型。以慈善会为代表的官办慈善体系，从一开始就与政府部门、国有企业、事业单位、群团组织以及大中型民营企业建立了密切的联系，能够上下通达、左右逢源，在资源动员方面具有民间慈善望尘莫及的绝对优势。如 99 公益日前夕，多地党政部门发起的"慈善总动员"引发民间担忧。许多地方以政府的名义召开"99 公益日众筹动员部署大会"，由当地党政领导牵头组织，联动"市直党政机关、企事业单位、人民团体、各县区主管县区长、扶贫办，退伍军人事务局"组团迎战一年一度的"99公益日"，目的就是获得更大额度的配捐。结果不言而喻，互联网公益的现金流正在加速向头部机构集聚，本来就强势的，越发拉大与竞争者的差距；掉队的，快要连参与的意愿都没有了，形成了强烈的"马太效应"。

以99公益日筹款为例。从2015年首届99公益日开始，主打儿童救助项目的"中字头"民营基金会——中华少年儿童慈善救助基金会就开始霸榜，连续5年蝉联第一，直到2020年才让出了榜首，这绝对不是因为儿慈会的筹款出现了疲软，其3.29亿元的筹资额在2019年的基础上暴增了80%，几乎翻番，而是由于2020年的重庆市慈善总会实在太过强势。方德瑞信和易善数据联合发布的数据显示，重庆市慈善总会2020年筹到了超过3.35亿元，其中公众捐款2.74亿元（占公众筹款总额的11.8%），有超过1167万人次的捐赠（占总捐赠人次的20%），这样强大的动员能力，简直令人难以置信。数据显示，重庆市慈善总会、河南省慈善总会和陕西省慈善协会3家机构，其99公益日筹得资金逾七成流向慈善会体系内部（包括分支机构、专项基金等），某种程度上，可以说，一大笔慈善资金从"体制外"流进了"体制内"。4家机构拿走99公益日超过1/3筹款，这种现象之前是没有出现过的。

另外，99公益日期间，慈善会体系机构上线的独立项目与子项目公众筹款金额共计8.80亿元，其中慈善会体系内机构项目筹款总额为5.51亿元，占到慈善会体系机构上线项目筹款总额（9.48亿元）的59%。这种慈善会系统拥有的"体制优势"，民间机构却望尘莫及。

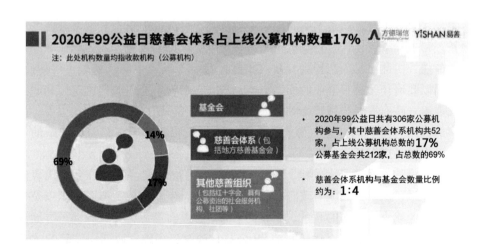

图4-6 2020年99公益日收款机构状况

资料来源：易善数据。

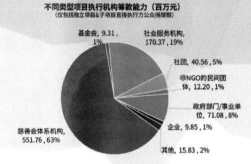

图 4-7 2020 年慈善体系合作伙伴公众筹款能力分布

资料来源：方德瑞信：《2020 年度 99 公益日慈善会体系筹款数据盘点》，2020 年。

改善现状的一个方式是，慈善会及其他官办机构完全可以考虑转型为资助型组织，即利用自己的优势专门做筹款，面向企业和公众开展各种募捐活动，并将所筹款项用于资助民间中小机构，让他们能够集中精力专心专业地做事。

作为省一级的慈善会，山东省慈善总会可做好自身的制度完善、架构改革和业务转型，稳定第一，小步快跑，做一些试验和引领，为省内各地市慈善总会做一个安全有效的试验品，以推动全省慈善系统的逐步变革。吸纳一批省内的公益慈善组织共同参与到项目中来，锻炼一批公益慈善机构，培育一批具有山东地方特色的公益慈善项目，培养一批公益慈善组织负责人，在全省范围内营造山东公益生态。

例如，2018 年 7 月，山东省慈善总会和山东省社会创新发展与研究中心（以下简称山东社创）共同发起首届"慈善山东"公益大会，并发布了"慈善山东伙伴计划"。此次大会，也是山东省慈善总会探索变革的一次尝试，同时也是其致力于打造地方公益生态的重要一步。

但共建共享公益新生态并不容易。在目前这种"官强民弱"的格局下，官民合作势必会出现各种矛盾，双方还需要时间来磨合。比如有些民间机构抱怨公募机构拨款进度缓慢，需要钱做事的时候要不到钱，这非常影响项目的执行。而有些公募机构则百般挑剔，甚至提出一些不合理的要求，自然会引发民间机构的不满；有些虽然是合规性的要求，但能力较弱的民间机构可能不容易做到，所以也会有怨言。但这种合作，对很多民间机构来说，确实是活下去的机会，因为别无选择，"只有活着才有希望"。

第四，相关法律法规还需不断改善。慈善会组织的独立法人地位、慈善机构的运行规范、慈善事业的财政税收政策、慈善活动的法律监督机制等事关慈善发展的关键问题还需要厘清，得到法律的合理确认与明晰规范。而且，慈善事业的进入、评估、监管、公益产权界定与转让、融投资、退出等完整法律框架也有待形成，促进慈善会系统组织财务制度以及机构的活动领域，如募捐善款、救助项目开发等亟待进一步完善。

第五，基层慈善会组织建设还需加强。基层慈善会组织数量还要广泛覆盖，慈善的功效发挥处于较低层次，包括：需要建立阳光透明的组织运行机制，形成有效的监督机制，这也是当前慈善组织缺乏公信力，影响力不大的主要原因；需要形成与市场经济体系相适应的高效运作机制；需要足够的专业人才作为组织的人力资源支撑，慈善会工作人员的职业素养与专业能力需要得到进一步提升。

慈善会系统是政府职能的重要延伸。作为官办慈善的代表，近年来慈善会的发展遇到很多现实问题。背靠政府让慈善会拥有很多其他社会组织不具备的优势，但慈善会系统与民间公益明显割裂，导致资源无法共享，无法进行优势互补。

五、山东慈善会系统发展的对策建议

慈善是对政府和市场的必要补充。新时代，山东慈善会系统如何立足新发展阶段，推动慈善事业高质量发展，可从以下几个方面进行尝试：

第一，以慈善文化建设为着力点营造浓厚慈善氛围。

（1）贯彻落实《中华人民共和国慈善法》及相关法律政策、文件要求。

围绕《中华人民共和国慈善法》《慈善组织信息公开办法》等慈善相关法律政策和要求，为"十四五"时期慈善工作开局起步打好基础。开展党史学习教育宣传活动，组织慈善工作培训班，牢记初心使命，立足实际，守正创新，坚定做好慈善工作的信念，提高依法行善的自觉性和主动性。

（2）拓展慈善宣传渠道和途径。

努力打造报纸、杂志、电视、电台、网站、微信等全方位、立体式的宣传格局，对慈善精神、慈善理念、慈善项目及慈善活动进行广泛宣传，让大众随时听到慈善声音、看到慈善画面。充分发挥手机客户端的作用，建立手机播出平台，运用微博、微信、抖音、快手等媒介，有针对性地开展慈善公益宣传活动。用好网络平台，推动慈善进机关，到镇办，进村、社，建设覆盖市、县（区）、镇、村的融媒体宣传阵地；深入推进中小学慈善教育、慈善文化进大学、中华慈善日主题宣传等慈善文化工程实施。

（3）深挖齐鲁文化中的慈善文化，营造浓厚的慈善文化氛围。

儒家文化是山东最大的文化资源优势，儒家文化中蕴含着"仁爱、仁政、性善、恻隐之心"的慈善文化，体系完整，是现代慈善事业发展的理论依据，深挖儒家慈善文化精华，寻找慈善文化的动力资源，对于构建慈善事业理论体系、形成公民慈善责任意识具有重要意义。通过不断挖掘宣传慈善典型人物和突出事迹，营造浓厚的慈善文化氛围。通过策划慈善论坛、线上线下宣传、户外宣讲、健步行等系列活动，让慈善文化元素更好地渗透进大众的日常生活。

（4）提升社会公众的慈善参与意识，突破"少数慈善，大众围观"的慈善状况。

在社会价值多元化条件下，需要不断提升社会公众的慈善参与意识。慈善会系统要注重参与顶层制度设计，引导青少年参加公益慈善，不断强化家庭的示范作用，积极培养公民现代慈善意识。

建立开发大众慈善动能的新机制，实现行善主体从"精英慈善"向大众慈善的转变。以传播慈善文化为先导，以慈善宣传为动力，以慈善项目为引领，把慈善的根系延伸到每一个村庄和社区，建设"我为人人、人人为我"、友爱、互助的慈善环境，培育全民慈善意识，开发大众慈善新动能，使更多的人加入行善队伍中。

第二，打造地方慈善公益生态环境，转型现代基金会。

向现代基金会转型是慈善总会系统不得不面对的现实问题。而实现这一转型的基础，就是重新打造与时代需要相匹配的地方慈善公益生态环境。因此，除却在切实完成政府、民政民生兜底任务的同时，转型为执行与资助混合业务并重、双重业务品牌化开展、担当起地方枢纽型功能的地方新型基金会，也是慈善总会未来几年的发展方向。

第三，创新数字慈善，打造网络募集新机制。

"互联网+"时代，公益慈善的方式也悄然发生变化，公益活动或项目频频涌现出与互联网科技结合的趋势，APP、网页等都成为助力公益慈善项目的好帮手。网络慈善也要在现有基础上进一步创新发展。慈善会一方面可以利用好现有的互联网众筹和宣传的平台，广泛动员社会各界参与网络众筹活动；另一方面利用各平台不同优势，探索短视频、直播、社群运营等筹款方式，建立常态化网络筹款机制。

第四，加强慈善组织建设，打造慈善项目管理运营新机制。

要发展山东的慈善事业，必须加强慈善组织建设。要充分发挥慈善事业扶贫济困重要作用，离不开各级慈善组织，特别是县、乡、村基层慈善组织的建立健全和作用发挥。慈善会要积极建立慈善组织，建设一个纵向到底、覆盖城乡的慈善组织网络，同时进一步完善慈善制度，确保形成良好的工作运行机制和项目管理机制。

与此同时，建立项目数据库实行网络化管理。继续推进慈善项目创新机制建设，落实项目为王、品牌至上、规范运作、重在实效的工作要求。在民生保障补充领域寻找课题开设项目，在困难群众最迫切的需求上实施救助。完善项目立项论证、实施规范、监督检查、跟踪问效、信息公开制度。

第五，突破单纯物质救助的慈善模式，推动慈善助力基层社会治理。

建立社会救助与社会治理并驾齐驱的现代慈善体系，实现慈善工作重点的转变。在"两不愁三保障"问题解决之后，相对贫困将长期存在，慈善工作除继续履行民生保障补充的职能之外，更应关注相对贫困，探索、创立巩固脱贫成果，助力乡村振兴的长效机制。同时参与社会治理，慈善要进村庄、进社区，传播慈善文化，建立慈善公约，实施慈善项目，开展居民互助，把慈善组织的根系延伸到社会最基层，以慈善的路径和方式践行社会主义核心价值观，用中华民族传统美德助力基层社会治理。

此外，慈善会的资源网要上下联动开展工作，并与共青团、妇联等群团组织、与山东社创等民间社会公益机构广泛合作，形成一张组织网、资源网、人才网，分工协作共同实施项目，实现优势共建共享；与国内大型的慈善组织、基金会建立合作，打造混合型的慈善组织。

本章小结

慈善会作为一种具有特殊背景的慈善组织，还要加强研究和指导，不断变革这一特定的组织体系，实现更优发展。新时代构建山东慈善发展新格局，如何以引导公众参与社会协同，积极发挥慈善组织的作用，扎实开展各项公益慈善活动，促进慈善事业与乡村振兴融合发展，切实改善和提高人民生活水平，推动慈善格局的提升，为实现共同富裕和慈善事业的高质量发展，山东慈善会任重道远。

参考文献

［1］周秋光、李华文：《中国慈善的传统与现代转型》，《思想战线》2020年第46卷第2期，第61-74页。

［2］李本公：《中华慈善年鉴2015》，2015年。

［3］范宝俊：《中华慈善年鉴2008》，2008年。

［4］全国慈善信息公开平台"慈善中国"，https：//cszg. mca. gov. cn/plat-form/login. html。

［5］山东省慈善总会：《山东慈善总会2020年度工作报告》。

［6］山东省慈善总会：《2020年腾讯九九公益日终极战报》，2020年9月30日。

［7］方德瑞信：《2020年度99公益日慈善会体系筹款数据盘点》，2020年。

第五章　山东省志愿服务发展研究报告

引　言

　　志愿服务是社会文明程度的重要标志，是社会和谐的促进力量，是推进社会良性运作和持续发展的基本途径。近年来，党中央高度重视志愿服务的推进和体系建设工作。2008 年，中央文明委发布了《关于深入开展志愿服务活动的意见》，对全社会开展志愿服务活动提出了要求。2012 年，中共中央办公厅印发了《关于深入开展学雷锋活动的意见》；2013 年，中共中央办公厅印发了《关于培育和践行社会主义核心价值观的意见》，对深化学雷锋志愿服务活动进行了部署和要求。2014 年，习近平总书记在省部级主要领导干部学习贯彻党的十八届三中全会精神全面深化改革专题研讨班开班式上强调：推进国家治理体系和治理能力现代化，要大力培育和弘扬社会主义核心价值体系和核心价值观，为志愿服务内涵的拓展提供了方向。同年，中央文明委制定出台了《关于推进志愿服务制度化的意见》，对志愿服务制度化、常态化做出了具体部署。

　　山东是孔孟之乡，拥有着浓厚的公益慈善氛围。蓬勃发展的志愿活动及其体现的志愿精神，成为构成和彰显"好客山东"的独特气质和价值基础。自改革开放以来，志愿服务与山东发展同步前行，特别是进入新时代以后，山东的志愿服务事业取得了全方位的发展。在现代化建设的进程中，山东孕育了浓郁的志愿文化，培育了积极的志愿服务精神，形成了良好的志愿服务传统，志愿服务成为促进山东经济与社会协调发展的重要途径。

一、山东志愿服务的发展历程及特点

山东省有着悠久的慈善文化传统。早在中华人民共和国成立之前，山东滨州市人吴福永就创建了红卍字会，该会以"促进世界和平、救急灾患"为宗旨，推动了慈善事业的发展。[①] 红卍字会是中国本土的民间慈善组织，与当时的红十字会和华洋义赈会齐名。中华人民共和国成立以后，我国人民政府包办了一切社会事业，使民间慈善组织失去了活动空间，1953 年，红卍字会解散。山东省的各种公益慈善活动也基本由政府承办。1963 年，毛主席发出了"向雷锋同志学习"的口号，在全国范围掀起了"学雷锋"热潮，山东省也在各地区开展了轰轰烈烈的学雷锋志愿服务活动。一直到 20 世纪 90 年代，学雷锋活动，都是我国"志愿服务"活动的基本形式。"学雷锋"活动对山东社会产生着广泛而深远的影响，成为激励广大山东人践行社会主义道德规范最有号召力的精神旗帜。志愿精神是雷锋精神在当代的成功演绎，志愿服务活动是"学雷锋，做好事"常态化的成功实践。

（一）山东志愿服务发展历程（1979~2020 年）

从山东志愿服务发展的历程来看，志愿服务事业在雷锋精神的薪火相传中孕育而生，在现代文明理念的滋养中蓬勃发展，也在顺应山东经济社会发展的建设中渐成体系。然而，在不同时期、不同社会背景下，山东的志愿服务也呈现出不同的发展特征和发展态势。回顾山东志愿服务的发展，大致经历了四个阶段。

1. 萌芽阶段（1979~1989 年）

山东的志愿服务兴起于 20 世纪 80 年代，是基于国家改革发展的大背景，山东社会经济迅速发展，精神文明建设水平不断提高，在社会生活发生深刻变化中孕育和成长起来的。进入 20 世纪 80 年代，"五讲四美三热爱"活动在全国范围内蓬勃开展，山东的广大人民群众也积极投身精神文明建设实践。1987 年，国家民政部倡导开展全国范围内的社区服务，山东积极组织开展社区志愿服务活动。可以说，是改革开放孕育了山东志愿服务活动的发展。

整体来看，这一阶段，山东涌现出来的志愿服务活动尚处于雏形，主要有两

---

① 红卍字会——百度百科，https：//baike. baidu. com/item/% E7% BA% A2% E5% 8D% 8D% E5% AD% 97%E4%BC%9A/3492199？fr = aladdin。

种形式：一是各行各业广泛开展的学雷锋做好事活动，二是社区居民自发开展的邻里互助活动。这个阶段志愿服务发展的总体特点是：志愿服务活动散见于社会生活各个层面，自发和有组织的互动交叉并存，以自发为主，存在着服务项目单一、群众参与面窄、服务对象不太明确等初期发展问题。

2. 整合阶段（1990~2003 年）

进入 20 世纪 90 年代，邓小平在南方谈话中提出的"坚持两手抓、两手都要硬，两个文明都搞好"，为我国的精神文明建设提供了指导思想。山东志愿服务发展在 20 世纪 90 年代中后期，也在大力推进社区精神文明建设和"学雷锋做好事"的社会背景中逐步壮大起来。自 20 世纪 90 年代起，群众性精神文明建设活动在山东全面系统展开，比如 1994 年，在省共青团的组织下，济南市开展了"学雷锋树新风"志愿者活动月活动，并且在 1995 年，启动了济南市优秀青年志愿者表彰活动，树立了一批优秀志愿服务集体和个人典型，激发了青年投身志愿服务业的热情。1999 年，山东省颁布了《山东省青年志愿服务条例》，志愿服务法治化进程逐渐推进。

整体来看，在这一阶段，首先，志愿服务体系的制度化体系逐步确立。在山东省委、省精神文明办的积极推动下，山东志愿服务活动在精神文明建设的高潮中逐步发展，并逐渐形成规模，成为加强思想道德建设的重要途径。其次，山东省的志愿服务品牌逐渐形成，公益理念开始更加深入老百姓生活方方面面。山东省明确树立起了志愿者的旗帜，广泛开展志愿服务活动，社区志愿服务应运而生，成为山东志愿服务活动最基础、最重要的组成部分。最后，随着《山东省青年志愿服务条例》的颁布，山东省的志愿服务活动的法治化建设逐步走向正轨，为随后的志愿者保障激励机制建设提供了基础。

3. 提速阶段（2004~2015 年）

2004 年 9 月 19 日，中国共产党第十六届中央委员会第四次全体会议上正式提出了"构建社会主义和谐社会"的概念。随后，2005 年，中国官方提出将"和谐社会"作为执政的战略任务，"和谐"的理念要成为建设"中国特色的社会主义"过程中的价值取向。"民主法治、公平正义、诚信友爱、充满活力、安定有序、人与自然和谐相处"是和谐社会的主要内容。山东省委、省政府响应中央号召，发布了《关于推进"文明山东"建设的实施意见》，号召山东省各地区开展奉献爱心行动，开展"爱心捐助""慈心一日捐""热心公益、回报社会"等活动。培育和弘扬"奉献、友爱、互助、进步"的志愿精神。

2008 年中央文明委印发《关于深入开展志愿服务活动的意见》，山东省随后建立领导小组成员单位联席会议制度，将志愿服务工作作为基层群众性文明创建工作的重要内容，一起部署和考核，增强了工作推动力，促进了工作常态化。

2015 年 6 月,山东省文明委组织成立了山东志愿服务联合会,山东志愿服务联合会是一个非营利社会组织。联合会以普及志愿文化,促进志愿服务事业发展为宗旨;联合会的主要作用是组织开展志愿服务活动,营造我为人人,人人为我的社会氛围,积极培育和践行社会主义核心价值观,为建设文明和谐社会做贡献。

2015 年 11 月,山东省文明委开展了 100 个最美志愿者、100 个最佳志愿服务项目、100 个最佳志愿服务组织、100 个最美志愿服务社区等志愿服务"四个100"先进典型活动。

2015 年 12 月,山东志愿服务网开通,该网站接入全国"志愿云"系统,只要进行实名注册经过审核,就能成为志愿者,实现志愿服务记录和转移,志愿服务供需无缝对接。

总体来说,这一阶段,山东省在志愿服务的制度建设方面获得了进一步发展。这一时期,无论是在志愿服务的制度建设、资金投入还是平台建设方面,山东省都取得了长足的进展,进入 2015 年,山东省的志愿服务体系基本搭建完成,有山东省文明办、各地市文明办、共青团委、各地区企事业单位等,基本确立志愿服务的重要地位。

4. 增量阶段(2016~2020 年)

进入 2016 年以后,山东省各地区的民间志愿服务组织得到飞速发展。通过统计数据可以看出,截至 2020 年底,山东志愿网上有志愿服务组织共 6.9 万个。其中,2016 年是山东省的志愿服务组织数量增长最大的一年。除了政府组织的志愿服务组织之外,青年志愿服务组织和各类自发的社会志愿服务组织成为志愿服务发展的亮点。

2016 年 4 月,山东省教育厅成立学雷锋志愿服务活动山东省教育厅志愿服务队。共分为:山东省教师教育学会教育志愿者分会、山东教育助力青春志愿服务队、山东教育卓越志愿服务队、山东教育春雨志愿服务队、山东教育暖阳志愿服务队、山东教育红黄绿志愿服务队、山东教育梦之翼志愿服务队七个志愿服务分队。

2020 年 5 月,为深入贯彻落实国务院《志愿服务条例》和省文明委关于培育和践行社会主义核心价值观、弘扬志愿服务精神的工作部署,引导省直机关干部职工在志愿服务工作中走在前列,开创志愿服务工作新局面。山东省直机关工委发布《2020—2021 年度省直机关志愿服务工作指导意见》(以下简称《意见》)。《意见》提出,要进一步优化服务保障。省直各部门单位对内部志愿服务组织开展志愿服务活动,要给予经费支持,加大激励保障力度。对在志愿服务事业发展中做出突出贡献的志愿者、志愿服务组织,有关部门按照法律、法规和国家有关规定予以表彰、奖励。

总体来看，这一阶段，山东省的志愿服务活动从上层建筑的制度建设，发展到人民群众广泛参与的全社会动员，这一阶段志愿服务活动已经深入人心，把政策落实到人民群众日常实践当中，真正实现了全民公益、人人参与。

（二）山东志愿服务发展特点

中国志愿服务经过了几十年的发展，在青年志愿服务、社区志愿服务、"草根"志愿服务、国际志愿服务等多领域取得了显著成绩。山东省作为人口大省、经济大省，在志愿服务发展方面，整体态势良好，取得了一些令人瞩目的成绩，积累了一批值得推广的经验。

1. 形成了"纵横交错"的组织架构

经过多年的探索和实践，山东志愿服务形成了省、市、县三级文明委领导下，统筹各方志愿者服务力量，面向全社会开展活动的组织架构。

在山东省的 16 市均成立了由文明办牵头、有关部门组成的志愿服务活动协调小组，建立了文明委统一领导、文明办组织协调、各有关部门分工负责、社会各方面积极参与的志愿服务领导体制。山东省志愿服务联合会成立，标志着山东省志愿服务工作由行政主导向社会化发动的重要转变。山东省志愿服务联合会是在山东省文明委指导下开展工作的非营利社会组织。联合会以普及志愿文化，促进志愿服务事业，组织开展志愿服务活动，营造"我为人人、人人为我"的社会氛围，积极培育和践行社会主义核心价值观，为建设文明和谐社会做贡献。山东省志愿服务联合会的首批会员包括 4 个省级志愿服务组织和 16 个市级志愿服务组织。山东省志愿服务联合会成立后，将进一步加强全省志愿服务组织的联系沟通与协作配合，围绕全省工作大局，根据人民群众的需求，搭建人民乐于参与、便于参与的活动平台，规划设计接地气、顺民意的活动项目，组织开展特色化、专业化的志愿服务活动，推动全省志愿服务事业实现新的发展。

目前，已成立的全省性志愿服务组织有山东省青年志愿者协会、山东省巾帼志愿者协会、山东省应急志愿者协会、山东省教师教育学会教育志愿者分会、山东有线志愿者服务队等。全省 16 市中有 10 个在文明办设立了志愿服务科，12 个市成立了志愿者协会或联合会，为志愿服务的广泛开展提供了坚实的组织保障。

2. 发展了一批多元格局的志愿服务组织

志愿服务组织是推进志愿服务发展的关键。志愿服务的动力来自志愿者的道德理想，但是当代志愿者已经不是一种个体化的行动方式，而是组织化的活动模式，组织化给志愿者行动带来的效应远远高于个体自发的志愿服务。

从山东的发展历程来看，自从 20 世纪 90 年代以来，发展了一批多元格局的志愿服务组织，成为推动山东志愿服务发展的重要力量。山东省坚持把实体平台和媒体平台、网络平台相结合，有效促进了志愿服务供需的及时对接。山东省志愿服务组织的管理架构如图 5-1 所示。

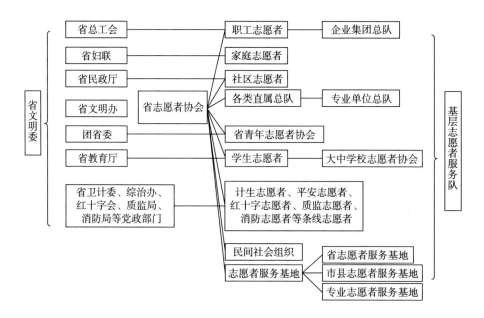

图 5-1　山东省志愿服务组织的管理架构

一是依托社区、村委会、物业服务企业，设立志愿服务站（岗），收集各类需求信息，联系志愿者。附近群众到服务网点了解供求信息，或登记需求，或就近就便参与志愿服务活动。在社区和农村，以"邻里守望"为主题开展志愿服务活动，积极推广社会工作者带志愿者模式，不断推进社区志愿服务制度化。

二是充分利用报纸、电视、广播等媒体平台，刊播志愿服务组织的联系方式，发布志愿服务活动项目，方便广大公民加入组织、参与活动，并通过各自受众不断扩大志愿服务的影响力和覆盖面。

三是发挥网站、论坛、微博、微信、QQ 群等网络平台便捷高效的优势，广泛、准确、及时提供志愿服务供求信息，合理配置志愿服务资源，及时对接志愿者和服务对象。例如，临沂市建立了临沂市志愿者网站，成立了临沂网上志愿者联盟，设立了官方微博，开通了网上交流平台。

四是整合部门资源，搭建综合服务平台。潍坊市依托市"12343"民生服务平台，创新建立市级志愿服务协调中心，统一调度、管理和协调各级各类志愿服务，实现了资源的整合、服务的拓展和效能的提升。

在积极推进各类志愿服务活动开展的同时，山东省大力推进志愿服务活动的品牌化建设，注重放大示范效应，促进志愿服务活动品牌化发展。在省文明办和各相关部门的积极推进下，常态化学雷锋志愿服务、"邻里守望"志愿服务、党员志愿服务等特色活动遍布申城，志愿奉献、随手公益的社会氛围日渐浓郁。

3. 构建了较为完善的基地、队伍、项目、活动"四位一体"志愿服务体系

（1）基地建设。

志愿者服务基地创建是山东精神文明创建活动的重要组成部分，是建设山东社会志愿服务体系的重要载体。志愿服务基地是指社会公益事业中，具有长期的公益性服务岗位、服务项目。2015年12月，全国道德主题教育组织委员会威海孙茂芳志愿者服务团在山东威海成立，同时，全国道德委在威海"全民道德教育示范基地"授牌。这是全国道德委志愿服务总团在威海成立的第一个分团，也是在山东设立的首个全民道德教育示范基地。在成立大会上，第四届全国道德模范、"当代雷锋"荣誉称号获得者孙茂芳做了学雷锋事迹报告。

（2）队伍建设。

队伍建设是志愿服务发展的基本保障，也是山东志愿服务工作的重点。山东在全国首次实行志愿者实名注册制度，并着力在全省范围推广，之后又进一步完善了志愿者注册登记制度，建立了注册志愿者库，招募、储备、培训了一支常态化和专业化的志愿者队伍。山东省文明办开办志愿服务培训中心，将在提升志愿者的服务素质、推进志愿者队伍能力建设方面发挥重要作用。

山东志愿服务网的开通，标志着山东省省级接入"志愿云"系统工作已经完成。个人志愿者可以登录山东志愿服务网，注册获得全国统一编号。将获得唯一的"志愿服务电子证"，通过志愿服务电子证，志愿者可以管理个人信息，与全国志愿云系统共享数据，个人志愿者所获得的表彰、保障、认证等以志愿云的权威记录为基础。

（3）项目体系建设。

在志愿服务的项目方面，山东省文明办培育各类经常性开展、公开招募志愿者的志愿服务项目，每年递增志愿服务项目的整体目标。各级志愿服务工作部门以全省志愿服务工作信息化管理平台的建设完善为契机，不断进行社会化培育。

（4）志愿服务活动建设。

在积极推进各类志愿服务活动开展的同时，山东努力推进志愿服务活动的品牌化建设，注重放大示范效应，促进志愿服务活动品牌化发展。在省文明办和各相关部门的积极推进下，常态化学雷锋志愿服务、"邻里守望"志愿服务、党员志愿服务等特色活动遍布齐鲁，志愿奉献、随手公益的社会氛围日渐浓厚。与此

同时，山东志愿服务活动的管理经验日趋完善，山东志愿服务品牌在全国的影响力不断提升。近年来，山东省以"三关爱"为主题，着眼志愿服务常态化制度化，在各个领域广泛开展了形式多样的志愿服务项目，涌现出了一大批有特色、有影响的志愿服务品牌。潍坊供电公司"潍电义工"协会等 12 个单位和个人被评为全国最美志愿者、最佳志愿服务项目、最佳志愿服务组织、最美志愿服务社区；青岛"微尘"成为城市精神符号和公益品牌；泰安"菜单式"志愿服务模式在全国推广；烟台制度化推进志愿服务做法得到中央领导同志的肯定。

4. 建立了科学高效的志愿服务激励机制与保障体系

（1）激励机制建设。

在激励方面，山东根据志愿者参与志愿服务的多种需求，分别从能力提升、人际交往、价值实现、社会认可等诸多方面，设计了优质课程培训、团队文化营造、服务时间记录、星级志愿者评选等丰富的志愿者激励措施。山东对文化志愿服务的保障措施和激励机制，近几年一直在逐渐完善。为感召和鼓励更多的爱心人士投入志愿服务事业，健全完善了两年一度的表彰激励制度，对评选出的杰出志愿者和优秀个人、集体项目，积极协调相关单位，推动文体设施、公共服务机构向志愿者免费或优惠开放，进一步加强了对志愿者的激励。

目前，山东省及 16 市均成立了由文明办牵头、有关部门组成的志愿服务活动协调小组，建立了文明委统一领导、文明办组织协调、各有关部门分工负责、社会各方面积极参与的志愿服务领导体制。

在考核机制上，把开展志愿服务纳入文明创建规划和测评体系，作为文明城市、文明村镇、文明单位考核评选的重要条件，纳入"四德工程"先进市县考评，纳入文化强省建设先进市县测评，构建起志愿服务工作大格局。威海市出台《威海市志愿服务回馈嘉许办法（试行）》，志愿者可根据累计时长享受法律、医疗、餐饮等社会爱心行业单位提供的诸多优惠活动。

（2）保障体系建设。

在工作保障方面，为适应新时期志愿者和志愿者工作的新需求新变化，山东着力打造了全省志愿者和志愿服务项目后台管理系统、志愿者网站、热线、博客、手机微信等，推进了志愿管理、调配、宣传、激励等工作的信息化。在政策保障方面，大力推进《山东志愿服务条例》的实施，为志愿者提供意外伤害保险，依法维护志愿者的合法权益，以期能最大限度发挥志愿者的主动性、积极性和创造性，形成全社会共同关心、支持和参与志愿服务事业的社会氛围。

二、山东志愿服务发展的现状和问题分析

为分析山东省的志愿服务发展状况，本章依据山东志愿服务网站的数据，分别从山东志愿服务的组织、项目、志愿者三个方面进行描述，详见图5-2。

图5-2 志愿者服务现状分析结构

志愿服务组织是志愿服务项目开展的载体，志愿服务组织的数量和质量反映出全省志愿服务发展的层次和水平；志愿服务组织针对群众的需求开展服务，设立服务项目，服务项目的数量、类型、质量可以反映出志愿服务组织的统筹能力及志愿服务的发展方向；志愿者个人一方面参与到各个志愿服务组织之中，另一方面又具有一定的灵活性，依据自身的特点参与各式各样的志愿服务项目，志愿者个人的服务经历和服务时长，体现了全省的志愿服务发展的群众基础。通过志愿服务组织、志愿服务项目、志愿者个人三个维度可以勾勒出山东省志愿服务发展状况的全景。

（一）志愿服务组织发展现状

1. 志愿服务组织的规模与区域分布情况

（1）志愿服务组织数量逐年增长，2016年为爆发年。

数据显示，山东省志愿服务组织在2016年以前，成立的数目虽然呈现增长趋势，但是增长数量较少。一直到2015年，当年注册成立的志愿服务组织数为869个。到2016年，山东省志愿服务组织成立数目突破19566个，可见，2016年是山东省志愿服务组织蓬勃发展的开端（见表5-1）。

表5-1 山东省志愿服务组织注册成立年份统计

注册成立年份	数量（个）
2000年之前	352
2000年	27
2001年	55

续表

注册成立年份	数量（个）
2002 年	50
2003 年	60
2004 年	51
2005 年	73
2006 年	76
2007 年	84
2008 年	141
2009 年	126
2010 年	193
2011 年	196
2012 年	387
2013 年	373
2014 年	496
2015 年	869
2016 年	19566
2017 年	7944
2018 年	13146
2019 年	14428
2020 年	7028
合计	65721

资料来源：山东志愿服务网。

　　2017 年，山东省志愿服务组织注册成立数量为 7944 个，2018 年为 13146 个，2019 年为 14428 个，到 2020 年，志愿服务组织数目有所下降，为 7028 个，究其原因，一方面是受疫情的影响，另一方面是山东省的志愿服务组织发展已经从注重数量转向注重质量方面（见图 5-3）。

　　2015 年，山东省志愿服务网成立，2016 年，山东省的志愿服务组织迎来了一波注册的高峰，由此可以看出，2016 年山东省的志愿服务组织发展一直处于低速发展阶段。2015 年，成立了 869 个，到 2016 年，突然增加到 1 万多个，出现这一现象是由于往年的志愿服务组织大多没有注册到山东志愿网，变成存量，随着志愿网开通，迎来了一波注册高峰。随后，山东省的志愿者服务组织发展态势一直呈现稳步增长态势。去除掉一些存量因素的影响，可以看出，2010 年以来，山东省的志愿者服务组织数量一直呈现稳步增长态势。

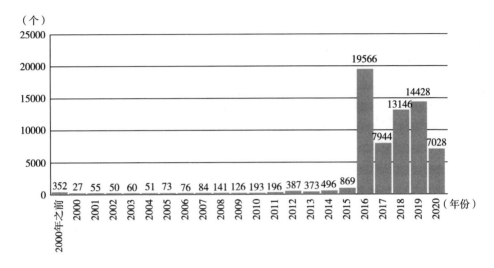

图5-3 山东省志愿服务组织注册成立年份统计

资料来源：山东志愿服务网。

总之，2016年为山东省志愿服务组织发展的爆发年，进入2020年以后，山东省的志愿服务组织发展将进入整合提高阶段，从数量的增长转变为质量的提高和种类的整合。

（2）区域分布情况分析。

根据山东志愿服务网站的数据，山东省共有志愿服务组织65000多个，其区域分布如表5-2所示。

表5-2 山东省各地市志愿服务组织数量

地区	数量（个）
泰安市	11038
济南市	9464
菏泽市	6169
临沂市	6024
淄博市	5414
济宁市	5168
烟台市	5042
滨州市	4907
潍坊市	4346

续表

地区	数量（个）
德州市	2139
聊城市	1982
枣庄市	1964
日照市	685
青岛市	602
东营市	559
威海市	216
山东省外	2
合计	65721

资料来源：山东志愿服务网。

从表5-2可以看出，在山东省的16个地区中，泰安市的志愿服务组织最多，有11038个。在65721个志愿服务组织中，济南市有9464个，菏泽市有6169个。志愿服务组织较少的分别是威海市216个，东营市559个。志愿服务组织数目和各地区的经济发展水平和人口规模成正比。

总体来看，山东省的志愿服务组织分布，在鲁中地区较多，鲁南、鲁北地区次之，鲁西地区较少，胶东沿海地区最少。

2. 志愿服务组织的人员数量与类别

（1）志愿服务组织人数在百人左右，正式成员数量均值为40人。

志愿服务组织的人数规模一般在170人左右。从志愿服务组织的人员规模来看，平均值为169.7，最少的有1人，最多的有1000人；从志愿服务组织的正式成员人数来看，平均的正式成员数量为134.7人，最多的有1000人，最少的为0人，如表5-3所示。

表 5-3　志愿服务组织人数规模

志愿服务组织人员统计	组织数量	平均值	标准差	最小值	25%	50%	75%	最大值
组织人员数	65721	169.6968	267.0742	1	20	52	180	1000
组织正式人员数	65721	134.728	246.5665	0	6	37	128	1000

资料来源：山东志愿服务网。

从表5-3的数据来看，在本章考察的65721个志愿服务组织中，正式成员规模相对于一般成员规模要小。因为志愿服务组织如果把志愿者发展为正式成员，则需要承担工资、保险、补贴等费用，为正式成员安排工作岗位。但是目前我国的志愿服务大多是一些临时性的工作岗位，志愿服务项目也是不定期开展，因此，志愿服务组织的正式成员数量较少。从中可以看出，志愿服务组织的正式成员规模的25%位数为6人，说明至少有1/4的志愿服务组织的正式成员数量为6人。中位数为37人，说明大部分志愿服务组织的正式成员规模不超过50人。这种情况下，山东省的志愿服务组织要做大做强，面临人员缺乏的困难。与此同时，正式成员人员规模75%位数为128人。这说明，只有1/4的组织人员规模可以达到128人以上。

（2）志愿服务组织以爱心、公益为组织，立足山东社区、教育、扶贫济困。

山东省志愿服务组织的发展中，志愿服务组织以公益为主旨，突出志愿、服务的宗旨。在本章的6万多个志愿服务组织中，有809个志愿服务组织在志愿服务网公布了组织的简介。可以看出，很多组织注册的过程中，带有一些随意性，很多组织都没有填写自己组织的简介。通过对组织简介的分析，我们可以发现：扶贫助困、关爱、互助、敬老爱老、救援、健康、助学、心理咨询、文化、社工、风险、弱势群体、义工等关键词出现较为频繁。可以看出，志愿服务组织的宗旨是志愿服务，以开展活动和服务项目为主线，主要目标是为社会做贡献，为公益事业添砖加瓦（见图5-4）。

图5-4 志愿服务组织简介词云图

资料来源：山东志愿服务网。

（二）志愿服务项目的现状分析

志愿服务项目是志愿服务的重要体现，志愿服务组织通过开展志愿服务项目的方式帮助有困难的群体，奉献爱心，为志愿者提供参与的途径。本章通过山东志愿服务网，爬取了共 2802 个志愿服务项目。

1. 志愿服务项目的服务类别分布

山东志愿服务网为志愿服务组织和志愿者搭建了平台。志愿服务组织可以在平台上发布项目，招募志愿者，志愿者个人也可以通过志愿服务网平台浏览支援项目，提交申请参与某一个志愿项目。由于志愿服务组织在发布志愿项目时，往往会提出该项目包含多种类别，比如菏泽市气象局开展的"牡丹花开"文明旅游志愿项目，该项目的服务类别包含：文明创建、旅游服务、绿化环保三个类型。因此，每一个服务项目的服务类型是多分类的。

如表 5-4 所示，在山东志愿服务网上线的 2802 个志愿项目中，有 1260 个是文明创建类，占比为 44.97%；有 603 个服务项目属于绿化环保类，占到 2802 个项目的 21.52%，有 531 个服务项目属于敬老爱老类，占总项目的 18.95%；关爱儿童类的项目有 484 个，占总项目的 17.27%。所有服务项目中，服务类别占比最大的前 10 个分别是：文明创建、绿化环保、敬老爱老、其他、关爱儿童、扶贫助困、文明交通、信息宣传、文化建设、医疗卫生。一些小众类的服务项目也占有一定的比例，比如外语翻译、心理咨询、网络维护、维修服务、应急救援、电器维修等，但是总体上，这种志愿项目专业性太强，受众范围也较窄。

表 5-4　山东省志愿服务项目的服务类别

类别	频数（个）	频数百分比（%）	总百分比（%）
文明创建	1260	17.68	44.97
绿化环保	603	8.46	21.52
敬老爱老	531	7.45	18.95
其他	517	7.26	18.45
关爱儿童	484	6.79	17.27
扶贫助困	456	6.4	16.27
文明交通	426	5.98	15.2
信息宣传	329	4.62	11.74
文化建设	310	4.35	11.06
医疗卫生	301	4.22	10.74

续表

类别	频数（个）	频数百分比（%）	总百分比（%）
抢险救灾	174	2.44	6.21
消防宣传	171	2.4	6.1
邻里帮助	164	2.3	5.85
心理咨询	139	1.95	4.96
家教助学	126	1.77	4.5
文化艺术	126	1.77	4.5
节水护水	122	1.71	4.35
法律服务	95	1.33	3.39
科技宣传	80	1.12	2.86
卫生保洁	75	1.05	2.68
礼仪接待	75	1.05	2.68
节庆赛会	72	1.01	2.57
活动策划	64	0.9	2.28
旅游服务	62	0.87	2.21
德师教育	55	0.77	1.96
文化教育	51	0.72	1.82
行政支持	49	0.69	1.75
网络文明	40	0.56	1.43
法律咨询	34	0.48	1.21
禁毒防艾	30	0.42	1.07
摄影摄像	25	0.35	0.89
社会综治	25	0.35	0.89
自护维权	13	0.18	0.46
语言翻译	13	0.18	0.46
电器维修	10	0.14	0.36
应急救援	6	0.08	0.21
维修服务	5	0.07	0.18
网络维护	5	0.07	0.18
心理咨询	2	0.03	0.07
外语翻译	1	0.01	0.04
合计	7126	100	254.32

志愿服务项目的整体分布特点主要是：

第一，精神文明和绿色环保具有重要的地位。从服务类别来看，志愿服务是精神文明的一大特色，因此各个志愿服务在开展的过程中，都以文明创建为宗旨；另外，绿化环保是新时代的重要课题，因此绿化环保也较多。

第二，通过志愿服务的项目的类别可以看出，专业性的服务项目数量较少。比如家教助学类、法律服务类、科技宣传类、礼仪接待类。较多的是医疗卫生类，有301个，抢险救灾类有174个。可以看出，专业性的服务项目需要志愿者具备专业知识，并且具有充分的激励保障，因此，在山东省的志愿服务项目中，专业类的志愿服务所占的比例并不多。总体来看大约占据不到1/4。

第三，在服务项目中，对弱势群体的帮助可以说是占据了半壁江山。比如敬老爱老类的服务项目有531个，关爱儿童类的项目有484个，扶贫助困类的项目有456个。对于弱势群体的帮扶的志愿服务项目能够占到2802个支援项目的一半左右。

总体上看，山东省的志愿服务项目中，以文明创建为主，比如文明交通、文化建设、文化艺术、邻里帮助等类别，都可以归入此类；其次是环境保护，比如绿化环保、节水护水、卫生保洁等；再次是帮扶弱势群体，比如敬老爱老、关爱儿童、扶贫助困、家教助学等；此外还有一些专业性的服务，比如医疗卫生、抢险救灾、消防宣传、节庆赛会、法律咨询、禁毒防艾等。

2. 志愿服务项目种类及分布状况分析

志愿服务组织在发布项目的时候，也会选择项目的服务对象，大部分组织在选择服务对象的时候也会选择多个类别，比如菏泽市气象局开展的"牡丹花开"文明旅游资源服务项目，服务对象就是儿童、青少年及其他人群。

表5-5 志愿服务的服务对象统计

服务对象	数量（个）
其他	1924
青少年	887
儿童	812
孤寡老人	713
特困群体	579
残障人士	470
优抚对象	415

从表5-5可以看出，在服务对象中，其他占比最多，在2802个志愿服务项

目中，占到 1924 个。青少年其次，为 887 个。儿童为 812 个、孤寡老人为 713 个、特困群体为 579 个、残障人士为 470 个、优抚对象为 415 个，都是志愿服务项目的主要对象。

很多志愿服务项目公布的服务对象由于地域范围限制，都是限定在某一个城市或者某一个社区的居民群体，比如辖区居民、石桥子村常住人口、民政三无人员、百岁老人、困难家庭、失智老人等，不一而足，因此本章将没有特殊说明项目服务对象是上述大类别中的某一类的都统一归入其他类。实际上，志愿服务项目中的服务对象如果是其他的话，则说明该项目针对的群体或者地域范围比较小，指向性较强。

总体来看，在山东省开展的志愿服务项目中，针对青少年、儿童的服务占到接近一半，针对老年人的服务占到接近 1/3，针对其他弱势群体的服务也占到接近 1/4。也就是说，当前开展的山东志愿服务活动中，以爱幼为首，尊老次之，扶贫助困再次。

3. 服务项目能为志愿者提供基本的保障措施

在总共的 2802 个服务项目中，有 1828 个服务项目能为志愿者提供服装，有 1104 个能为志愿者提供工具，有 1084 个能为志愿者提供饮水，有 341 个能为志愿者提供服务证书，详见表 5-6。

表 5-6　志愿者服务过程中的保障措施

志愿者保障	数量（个）
志愿者服装	1828
志愿服务工具	1104
提供饮水	1084
其他	566
志愿服务证书	341
集中乘车	338
专项培训	331
餐饮或食物	209
志愿者保险	193
免费体检	74
交通补贴	73
提供住宿	28

总体来看，志愿服务项目为志愿者提供的保障措施中，主要集中在为项目服

务的类别上，比如服装、工具、乘车。这些都是为了完成项目而提供的保障措施，可以说是后勤措施。

在为志愿者提供饮食保障方面，有 1084 个服务项目能够为志愿者提供饮水，有 209 个项目能为志愿者提供食物。可以说，保障志愿者餐饮的服务项目并不多，大概只有 1/10。

在志愿者补贴方面，也只有 73 个项目可以提供，可以说，在志愿者的个人权利保障方面，山东省的志愿服务项目仍然做得不够，广大的志愿者仍然是不求回报。为志愿者提供保险的只有 193 个。这说明志愿服务项目在提供服务过程中，存在一定的风险，志愿者的保障激励存在薄弱的一环，很可能影响志愿者以后服务的积极性。

此外，有 341 个项目可以为志愿者提供服务证书，这说明当前山东省的志愿服务项目仍然不规范，在开展服务项目的过程中，很少的服务项目能够做到为志愿者提供服务证明，这不利于为志愿者提供激励。

4. 项目招募人数平均为 243 人，中位数为 35 人

志愿服务项目的平均招募人数为 243 人，中位数为 35 人。这说明大部分志愿服务项目都是小规模的项目，人数一般在百人以下。只有 1/4 的项目招募人数在 100 人以上（见表 5-7）。

表 5-7　志愿服务项目招募人数的分布

	count	mean	std	min	25%	50%	75%	max
计划招募人数（人）	2802	243	2764	1	15	35	100	100000

（三）志愿者群体的发展现状分析

随着志愿服务组织的不断发展，相关的法律法规和政策逐渐完善，组织的制度化和规范化正在不断加强。本章从山东省志愿服务网中抽取 1.6 万余名志愿者进行分析。

1. 注册志愿者的数量以及地区分布情况（见表 5-8）

表 5-8　截至 2020 年山东省注册志愿者群体的地区分布　　　　单位：人

地区	数量	地区	数量	地区	数量	地区	数量
菏泽市	4254	聊城市	804	青岛市	191	东营市	7
泰安市	3581	烟台市	743	威海市	185	山东省外	5

续表

地区	数量	地区	数量	地区	数量	地区	数量
日照市	2253	淄博市	630	临沂市	144		
济宁市	1694	滨州市	497	枣庄市	56		
济南市	970	潍坊市	302	德州市	37		

2. 志愿者注册的特点

志愿者大部分是 2016 年以后注册的，2016 年以前注册的志愿者只有 80 人。从 2016 年以后，山东省的志愿者注册人数呈现爆炸式增长，2017 年为 972 人，2018 年为 4271 人，2019 年为 6595 人。在 2020 年，注册志愿者人数有所下降，可能是新冠肺炎疫情所致（见表 5-9）。

表 5-9　2006~2021 年注册志愿者的年度统计　　　　单位：人

注册年份	数量	注册年份	数量	注册年份	数量
2006	1	2012	3	2017	972
2007	5	2013	9	2018	4271
2008	1	2014	11	2019	6595
2009	2	2015	47	2020	3702
2010	1	2016	732	2021	220

注：未查到 2011 年注册志愿者数量的数据。

同时，注册志愿者的高峰期比志愿服务组织的注册高峰期要晚 1~2 年。山东省志愿服务组织的注册高峰期是 2016 年，志愿服务组织的注册高峰期是 2018 年。

3. 志愿者服务时长情况

志愿者服务时长平均为 192.7 小时，中位数为 97.5 小时（见表 5-10）。

表 5-10　志愿者的服务时长统计

	count	mean	std	min	25%	50%	75%	max
志愿者服务时长（小时）	16572	192.7	516.83	0	20	97.5	240	11830

本章中，山东省的志愿者服务时长最长的是 11830 小时，75% 位数为 240 小时，可见山东省的志愿者大部分的服务时长都不多，总体来看，3/4 的志愿者服务时长在 240 小时以内。另外有 1/4 的志愿者服务时长在 20 小时以内，一半的

志愿者服务时长在 97.5 小时以内。

大部分志愿者都是没有星级的,一星志愿者有 5598 人,二星志愿者有 2068 人,达到三星的志愿者数量已经很少,只有 189 人。志愿者的星级和他们的服务时间是成正比的,由此可见,这也和表 5-10 中的服务时长相对应。大部分的志愿者都是出于热心,参加志愿服务项目也是一时热情,真正在志愿服务活动中投入较长的时间的人很少。三星以上的志愿者总共不到 500 人。高质量的志愿服务出于星级较高的志愿者,但是总体来看,山东省的志愿者三星以上的所占的百分比不到 3%(见表 5-11)。

表 5-11　志愿者的星级比例

志愿者星级	数量(人)	占比(%)
暂无星级	8353	50.4
一星志愿者	5598	33.7
二星志愿者	2068	12.4
三星志愿者	189	1.14
四星志愿者	126	0.7
五星志愿者	238	1.4

志愿者的注册数量较多,但是活跃度不足,这是全国志愿者调查中的问题,这部分数据反映了山东省也有这个情况。

(四)山东志愿服务发展的问题分析

山东志愿服务的发展取得了较为明显的进步,制度化、常态化以及社会化水平不断提升。但与此同时,山东志愿服务发展仍然存在着一些现实问题,结合本次调查数据与我们的观察分析来看,这些问题主要体现在以下几方面:

1. 部分志愿者倦怠,要求志愿服务激励机制有待加强

参与志愿服务虽然对志愿者有积极作用,但是志愿服务总是要花费一定的时间和精力,因此也会对志愿者的工作、学习和生活产生影响。部分志愿者已经因各种原因,产生倦怠甚至想要放弃志愿服务,志愿服务倦怠的问题已经经常或偶尔困扰着许多志愿者。

与此同时,还必须关注现实生活中志愿者参与志愿服务活动的诸多因素,比如时间因素,往往志愿活动的服务时间会与志愿者个人的生活和工作时间相冲突。倦怠情绪、时间冲突以及权益保障等问题直接关系到志愿服务的现实效果。进一步增强志愿者服务的激励机制显得极为重要。同时,也要加强物质保障和精

神鼓励，更要为他们创造便利的服务环境和安排，如更为灵活的项目时间安排、服务效果反馈机制。

2. 部分志愿者保障不足，要求志愿服务保障机制应不断完善

志愿者在参与志愿活动时面临一定的权力和责任问题，因此为志愿者提供一定的保障有助于保护志愿者的权益，保证志愿服务活动的顺利开展。但是目前，只有部分志愿者在参加志愿服务活动时获得人身保险或者其他的安全保障以及必要的医疗卫生保障。而在这些保障措施中，志愿者迫切需要的是人身保险。

志愿服务保障机制是志愿服务事业发展的重要支撑，关系着志愿服务的有效运行。从国际趋势来看，志愿服务保障体系正在朝着全方位、系统化的方向发展。从实践来看，在志愿者与志愿服务组织关系的规范化、人身保障以及相应的医疗卫生条件等方面，仍然存在着一定的不足。当然，山东志愿服务在制度层面的逐步完善，也有待进一步落实到服务活动之中。从而才能确保志愿服务的持续性和长效发展。

3. 双向渠道不畅，要求志愿服务信息化建设应更加社会化

虽然山东志愿服务的信息化建设持续推进并有了长足的进步，但在实践中，仍然存在着志愿服务信息双向沟通不畅的问题。

双向信息沟通不畅意味着志愿服务信息化建设必须关注对志愿者和民众的信息反馈，或者说，志愿服务的项目活动开展与绩效信息要能够及时向社会公众尤其是亲身参与的志愿者进行反馈。实际上，这种反馈将有可能成为激发或者激励民众投身于志愿服务的有效方式。因此，必须建立健全志愿服务的社会评估机制，并由此为志愿服务社会化提供有力的支撑。

4. 公众了解不足，显示志愿文化建设任重道远

社会文化氛围对志愿服务开展具有极为重要的意义，也是志愿服务常态化和长效化的必然要求。从实践来看，要实现志愿服务的常态化与长效化，就必须在全社会弘扬志愿文化与志愿精神，创造有利于志愿服务开展的社会氛围。当然就目前而言，对于志愿服务的重要性以及志愿者的宣传仍然有待加强。

5. 书面协议缺失，显示志愿服务规范化建设有待加强

从志愿服务过程的规范化来看，正式协议在组织与志愿者、服务对象之间，能够有效地规范相关方的行为，确保服务的顺利开展。目前，相当多的组织在开展服务过程中，都已经落实了与服务对象签订协议，但是仍然有相当比例的组织没有签订协议。这主要是因为，志愿服务组织一般与服务对象、志愿者都不签订相关协议，或者说三方都没有意识到正式协议对双方行为的规范作业和意义。

大多数志愿服务组织与服务对象、志愿者之间的书面协议的缺失，反映的是组织建设的规范化有待提升。随着法治社会建设的快速推进，志愿服务组织由松

散型向组织化的转变、志愿服务活动由阶段性向常态化的转变，将呈现出"组织化、常态化"的运转格局。由此，规范志愿服务组织与其服务对象、志愿者之间的关系，将直接推动志愿服务过程的法治化建设，从而为志愿服务发展提供有力保障。

6. 资金、知晓率以及专业化不足，显示志愿服务组织建设需要加强

就目前而言，志愿服务组织运作过程中依然存在着许多困难，这在一定程度上制约着他们服务的开展和作用的发挥。资金、社会氛围以及专业建设是当前制约志愿服务组织发展的瓶颈。从总体上看，山东志愿服务发展的领导体系、组织机制与项目化推进等相对成熟和完善，但是，志愿服务组织的建设仍然有待加强，不仅在于其自身服务的专业化，还在于资金支持、社会支持以及政府的重视。从这个意义上看，加强志愿服务组织建设应当是制度化建设的重要内容。

三、山东省志愿者长效参与的思考与研究

上一部分阐述了山东省志愿服务的情况，并说明了其中存在的问题，项目组认为不仅需要对这些问题进行直接的描述，更应该深入分析造成问题的机理，进而有效地予以解决。本书在这一部分将进行分析的深化：

（一）志愿者长效参与机制研究的重要意义

1. 提升志愿服务的重要意义

提高有效的志愿服务数量与质量是当前构建中国和谐社会的重要内容，提升志愿服务的关键意义在于：

首先，志愿服务所体现的自主与奉献的精神，互帮互助、共同进步的理念，国家和社会认同的观念等，既与中国传统美德相呼应，又与社会主义核心价值观相契合，有助于培养积极、健康、乐观、具有参与精神的现代公民气质和良好的社会风尚。

其次，志愿服务与当代社会政治体制相配合、相促进，志愿服务组织作为政府、市场和传统社会组织的有益补充，为社会组织的培育开辟了新的途径，有益于现代社会的发育成熟。

最后，志愿服务所附带的帮扶功能、疏导功能、教化功能和凝聚功能，是提高社会管理、增强社会服务意识、努力构建和谐社会的重要方式，是创新社会治理的有效途径，有利于推进以改善民生为重点的社会建设。

2. 志愿者的长效参与机制是提升志愿服务的核心

志愿服务活动具有非常明显的特殊性，志愿服务是一种自愿和自主的行为，以助人和互助为目标，具有深刻的道德内涵和社会属性是一种依靠个人的奉献精神的活动，志愿服务大多数都没有报酬。

因而，在组织管理方面，由于志愿者自由性和流动性强，因此往往很难对志愿者进行深入的管理。同时志愿服务组织开展志愿服务活动，往往会缺乏相应的保障和激励措施，志愿服务组织开展某一项目，通常是通过微信朋友圈或者电话联系，志愿者与志愿服务组织之间是一种弱联结的方式。志愿服务组织是否能够保持志愿者参与的积极性，始终保持一个参与性强的志愿者队伍，对于开展志愿活动尤为重要。

当前我国的志愿服务活动中，志愿服务组织对他们的成员吸引力如何，志愿者是否能够始终保持对组织参与的活动积极性，对于学术界和公益慈善服务领域来说，尚缺乏研究，而这一问题是提升整个社会志愿服务水平的核心内容；并且从实践中看，当前中国以及其中的山东地区都存在着志愿者参与积极性不足、缺乏长效参与的问题。

（二）研究志愿者长效参与中的关键问题

在研究山东省的志愿服务和志愿者参与问题上，发现其存在与其他地区具有共性的志愿者参与问题。根据《中国慈善发展报告（2019）》，中国的公益慈善组织与公益志愿者的数量都出现了大幅度的增长，2014~2018 年，各类公益性的社会组织从 48 万家增长到了 79.2 万家，志愿者的数量从 0.67 亿人增加到了 1.98 亿人，① 志愿者服务在公益活动中日益创造了更多的价值。但与此同时，中国志愿服务组织在志愿者管理方面也存在着非常重大的管理缺陷：一方面，虽然注册志愿者的数量大量的增加，但并不意味着志愿者进行了有效的参与，注册志愿者的活跃率仅为 20% ~ 30%，其中 2019 年注册志愿者中的活跃数量约为 1987.74 万人，其活跃率为 13.36%，比上一年减少了 1407.04 万人。部分研究也表明，注册而不参与志愿服务的"数字志愿者"也非常普遍，故而如何让志愿者持续提供服务已成为我国志愿服务发展的迫切课题。② 另一方面，志愿服务组织缺少对志愿者的有效管理，在志愿者参与志愿服务过程中存在着突出的志愿服务管理不规范（占 39.44%）、缺少必要培训（占 38.65%）和缺乏激励机制（占

---

① 杨团：《中国慈善发展报告（2019）》，社会科学文献出版社 2019 年版。
② 贺志峰、齐丛鹏：《志愿者为何愿意持续提供服务？——基于生态系统模型的实证分析》，《青年探索》2020 年第 6 期，第 59-70 页。

33.91%）等方面的问题。①

　　这两方面的情况是对立统一的，由于志愿服务组织对志愿者的管理缺少适当的保障机制和激励机制，导致大量志愿者在注册之后参与不足，同时志愿服务组织在制定激励制度时也缺少对志愿者参与志愿服务的动机的审慎思考，尤其是针对新生代志愿者的参与动机的思考，有些志愿服务组织片面地认为志愿者既然是来进行公益服务的，就不应该具有物质保障的要求，并且在实际的志愿服务活动中将志愿者仅仅视为免费的劳动力。这些错误的观念与行为会挫伤志愿者的积极性，降低志愿者继续服务的意愿，使志愿者难以进行长期持续的参与。因而，针对这些情况，项目组在这一部分将综述现有的研究，并进行数据分析，通过理论分析探讨志愿者参与志愿服务的动机，同时对山东省志愿者参与志愿服务活动黏性进行分析，为构建志愿者的长效参与机制提供研究的基础。

　　如图5-5所示，本章认为，志愿者的参与动机与参与的过程中发展出黏性是构建志愿者长效参与机制的关键心理影响因素，其影响机制表现为：第一，志愿者参与行为的发展过程，志愿者参与志愿服务活动是一个循序渐进的过程，首先志愿者经过选择决定是否参与，并且在参与的过程中会形成特定的参与体验，这些参与体验会影响参与者是否继续参与或是在以后的活动中选择持续参与，对这一行为机制的分析有利于构建志愿者的长效参与机制。

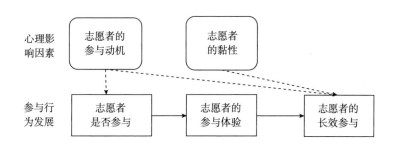

图5-5　志愿者参与行为的发展与心理影响因素

　　第二，参与动机的影响机制，志愿者的参与动机首先会影响志愿者选择是否参与志愿者活动，志愿者在参与过程中形成的积极参与体验会促进志愿者的持续参与，参与动机未必会直接形成积极的参与体验，但它能够促进志愿者的持续参与，即使是在存在着一定的负面参与体验的情况下。

　　第三，参与黏性的影响机制，志愿者在参与过程中的积极体验会对志愿服务

---

① 杨团：《中国慈善发展报告（2019）》，社会科学文献出版社2019年版。

组织和志愿者项目形成参与黏性，促进其继续参与志愿者的活动，黏性与志愿者的参与体验具有互相促进的作用，都会对志愿者的持续参与产生影响。

第四，志愿服务组织应注意构建对志愿者的保障机制和激励机制，以志愿者的参与动机作为激励机制的基础，同时通过优化志愿服务的过程管理来提升志愿者的参与体验，提升志愿者的参与黏性，促进志愿者的长效参与。

项目组的研究思路与中国政府今年对志愿者的规定中强调通过构建激励机制与保障机制来促进志愿服务的常态化、促进志愿者的长效参与的目标是相一致的。同时也可以做出这样的思考，即志愿者参与的动机主要来自自身的需要和其他人的影响，其参与的动机既可能是利他的，也可能是出于某些利己的考虑，这种情况是难以完全避免的，但可以将志愿活动作为一个对志愿者引导和教育的过程，在这一过程中引导和升华其志愿服务的动机。我国的志愿活动有时过于强调利他的动机，但在志愿服务的过程中又缺乏具有针对新生代学生的多样化引导和激励，没有将部分志愿者从被动参与转变为主动参与，造成了引导上的不足。

（三）志愿者参与动机的比较分析

1. 志愿者参与动机的类型

志愿者参与动机主要探讨了志愿者为什么愿意参与志愿服务活动，是志愿者个体参与志愿服务的基础，目前的国内外的研究情况如下：

（1）国外的志愿者参与动机研究。

国外的公益慈善组织和志愿者活动的发展较为成熟，国外学者于20世纪70年代就已经对志愿者参与动机进行了深入的研究，形成了清晰的研究脉络和分析模型。

国外学者 Horton-Smith（1981）最早建立了二因素分析模型——利他主义和利己主义；[1] Morrow-Howell 等（1989）在此研究的基础上，形成了利他、物质回报、社会的三因素分析模型。[2] 同时，Clary 等（1999）从功能论的角度提出志愿服务的动机包括六个维度[3]，即价值功能、认知功能、提升功能、职业功能、社会功能、保护功能；Esmond 等（2009）认为志愿者参与服务除了 Clary 提到的六种动机之外，还应该包含互惠的动机、认同的动机、反应性动机和社会互动动

① Smith D H, "Researching Volunteer Associations and Other Nonprofits: An Emergent Interdisciplinary Field and Possible New Discipline", *The American Sociologist*, 1999, Vol. 30, No. 4, pp. 5-35.

② Morrow-Howell, Nancy, "Volunteering in Later Life: Research Frontiers", *Journals of Gerontology Series B: Psychological Sciences & Social Sciences*, 2010.

③ Clary E, Gil, et al., "The Motivations to Volunteer: Theoretical and Practical Considerations", *Current Directions in Psychological Science (Wiley-Blackwell)*, 1999, Vol. 8, No. 5, pp. 156-159.

机四个方面。[1] 这些参与动机的模型在西方的公益慈善研究中得到了较为充分的应用。

（2）国内的志愿者参与动机研究。

近些年，国内的公益组织与公益活动有了快速的发展，但相关的理论研究与应用却相对较为滞后，目前国内仅有少数核心期刊对志愿者的参与动机进行了系统的整理、归纳和研究（陆海燕，2014），并且对于文化价值观差异下中国人作为志愿者参与动机的特殊特点也缺乏足够的探讨。[2] 在这些研究中，最为常见的是对大学生群体的参与动机的研究：

刘珊和风笑天（2005）认为，大学生志愿服务动机包括锻炼自己和帮助有需求的人两类；[3] 卓彩琴（2007）同样认为志愿服务动机分为利他动机和利己动机两类；[4] 吴鲁平（2007）认为志愿服务动机包括以"责任感"为轴心的传统性动机、以"发展"为轴心的现代性动机和以"快乐"为轴心的后现代性动机。[5] 此外，一些实证研究得出了更加多样的动机结论，吴俊峰和宋继文（2010）通过实证研究的方式得出大学生参与志愿服务具有职业发展动机、爱国与荣誉动机、情绪调节动机、社会支持动机、认同动机、价值观动机、共情动机和学习动机八个方面的动机；[6] 王民忠和狄涛（2013）认为大学生参与志愿服务的动机包括功利性动机、被动性动机、快乐性动机、发展性动机、责任性动机；[7] 这些研究表明，大学生志愿服务的动机呈现多元的价值（功能）取向。[8]

2. 自我决定理论视角下的志愿者动机分析

之前的国内外研究表明，志愿者常常具有多种不同类型的参与动机，这意味着志愿服务组织需要深入了解这些动机，以便制定针对性的多样化激励机制，同

[1] Esmond J, "Report on the Attraction, Support and Retention of Emergency Management Volunteers", *Commonwealth of Australia*, 2009.

[2] 陆海燕：《国外关于志愿者激励的研究及其启示》，《武汉理工大学学报（社会科学版）》2014 年第 27 卷第 3 期，第 428-432 页。

[3] 刘珊、风笑天：《大学生志愿服务：动机、类型及问题》，《陕西青年管理干部学院学报》2005 年第 2 期，第 15-17 页。

[4] 卓彩琴：《志愿服务动机的深层分析》，《广东青年干部学院学报》2007 年第 3 期，第 36-40 页。

[5] 吴鲁平：《志愿者的参与动机：类型、结构——对 24 名青年志愿者的访谈分析》，《青年研究》2007 年第 5 期，第 31-40 页。

[6] 吴俊峰、宋继文：《大学生志愿服务动机维度构成实证研究》，《上海管理科学》2010 年第 3 期，第 4 页。

[7] 王民忠、狄涛：《论大学生志愿服务长效机制的构建》，《思想理论教育导刊》2013 年第 10 期，第 3 页。

[8] 孙宝云、孙广厦：《志愿行为的主体、动机和发生机制——兼论国内对志愿者运动的误读》，《探索》2007 年第 6 期，第 118-121 页。

时不同类型的参与动机对志愿者是否会持续参与也具有重要的影响。自我决定理论（Self-Determination Theory）根据个体动机的性质来分析其所具有的影响机制，该理论对不同性质动机的认知包括：

第一类动机，内部动机。内部动机（也称内在动机）是指执行一项活动的原因是活动本身是有趣的，可以不断满足活动执行者的需求（White，1985）。当人们完成任务本身就能体验到积极的情感时，个体是出于内部动机。[①]

第二类动机，外部动机。外部动机（也称外在动机）是指之所以采取行动是因为这样做会带来一些与活动本身不同的结果，例如获得奖励或避免惩罚。

第三类动机，非个人调节的动机，被称为"无动机"，这是各类动机中自我决定程度最低的，个体的行为是受外部因素所驱动的。

动机性质的分类可以解释个体后续行为的机制，具有内部动机的个体会表现出更好的行为投入和内在满意度，并且具有较强的行为持续性；具有外部动机的个体是为了获取其他的外部奖励，当志愿者活动与外部奖励联系降低时，志愿服务活动的持续性也在降低；而第三类动机完全是由外部驱动的，个体仅仅是消极参与，一旦外部环境的驱动发生了变化，个体就基本不会出现这一行为。《论语》中的"知之者不如好之者，好之者不如乐之者"这句话正是对这一理论的映照。

表5-12 自我决定理论视角下的志愿者动机性质

提出者	内部动机	外部动机
Horton-Smith（1981）	利他主义	利己主义
Morrow Howell 等（1989）	利他	物质回报、社会
Clary 等（1998）	价值功能	认知功能、提升功能、职业功能、社会功能、保护功能
Esmond 等（2004）	认同的动机	互惠的动机、反应性动机和社会互动
刘珊和风笑天（2005）	利他动机	利己动机
吴鲁平（2007）	责任感、快乐	发展
吴俊峰和宋继文（2010）	认同、价值观	职业发展、爱国与荣誉、情绪调节、社会支持、共情动机和学习
王民忠和狄涛（2013）	快乐型、责任性	功利性、发展性、被动性（无动机）

根据表5-12中的列举，可以发现在志愿者参与的相关动机中，外部动机占

① P. F. White, Schüttler, et al., "Comparative Pharmacology of the Ketamine Isomers, Studies in Volunteers", *British Journal of Anaesthesia*, 1985.

有了很大的比例，因而通过志愿者的参与动机就可以预测参与时的表现以及是否会具有持续参与的内在动力。此外，在个别情况中，有可能出现志愿者被动参与的情况，这可能是由于志愿者的参与是由于外部组织等方面强制要求产生的，对应的就是王民忠和狄涛提出的被动性动机。需要注意两点：一是志愿者常常是同时具有多种参与动机的，二是需要注意不同类型的动机之间是什么样的关系，是互补还是替代，志愿服务组织可以通过志愿服务活动来引导志愿者的内部动机，同时也要避免外部动机对内部动机的挤压。

本书编写团队在对山东志愿服务情况进行调研的同时，也开展了对山东省的志愿者，尤其是青年志愿者参与动机的相关研究，目前已经针对山东省大学生的参与动机、山东省青年志愿者的价值观对其参与动机的影响等问题完成了初步的研究，并将进一步展开对山东省青年志愿者的长效参与行为机制的研究，并计划通过量化研究的方式予以调查和验证。

本章认为，促进志愿者的长效参与既需要宏观层面的整体分析，也需要通过对微观的志愿服务组织的管理机制和志愿者的动机与行为机制进行深入的分析，宏观层面与微观层面的分析是需要相互结合的，因为志愿者的持续参与来自每个志愿者的个体心理，而志愿者的保障机制与激励机制来自宏观的政府规制和志愿服务组织的管理，其有效性是建立在对志愿者深刻了解的基础上的。

（四）山东省志愿服务组织的黏性分析

1. 志愿者黏性的含义

黏性是在商业销售领域使用较多的一个概念。它主要是指某一个产品对消费者来说吸引力较大，消费者对该类厂商、品牌、产品系列的忠诚度较高。黏性较高的群体容易形成较高的购买倾向，产生购买行为。对于志愿服务组织来说，他们对于志愿者个人更像是一种产品或者品牌，他们的号召力大小，可以从他们对志愿者的吸引力来考察。本书借助黏性的概念，分析山东省志愿服务组织的活力和特点，总结我国志愿者活动的现状。

研究团队对志愿者参与黏性进行了分析后认为志愿者黏性可能会有两种表现：一是对志愿服务组织的黏性，即长期服务于特定的志愿服务组织，并且愿意参与组织中的多种不同类型的志愿服务活动；二是对志愿服务项目的黏性，即参加的志愿服务活动可以不限于一个组织，但比较针对特定的志愿服务类型，并且有可能根据志愿服务类型的要求而退出或加入某一志愿服务组织。需要说明的是，影响这两种黏性的因素是有所不同的，志愿者的组织黏性很可能是由志愿服务组织的内部氛围、人际关系等因素决定的，而志愿者的项目黏性则主要与其自身的选择偏好有关，这两种黏性并不必然是矛盾的，是可以存在着重合的。

此外，在其他的研究中也有和志愿者黏性较为相似的专业词汇，如"志愿者保持"（Volunteer Retention 或 Volunteer Continuation），志愿者保持研究旨在回答一旦人们决定参与志愿服务，有什么因素能促使志愿者留在（或离开）组织；此外，还有部分国内研究探讨志愿者流失及其影响因素。本书之所以使用志愿者黏性这一概念，原因在于：志愿者保持和志愿者流失探讨的都是从组织视角来看志愿者是否愿意继续留在组织，而本书团队经过访谈和讨论认为应从志愿者的视角思考志愿者为什么会留在组织或是留在志愿服务项目中，在当前志愿服务组织大量出现的趋势下，志愿者有着更多的选择空间，因而需要细分其志愿活动的意愿是依附于组织还是某种类型的志愿服务项目。

2. 志愿者黏性的分析思路

本研究使用组织→活动→志愿者三维分析框架。具体思路如图5-6所示。

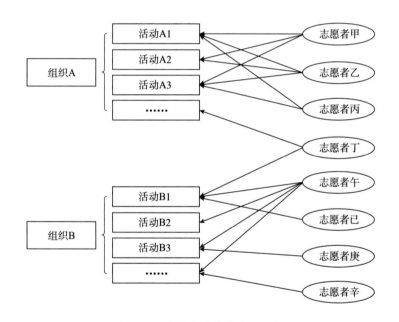

图5-6　志愿者黏性的分析思路

第一，组织与活动的关系，志愿服务组织分为各种类型，如组织A可能专注于服务某类人群，如老年人或是残疾人，组织B的活动内容可能较为宽泛，各项志愿服务活动的内在联系较弱。

第二，志愿者参与志愿活动的集中特点，如组织A中，志愿者甲和志愿者乙会频繁地参加志愿活动；组织B中志愿者午会频繁参加该组织的志愿活动，而志愿者丁会跨组织参加志愿者活动，志愿者庚和辛则较少地参加志愿者的活动。在这些志愿者中，志愿者甲、志愿者乙和志愿者午都是组织黏性较高的志愿者，但由于组织 A 集中于某类志愿服务活动而组织 B 不是，因而志愿者甲和志愿者乙可能同时具有较高的组织黏性和志愿服务项目黏性，而志愿者午则仅表现出较高的组织黏性；志愿者丁表现出较高的志愿服务黏性和较低的组织黏性；志愿者庚和志愿者辛的两种黏性都比较低，属于活跃度较低的志愿者。

有效地区分这两类黏性可以使志愿服务组织合理地使用自身的志愿者，并且本书团队认为，虽然当前对志愿者的考察的重心在于组织黏性，但随着志愿服务组织的增多和类型的多样化，志愿服务项目的黏性将会日益变得更加重要，这一点在新生代群体上会有更加明显的体现。

（五）山东省志愿服务组织的活跃性分析

1. 数据整理与分析

本书从山东省的 6.6 万个志愿服务组织中选取 1.5 万个组织进行分析。

具体选取过程如下：在山东省志愿服务网上，注册登记的志愿团体共有 6.9 万个，笔者发现很多志愿团体的注册过程缺乏监管，各地区也存在片面追求数量的特点。

（1）志愿团体中注册个人是同一个人的，或者是一些志愿团体具有同一个负责人电话、邮件等。

（2）剔除一些志愿团体中人员规模不符合实际的，比如有些志愿团体人员规模为几十万人或者上百万人，这种志愿团体已经跨越了地区规模，在组织活动过程中，往往更多地需要行政力量而不是组织本身的吸引力和品牌效应。

因此，本书经过筛选，选择 15360 个山东省的志愿团体进行分析。

2. 志愿服务组织活跃性和规范性分析

本书搜集的山东省志愿服务组织中，依托山东志愿服务网开展活动的组织一共有 5171 个。

如表 5-13 所示，在我们研究的 5171 个志愿服务组织中，志愿服务项目可以从两个方面分析：第一是志愿服务组织开展的所有志愿服务项目，第二是开展志愿活动并且利用山东志愿服务网招募志愿者并记录时长的项目。

首先，很多志愿服务组织虽然开展了志愿服务项目，但是并没有利用山东志愿服务网招募志愿者并记录服务时长。这些组织一共有 1406 个。其中有 733 个组织开展了 1 次志愿服务活动，但是没有时长记录；有 507 个组织开展过 2~5 次活动，但是也没有时长记录；有 97 个组织开展过 6~10 次活动，但是没有时长记录；以此类推。可以看出，在山东省的志愿服务组织中，有相当多的组织并没有利用山东志愿服务网开展项目志愿者招募。这一部分组织是那些只开展活动，但是没有记录时长，志愿者的激励措施不足。比如有 8 个组织开展过 51~100 次的志愿服务活动，但是这些活动都没有志愿者的时长记录，这对于广大志愿者来说，不得不说是一个损失。在表 5-13 中第一行的 1406 个组织，这些组织开展了各式各样的活动，但是都因为各种原因，没有志愿者的活动时长记录。

表 5-13　志愿服务组织活跃性统计

组织开展项目个数	有活动记录的项目个数							
	1 个	2~5 个	6~10 个	11~20 个	21~50 个	51~100 个	101~200 个	合计
无活动记录的项目个数	733	507	97	45	16	8	0	1406
1 个	739	328	35	15	4	2	1	1124
2~5 个	0	1114	251	60	19	1	0	1445
6~10 个	0	0	401	144	16	3	0	564
11~20 个	0	0	0	294	76	1	0	371
21~50 个	0	0	0	0	202	15	0	217
51~100 个	0	0	0	0	0	31	4	35
101~200 个	0	0	0	0	0	0	9	9
合计	1472	1949	784	558	333	61	14	5171

因此，通过本书的研究可以看出，在山东省的志愿服务组织中，有很多都是"僵尸组织"。比如本书的研究从 15360 个组织中，爬取组织开展的项目记录，只有 5171 个组织有活动记录，而其中有 1406 个组织只有活动记录，没有志愿者时长记录，剩下的 3765 个组织具备活动记录和时长记录两个信息。通过层层的数据剔除，志愿组织活跃情况的研究是以这 3765 个相对活跃的志愿服务组织作为对象的，剔除过程如图 5-7 所示。

图 5-7　志愿服务组织的活动记录

通过上述的路径，我们可以得出结论，在山东省志愿服务网注册的志愿服务组织中，有 1/3 的组织为活跃组织，而在活跃组织中，约有 70% 的组织为规范地开展活动的组织，即既有活动记录，又有时长记录的组织。

综上所述，在山东省志愿服务网注册的组织中，有很大一部分是不活跃组织，即"僵尸组织"，本书从 6.9 万个组织中，选取约 1.5 万个，而最终开展活动并且具有规范性的活动记录的组织只有 3765 个。所以，总体来说，山东省的志愿服务组织中，既具有活跃性，又具有规范性的，在总数目中所占的比例不到 10%。

3. 志愿服务项目的人员投入度分析

本书研究中，分析 5171 个志愿服务组织，这些组织共开展了 37427 个志愿服务活动。这些志愿服务活动中，有 25421 个志愿活动有志愿者的服务活动记录，有 12006 个项目并没有志愿者的服务活动记录。可见，在山东省的志愿服务活动中，有接近 1/3 的服务项目没有时间记录，有 2/3 左右的项目时间记录方面比较规范。

表 5-14　志愿服务项目的人员投入度

志愿服务项目的志愿者参与人数	数量（个）
1 人	500
2~5 人	3671
6~10 人	5745
11~20 人	7420
21~30 人	2796
31~50 人	2968
51~100 人	1795
101~200 人	346
201~300 人	90
301~500 人	55
501~1000 人	21
1001~5000 人	14

从表 5-14 可以看出，在本书中，共分析 25421 个志愿服务项目。其中有 500 个项目只有 1 个志愿者参与；有 3671 个项目参与人数为 2~5 人；有 5745 个项目参与人数为 6~10 人；有 7420 个项目参与人数为 11~20 人；有 2796 个项目参与人数为 21~30 人；有 2968 个项目参与人数为 31~50 人；志愿者参与人数较多的项目数量逐渐减少，有 14 个志愿服务项目参与人数为 1001~5000 人。

从志愿项目的服务时长来看，在 25421 个志愿服务项目中，志愿者平均服务时长如表 5-15 所示。

表 5-15　志愿者的平均服务时长

志愿者服务的平均小时数	数量（个）
小于 1 小时	270
1 小时	2222
2 小时	5574
3 小时	5258
4 小时	3943
5 小时	1099
6~10 小时	4120
11~20 小时	1235
21~30 小时	669
31~50 小时	1027
51~100 小时	2
101~500 小时	2

　　有 270 个项目志愿者服务的平均时长小于 1 小时；有 2222 个项目志愿者服务时长为 1 小时；有 5574 个志愿服务项目志愿者的平均服务时长为 2 小时；有 5258 个志愿服务项目志愿者的平均服务时长为 3 小时；有 3943 个项目的平均服务时长为 4 小时，有 1099 个项目的平均服务时长为 5 小时，有 4120 个服务项目的平均服务时长为 6~10 小时；另外有 2 个项目志愿者服务时长在 51~100 小时，这两个项目分别是"爱心墙捐赠衣服"和"文明出行——科协在行动"；有 2 个项目志愿者平均服务时长超过了 100 小时，这两个项目分别是"防疫消杀"和"补录东营市志愿服务网工时"。可以看出，志愿者在大部分项目上的平均服务时长在 10 小时以内，少数服务项目的平均志愿者服务时长超过 10 小时，超过 50 小时的服务项目很少。

　　这说明山东省的志愿服务项目大多数都是短期性的服务项目，志愿者参与服务项目的平均时长都不长，持续性地需要志愿者投入时间和精力的项目较少。

　　值得注意的是：本书的研究数据以山东志愿服务网的数据为准，因此结论也是局限于那些山东志愿服务网上有登记注册的志愿服务组织、有登记的志愿服务项目。本书不排除那些在线下，不利用山东志愿服务网平台开展活动的组织的存在，也不排除一些志愿服务项目并没有在山东志愿服务网发布，并且也不排除一些志愿服务组织开展活动时，不使用山东志愿服务网平台招募志愿者。

　　如上所述，志愿者团体开展的活动越多，那么他们越有可能因为活动筹备紧张等问题，没有在志愿服务网站为志愿者提供时长记录的信息。这种现象可能由多种原因造成，首先，志愿服务组织开展的志愿服务活动越多，志愿服务组织面临的组织协调压力越大，时间就越紧张，可能没有时间去志愿服务网站发布招募信息，并且遵循记录时长的程序为志愿者提供时长登记。其次，志愿服务组织开展服务活动越多，有可能他们的志愿者团体成员多次合作，形成较为亲密的团队，团队成员之间组织协调往往通过非正式途径开展，而不需要遵循正式途径，即不需要利用志愿服务网开展。最后，志愿服务组织开展活动较多，也会给志愿者个人带来较多的时长记录，随着志愿者个人参与活动次数逐渐增多，时长逐渐累积，志愿者个人也有可能对是否记录时长产生惰性，不介意是否有时长信息，而是更多地出于对组织的忠诚或者是公益奉献精神参与志愿活动。

（六）山东省高活跃度组织的志愿服务组织黏性分析

志愿者的组织黏性意味着该志愿者会长期持续地参与该组织的志愿服务活动，这个指标既可以表示组织中志愿者的凝聚力，也意味着志愿者对志愿服务组织有着较高的忠诚度，会持续参加该组织的志愿服务活动。志愿者的黏性，尤其是其中的组织黏性，可以作为衡量志愿者对志愿服务组织的忠诚和认同的指标，也能够体现出志愿服务组织对志愿者的有效管理能力，因而提高志愿者的黏性也是构建志愿者长效参与的关键因素之一。

需要说明的是，由于数据收集的限制，本书这里主要考察的是志愿者的组织黏性，后面提到的志愿者黏性的计算均只包括志愿者的组织黏性，不包括其对志愿服务项目的黏性，项目组会在后续研究中完善这部分内容。

1. 样本选取与计算方法

根据前面的数据分析可以发现，山东省的志愿服务组织中存在着一定数量的活跃度较低的志愿服务组织，由于本次调研的数据仅考察了山东省各类注册的志愿服务组织 2020 年的活动情况，本书的研究以山东志愿服务网的有开展活动记录的 5171 个组织中的 3765 个组织为分析对象。

2. 志愿者黏性指数

本书使用志愿者黏性指数（Volunteer Sticky Index，VSI），该指数为笔者自主开发。具体计算方法为：

$$VSI_i = lnoddS_i = ln\left(\frac{X_i}{N-X_i+1}\right)$$

$$VSI = avg\_lnoddS = \frac{\sum ln(oddS_i)}{N}$$

以志愿服务组织开展活动的次数为总和值 N，以该组织的成员 i 参与组织活

动的次数为 X_i 值, 利用总和值减去该成员的参与次数, 然后相比, 得到优势比值。

为了避免分母为零的情况, 比如某个志愿者参与某个组织的所有活动, 这样 $N-X_i=0$, 把分母的数值加 1, 这样避免了分母为零的情况。

最后统计该组织的成员参与活动的平均优势比值。优势比值是一个组织对志愿者的吸引力指标, 如果一个组织开展活动, 从志愿者的角度来说, 每一次活动都参与, 那么 oddS 值就有可能很大, 接近组织开展活动总值的 N。如果某一个组织开展多次活动, 然而每次活动参与的人数都不同, 那么该组织的成员 X_i 都比较接近 1, 分母就会比较大, 接近组织开展活动的总次数 N, 而分子大多为 1 或者 2, 这样该组织的成员参与度就较低。

采用优势比值来统计山东省志愿服务组织开展活动的志愿者参与忠诚度。举例来说, 以梁山县青年志愿者协会为例, 该组织共开展了 6 次志愿服务活动, 共有 6 名志愿者参与了这些活动, 其中志愿者参与的出勤率不等, 有的志愿者 6 次全部参与, 有的志愿者只参与了 4 次。按照 VSI 计算方法, 他们的黏性指数如表 5-16 所示:

表 5-16　志愿者平均黏性统计 (示例)

项目 1	项目 2	项目 3	项目 4	项目 5	项目 6	参与次数统计	oddS$_i$	VSI$_i$ (志愿者黏性指标)
李*山	李*山	李*山	李*山	李*山		5	2.5	0.916
刘*	刘*	刘*	刘*	刘*	刘*	6	6	1.791
王*	王*	王*	王*	王*	王*	6	6	1.791
吴*茜	吴*茜	吴*茜		吴*茜		4	1.333	0.287
辛*星	辛*星	辛*星	辛*星	辛*星	辛*星	6	6	1.791
詹*	詹*	詹*	詹*	詹*	詹*	6	6	1.791
志愿服务组织团队平均黏性指标 (VSI)								1.395

该组织举办 6 次活动, 参与志愿者总数为 6 人, 但是每一次活动参与的志愿者都不固定, 比如第 1 次志愿服务活动, 6 个志愿者全部参与, 而第 6 次志愿服务活动中志愿者李*山、吴*茜没有参与。

通过计算优势比值, 可以看到对于吴*茜, 她参加了组织的 4 次活动, 则她的优势比是 1.333, 对数化之后是 0.287, 而对于志愿者李*山, 他参加了组织的 5 次活动, 得到优势比值是 2.5, 对数化之后为 0.916。所以对于那些缺席了组织一半以上的活动的志愿者来说, 他们的对数化的优势比为 0。而对于那些仅参加参与次数少于组织开展活动次数一半的志愿者来说，他们的优势比为负值。说明这些志愿者参加组织活动可能仅仅是一时兴趣，并没有持续性。

由此，我们得出每一个志愿者参与组织活动的黏性指数，黏性指数为正值，则认为该志愿者对于组织有较高的忠诚度，能够积极参与组织的活动，黏性指数为负值，则可以认为志愿者对组织并没有持续的忠诚度，组织开展的活动只是偶尔参与，并没有达到对组织贡献度较高的程度。志愿者参与组织开展的活动的阈值就是 $\bar{2}$，如果志愿者参与组织开展的活动次数超过组织活动次数的半数以上，那么该志愿者的黏性指数 VSI 就为正值，如果该志愿者参与组织活动的次数低于半数，那么该志愿者的黏性指数就为负值。如果该志愿者参与组织活动次数正好为组织开展活动次数的一半，那么黏性指数就为 0。需要注意的是，志愿者黏性的计算需要建立在志愿服务组织举行多次活动的基础上，如果志愿服务组织在统计期内仅举行了一次可收集数据的活动，无法发现志愿者是否有持续的参与，黏性的计算缺乏实际的意义，此时的黏性值也为 0。

3. 山东省志愿者黏性指数分析

针对组织的黏性，本书统计了山东省的 3765 个在志愿网开展服务项目登记并招募志愿者且记录志愿者服务时长的组织，这些组织的平均黏性指数见表5-17：

表5-17　山东省志愿者黏性统计

	N	均值	标准差	最小值	中位数	最大值
平均黏性指数	3765	0.155	0.879	-3.895	0	4.553

从表5-17可见，在全部的3765个组织中，平均的黏性数值为0.155，中位值为0，总的来说，山东省的志愿服务组织对于志愿者的黏性较低，几乎一半以上的组织，他们的志愿者参与该组织活动的次数在半数以下。

对组织成员黏性较高的组织，他们的志愿者黏性平均值都比较高，比如烟台市的"二实小志愿服务队"，该组织共开展了58次活动，其中利用志愿服务网开展活动的次数为50次，该组织的志愿者共15人，这15人的参与频度均为50次，即这一组织能够保证开展的每次活动，都召集到该组织所有的志愿者。因此，该组织的平均黏性指数为3.91。再比如"青州市规划局志愿服务队"，该组织共开展了3次活动，利用志愿服务网招募志愿者并记录时长的活动次数也为3次，共20个志愿者参与了该组织的活动，其中大部分志愿者参与了3次，也有少部分志愿者参与了2次，因此该组织的平均志愿者黏性指数为1.043。

4. 志愿者黏性指数的地区差异分析

志愿者平均黏性指数较低的组织比如"邮储银行青州市支行志愿服务队",该组织共开展过 11 次志愿服务活动,参与志愿者人数为 75 人。然而这 75 名志愿者中,参与次数最多的志愿者也只参与了该组织的 8 次活动,还有相当一部分志愿者只参与了组织开展的 1 次活动。该组织的成员大部分都没有能够参加该组织开展活动次数的半数以上,因此该组织的平均志愿者黏性指数为负值,是 −1.134。

表 5-18　山东省志愿者黏性的地区差异比较

地区	N	平均志愿者黏性指数 (VSI)	标准差
东营市	11	−0.140	0.620
临沂市	206	−0.075	0.916
威海市	13	−0.192	0.845
德州市	78	0.160	0.665
日照市	30	−0.309	0.669
枣庄市	94	0.278	0.889
泰安市	278	−0.102	0.910
济南市	943	0.220	0.740
济宁市	458	0.344	0.738
淄博市	494	0.041	1.053
滨州市	211	0.141	0.810
潍坊市	256	0.007	0.637
烟台市	255	0.508	1.311
聊城市	159	0.044	0.876
菏泽市	250	0.238	0.756
青岛市	29	−0.312	0.585

从表 5-18 可以看出,山东省东营市、临沂市、威海市、日照市、泰安市、青岛市,这几个地区的志愿服务组织的黏性指数较低,说明这几个地区的志愿服务组织成员参与组织活动的变动性大,很多组织的成员都没有参与组织的半数以上的活动。而济宁市、济南市、烟台市这几个地区的志愿服务组织黏性较高,说明这几个地区已经形成了一些组织非常稳定,志愿者参与度非常高的组织。比如烟台的"二实小志愿服务队"。这样的组织开展活动的次数较多,非常活跃,并且组织的成员参与积极性高,黏性大,基本上达到全部参与组织开展的所有活

动。总体来说，志愿服务组织的平均黏性在山东省的各地区差异并不明显，大部分地区的志愿服务组织平均黏性指数接近 0，说明大部分志愿服务组织能够保证该组织之下的志愿者参与组织接近一半的活动。

5. 志愿服务组织的规模与志愿者黏性

从志愿服务组织开展活动的次数和志愿服务组织的黏性的关系来看，有一些志愿服务组织团队人数只有 1 人，即该组织开展活动只有一个志愿者参与，并且只有一个志愿者记录时长。这些只有 1 人的志愿服务组织，平均黏性指数为0.21，说明这些组织中有一些开展过多次活动，并且每次都是 1 人参与。比如济南市的"市中区疾病预防控制中心志愿服务队"，该组织一共开展了 3 次活动，而志愿者只有 1 人，这一个人参与了该组织的 3 次活动。这一类组织活动规模相对较小，或者该组织相对封闭，开展活动的次数也少。在本书中有 57 家这种类型的组织（见表 5-19）。

表 5-19　不同规模的志愿服务组织的志愿者黏性差异

志愿服务组织团队人数	N	平均志愿者黏性指数（VSI）	标准差
1 人	57	0.210	0.435
2~5 人	263	0.286	0.641
6~10 人	479	0.403	0.734
11~20 人	901	0.357	0.856
21~30 人	641	0.149	0.844
31~40 人	437	0.002	0.815
41~50 人	403	0.050	0.822
51~100 人	536	−0.118	1.015
101~200 人	35	−1.248	0.987
201~1000 人	13	−2.014	1.180

根据组织的成员数目和组织的平均黏性的关系，我们可以看出，志愿服务组织成员在 6~10 人的时候，组织的黏性指数达到最大，这一类组织的平均黏性指数为 0.403。也就是说，那些组织成员在 6~10 个人的志愿服务组织，在开展活动时，能保证他们的组织里的志愿者大部分都能全部参加他们的活动。另外，组织成员在 11~20 人的，组织的平均黏性指数为 0.357，也相对较高，再次是 2~5人。可以看出，志愿服务组织成员是否积极参加他们组织的活动，也就是志愿者对组织的黏性与该组织的志愿者数目有关。组织成员规模在 10 人左右的，志愿者的黏性最高。按照组织人数和志愿者黏性的相关性来分析，两者呈现抛物线形

曲线。即随着组织成员人数从1人开始逐渐增多，组织的黏性指数逐渐升高，至10人左右组织成员的黏性指数达到最高，而后随着组织成员人数增多又呈现下降趋势。

本书中，有些组织成员达到100人以上，比如有35个组织有101~200人的志愿者队伍，有13个组织有200人以上的志愿者队伍。这些组织在开展活动时，往往有一些边缘的志愿者参与不到组织的活动，因此这些组织的黏性指数为负数。

可以看出，志愿服务组织开展活动，并不是招募的志愿者越多越好，尤其是志愿服务这种依靠奉献精神聚集在一起的群体。组织成员人数适中，这正可以利用组织成员之间的同质性，形成核心志愿者团队，稳固开展活动的志愿者队伍。同时，成员规模适中，可以让志愿者团队成员之间充分交流，彼此形成互相之间的激励，成员之间互相促进，达到对组织活动的较高的参与率。相反，如果志愿组织成员过多，成员之间的多样性就更大，协调统一难度增高，组织的黏性指数也会降低。比如在本书中，黏性指数较高的一些志愿服务组织如表5-20所示：

表5-20 黏性指数较高的志愿服务组织

组织名称	组织地区	组织成员数目	平均志愿者黏性指数（VSI）
龙口市市直第三幼儿园志愿服务队	烟台市	6~10人	4.553
烟台市牟平区89000民生服务中心	烟台市	11~20人	3.401
桓台县工商局志愿服务队	淄博市	11~20人	3.092
临沂市雕塑公园党员志愿服务队	临沂市	20~30人	2.98
韩店镇卫生院春天志愿服务队	滨州市	20~30人	2.574
桓台县财贸局志愿服务队	淄博市	6~10人	2.564
泗水县圣水峪镇北山小学志愿服务队	济宁市	20~30人	2.534
福山区编办福愿志愿者服务队	烟台市	11~20人	2.505
中共惠民县委政法委志愿服务队	滨州市	1~5人	2.498
天桥二幼蒲公英志愿服务队	济南市	11~20人	2.447
淄博市周村区人民检察院志愿服务协会	淄博市	51~100人	2.447
济南市健康教育所志愿服务队	济南市	11~20人	2.441
潍坊市退役军人服务中心	潍坊市	20~30人	2.397

从表5-20可以看出，志愿服务组织的人员数目是影响它的成员黏性的一个因素。另外，如果志愿服务组织是依托某一单位组建，比如依托学校、机关事业单位，即在志愿者所属的原有单位基础上组建的志愿服务组织，往往对志愿者的号召力更强，志愿者参与组织的活动的积极性更高，黏性指数也高。如表5-20中"天桥二幼蒲公英志愿服务队"，这一组织虽然名为蒲公英志愿服务队，但是依托的是天桥二幼，是一个有实体单位依托的志愿服务组织。再比如"桓台县财贸局志愿服务队"，该组织成员规模为6~10人，虽然人员规模不大，但是该组织依托桓台县财贸局，可以推定该组织的志愿者也是该单位的员工。因此，这种志愿服务组织中，成员之间本身就存在原有的工作联系，相互之间团队协作容易形成，因此组织互动的参与度也就较高。

由于采用的数据中，很多志愿服务组织在注册时，并没有填写依托单位信息，或者很多志愿服务组织把依托单位填写为民政局，因此，限于数据缺失，本书尚无法推断志愿者本身所在工作单位对他们参与志愿服务组织的影响。这有待于后续深入研究。

6. 志愿服务组织的活动频率与志愿者黏性

从志愿服务组织开展活动的次数来看，志愿服务组织开展活动次数越多，则组织成员再次参与他们活动的难度就越大（见表5-21）。

表5-21 志愿服务组织的活动频率与志愿者黏性指数

志愿服务组织开展活动次数	N	平均志愿者黏性（VSI）	标准差
1次	1124	0	0
2~5次	1445	0.252	0.722
6~10次	564	0.359	1.130
11~20次	371	0.300	1.293
21~30次	130	0.061	1.567
31~40次	64	-0.410	1.578
41~50次	23	-0.458	1.465
51~100次	35	-1.338	1.493
100次以上	9	-1.884	0.851

对于只开展一次活动的组织来说，他们的黏性指数自然为0，因为不存在该组织志愿者再次参与该组织活动的问题，此时的志愿者黏性指数缺乏实际意义。本书的研究中，有1445个组织开展过2~5次的志愿服务活动，这些组织的志愿者黏性指数为0.252。开展过6~10次志愿服务活动的组织黏性指数最高。有564

个组织开展过 6~10 次活动。从表 5-21 可以看出，志愿服务组织在中等活跃度的对志愿者的黏性指数越高。志愿服务组织开展活动次数越多，则志愿者队伍越难以维持一贯性。这一结果也和常识相符。

可以看出，如果志愿服务组织开展活动少于 30 次，那么他们的志愿者的黏性指数都相对较高。但是如果志愿服务组织开展活动次数超过 30 次，那么志愿者的黏性就会随着活动次数的增多逐渐下降，即不能保证组织的所有志愿者都参与组织活动超过半数。

（七）关于志愿服务组织黏性的研究结论

通过以上的分析，对山东省的志愿服务组织和志愿服务项目进行深入分析，本书得到以下结论：

1. 志愿服务组织的发展与活跃性

（1）目前登记在册的志愿活动组织中，平均活跃率并不高。

在本研究的 15360 个社会组织中，有 5171 个开展过志愿服务活动，活跃率仅为 1/3。

在 2016 年，山东省的志愿服务组织取得了突飞猛进的发展，各地区登记注册了大量的志愿服务组织。这不排除山东省各地区为追求志愿服务数量，创建精神文明，对志愿服务组织注册实行鼓励政策，并放宽登记限制，各地区为追求数量指标进行了一些仓促性的举措。由于我国志愿服务组织注册并没有严格的法律规定，有一些地区存在一些同一个人或者同一个电话号码注册了多个组织的情况。在本研究中，对这一类组织进行了筛选，仅保留了个人重复注册或者邮件重复注册的组织中的一个，但是尽管如此，也会造成大量的志愿服务组织有名无实，并未开展任何志愿服务活动。这一类组织可以认为是"有名无实"的志愿服务组织。

（2）相当一部分组织仅开展过少数几次活动，活跃度较低。

在本研究中，有一些组织只开展过一次志愿服务活动或者两次活动。这种组织可以认为是活跃度不高的社会组织。这一类组织有可能是因为某一项任务，或者某一项活动，或者是出于某一个特殊群体的特定时间段的需求，临时成立的组织，缺乏规范性和长期性考虑。

本研究中，有 1472 个组织仅开展过 1 次服务活动，在所有开展活动的组织中占到 1/4，所以说，本研究认为，有相当一部分组织属于活跃度较低的组织。

值得注意的是，由于数据搜集的限制，本书的研究仅通过山东志愿服务网平台搜集数据，因此，这些活跃度不高的志愿服务组织仅仅是指这一类组织在山东志愿服务网平台的活跃程度不高，不排除这些志愿服务组织以其他的资源服务网站为平台，开展志愿活动，并通过其他平台记录志愿者时长。

（3）志愿服务组织活跃度越高，利用志愿网平台频度越高，活动规范性越好。

在本研究中，山东省的志愿服务组织中，活跃度较高的组织为开展活动次数高于 5 次，并且充分利用山东志愿服务网平台招募志愿者并记录时长超过 5 次的组织。这些组织的数目约有 1000 家，这一现象符合头部效应，即大部分组织的活跃度并不高，在山东省约 1.5 万家志愿服务组织中，活跃度高的志愿服务组织占到 1/15。因此，本研究认为，志愿服务组织存在一种头部效应，众多组织中，比例并不高，80% 以上的组织开展活动的次数并不多，或者是对志愿服务网平台的利用率不高。

2. 志愿者群体的参与黏性问题

（1）山东省各地区的志愿服务组织的黏性方面不存在显著差异。

总体来说，志愿服务组织的平均黏性在山东省的各地区差异并不明显，大部分地区的志愿服务组织平均黏性指数接近 0，说明大部分志愿服务组织能够保证该组织之下的志愿者参与组织接近一半的活动。

（2）志愿服务组织的团队成员人数在 10 人左右，能够维持较高的黏性。

按照组织人数和志愿者黏性的相关性来分析，两者呈现抛物线形曲线。即随着组织成员人数从 1 人开始逐渐增多，组织的黏性指数逐渐升高，至 10 人左右组织成员的黏性指数达到最高，其后随着组织成员人数增多又呈现下降趋势。

（3）志愿服务组织保持适当活跃性，对维系组织成员的黏性有重要作用。

志愿服务组织在中等活跃度的对志愿者的黏性指数越高。可以看出，如果志愿服务组织开展活动在 10 次以内，或者是少于 30 次，那么他们的志愿者的黏性指数都相对较高。但是如果志愿服务组织开展活动次数超过 30 次，那么志愿者的黏性就会随着活动次数的增多逐渐下降，即不能保证组织的所有志愿者都参与组织活动超过半数。志愿服务组织开展活动次数越多，则志愿者队伍越难以维持一贯性。这一结果也和常识相符。

3. 研究的局限

本研究利用山东志愿服务网的大数据，分析了山东省志愿服务组织、志愿服务项目、志愿者的现状，并从志愿服务组织维系志愿者的黏性角度出发，分析了志愿服务组织开展服务项目、招募志愿者过程中，志愿者对于组织的忠诚度。本研究尚存在以下局限性：

（1）数据收集中的局限性。

在山东的志愿服务事业的发展过程中，志愿者团体登记注册的过程缺乏足够的监督和明确的规范，造成了一些地区为了追求志愿团体的数量，突击注册了一批有名无实的志愿服务组织。本研究中，经过粗略地筛选，从 6.9 万个志愿团体中，筛选出约 1.5 万个组织。在这一过程中，可能存在一些错误识别的可能。这种情况是由于笔者发现，很多志愿服务组织的负责人或者联系人都是同一个姓名或者同一个邮件地址。因此，在取舍过程中，笔者只取第一个组织作为分析对象。这一过程虽然武断，但是实属无奈之举。希望以后的研究能开发出更有效的识别手段。

（2）志愿者黏性界定的局限性。

本研究中，笔者使用了志愿者黏性指数来标识志愿者团体对志愿者的号召力。黏性指数包含两个维度的信息，一方面说明志愿服务组织对志愿者有吸引力，志愿服务组织开展志愿服务活动，志愿者个人积极参与，那么组织的黏性就高。另一方面，黏性指数也可以反映出志愿者个人对组织的忠诚度。

组织的平均黏性指数，是组织成员的个人黏性指数的平均值。组织黏性指数高，则也说明志愿者个人对于组织保持一定的忠诚度，类似一种"招之即来，来之能战"的忠诚性。但是，笔者也认为，仅通过志愿者是否参与组织开展的活动，通过志愿者参与组织开展活动的次数来评价成员和组织的黏性，有一定的缺陷。这种计量方法，不能衡量志愿者对组织的情感归属，因此这种志愿者黏性指数也存在一定的表面性。

4. 未来的研究展望

根据当前中国山东省志愿服务发展的需要，项目组对山东省志愿服务组织和志愿者的发展情况进行了整理和分析，并通过志愿者动机和志愿者黏性的分析初步探讨了如何促进志愿服务组织的高质量发展和志愿者的长效参与。

从整体情况来看，项目组在这一部分进行了较为深入的思考，并进行了一定的理论研究与实证研究，但还存在着一些需要进一步完善的部分，主要包括：第一，进一步深入调查志愿者的参与动机，构建基于动机的志愿者行为机制，并通过山东省的调查进行验证；第二，在宏观层面对山东省志愿者黏性数据分析的基础上，构建志愿者黏性的微观心理机制，使两方面的研究相互促进；第三，在前两个方面的研究基础上，提出山东省的志愿服务激励机制与保障机制的构建方式与措施；第四，还需要进一步完善数据的收集，提高数据分析的准确性和有效性。

以上这些方面是项目组目前正在进行的和计划要进行的研究内容，在本次报告的撰写中由于时间和调研的限制未能完全完成，项目组将在后续研究和次年发展报告的调查和撰写中予以进一步的完善。

四、山东志愿服务的发展建议

改革开放以来，志愿服务的发展伴随着山东转型与发展的步伐而不断提升，在促进公益服务的同时也进一步提升了城市文明程度。作为"十三五"收官之年，2020年的山东志愿服务厚积薄发，在制度化、常态化、社会化等方面进一步提升。但与此同时，在志愿服务活动的开展过程中，还存在着一些机制性问题，这些都需要在"十四五"中加以改进。基于此，本书根据调查和研究的情况提出以下的发展建议：

（一）加强各方协作，志愿服务制度化建设取得突破

志愿服务的制度化建设是志愿服务保障的重要支撑，较为完备的领导架构与服务体系也是山东志愿服务发展的重要特征。2020年以来，山东积极贯彻落实中央文明办和中志联的相关要求，着力加强志愿服务法治化、制度化与保障机制建设：第一，加强法治保障，配合《山东省志愿服务条例》（以下简称《条例》），开展了对《条例》执法检查和修订；第二，构建制度体系，进行了"志愿者服务制度化""社区志愿服务中心管理机制""邻里守望志愿服务活动制度化""发挥志愿服务在公共安全治理中的作用"等研究，在此基础上初步形成了一整套志愿服务制度体系；第三，完善社区志愿服务体系，进一步加强了全省社区志愿服务中心建设，探索新路径和举措；第四，积极完善志愿者保障机制。

通过制度的构建和法规的出台来完善志愿者的保障机制和激励机制是当前中国志愿服务管理发展的趋势和内在要求，山东省已经在国家的要求下进行了细致的制度化工作，但志愿服务制度化的建设需要各方的有效协作和统一行动，因而这方面的工作需要继续强化；同时，还需要思考如何通过制度化的建设来满足志愿者激励机制的建设，需要以志愿者，尤其是年轻志愿者的动机作为激励机制的出发点，有效地完成这一工作。

（二）规范日常管理，志愿服务组织体系逐步完善

完善的志愿服务组织体系是志愿服务活动开展的重要依托，2020年以来，山东逐步完善了涵盖统筹协调、培训组织、基地建设以及信息化建设的组织体系，为山东志愿服务发展提供了有效助力：首先，发挥市志愿者协会统筹协调作用，注重将各类社会自发建立的志愿服务组织纳入社会志愿服务体系，发挥志愿

者协会的协调作用，组织召开全省志愿服务工作例会、定岗定责，积极推动协会常规工作流程化管理。其次，加强志愿服务培训。再次，加强志愿者服务基地建设，推动志愿者服务基地规范化建设，提升管理服务水平，凝聚更多志愿服务力量。最后，推进志愿服务信息化建设。加强山东志愿服务"一网、一线、一证、一平台"信息化建设，强化与全国"志愿云"信息管理系统积极对接。

当前信息化的发展和新冠肺炎疫情背景下各类线上平台的发展，意味着各类活动都将向着"线上化"的趋势发展。一方面，各类线上平台可以提高志愿服务组织的宣传能力和管理效率；另一方面，作为志愿者群体的主体的青年志愿者，也更加愿意通过线上的方式进行参与。

（三）放大示范效应，志愿服务活动彰显特色

志愿服务活动开展是志愿服务常态化的重要内容，服务项目品牌化是山东志愿服务的重要特征，2020年以来山东着力推进"党员志愿服务"、"邻里守望"志愿服务，以及重点志愿者服务项目，并以此带动志愿服务活动整体推进。在实践中的具体措施是：首先，深化"党员志愿服务"活动；其次，推进"邻里守望"志愿服务工作，在推进"邻里守望"志愿服务工作中着力基层，通过立足社区、围绕需求、党员带动、文化引领，在全省范围形成了社会广泛动员、区县全面覆盖、城乡各具特色的生动局面；最后，积极开展重点项目志愿服务活动，结合结对扶贫，开展定向帮扶志愿服务活动。

近十几年来，中国多次出现了重大的公共危机事件，在这些活动中，志愿者的作用在日益增强，因而政府和志愿服务组织需要对其进行有效的宣传和引导，促使更多的潜在志愿者加入这一活动。

（四）弘扬志愿文化，志愿服务氛围日渐浓郁

志愿精神与志愿文化氛围的营造，是志愿服务活动开展的重要保障，也是山东志愿服务永葆活力的关键所在。2020年以来山东进一步推广志愿服务理念、弘扬志愿服务精神，将志愿服务文化做得更深、更透、更实。大力弘扬先进典型，开展杰出志愿者、优秀志愿者、先进集体、优秀组织者、优秀服务品牌和优秀服务基地申报评选工作，并构建传播志愿服务文化的载体和平台。

山东省作为儒家文化的发源地和红色革命老区，具有自身独特的文化特点，因而可以构建适合自身特点的志愿服务文化，并通过对其的宣传来引导大众的参与，提升整体的志愿服务水平。

本章小结

根据目前对山东省志愿服务的相关调查与研究，项目组认为山东省的志愿服务正处于快速发展的过程中，这与中国的整体发展趋势相同，而在这一过程中志愿服务需要向精细化迈进：

一方面，当前的中国社会需要志愿服务来促进社会的和谐发展，山东省应在这一过程中继续发挥自身的优势，根据自身特点选择合适的方式与路径，促进志愿服务水平的提升。

另一方面，志愿服务水平的提升需要注意环境的变化与影响，这些变化包括人口结构与价值观念的变化及其对志愿服务动机的影响，网络环境的变化带来的志愿服务线上发展，国家出台的志愿法律法规对志愿服务组织的管理要求等。

这些情况意味着山东省的志愿服务发展将面临更多的挑战与机会，项目组将持续对山东省的志愿服务情况进行调查，并展开相关的研究，为山东省的志愿服务发展提出建议，贡献力量。

参考文献

［1］李虎、姜敏敏、刘丽虹：《动机满足视角下大学生志愿行为参与研究——基于大陆和台湾 7 所大学的调查数据》，《青少年研究与实践》2019 年第 34 卷第 4 期，第 80-87 页。

［2］刘追、池国栋：《员工志愿行为的过程机理研究——基于"动机—行为—结果"动态性视角的案例研究》，《中国人力资源开发》2019 年第 36 卷第 1 期，第 138-151 页。

［3］崔春梦：《大学生参与志愿活动动机激励探究——基于对二青会山西高校大学生志愿者的问卷调查》，《教育观察》2020 年第 9 卷第 25 期，第 41-44 页。

［4］Jhony Choon Yeong Ng、赵斯琪、谭清美：《大学生志愿者志愿行为可持续性研究》，《当代青年研究》2019 年第 6 期，第 33-39 页。

［5］贺志峰、齐从鹏：《志愿者为何愿意持续提供服务？——基于生态系统

模型的实证分析》，《青年探索》2020 年第 6 期，第 59-70 页。

[6] 徐顽强、蔡永强、陈涛：《志愿者参与社会管理的维度分析及路径框架》，《江西社会科学》2013 年第 33 卷第 4 期，第 196-200 页。

[7] 杨柳柳、朱凡：《大学生志愿者参与动机与志愿行为的关系研究》，《科学与财富》2017 年第 12 期，第 137 页。

[8] 张网成：《我国志愿者管理现状与问题的实证分析》，《中国社会科学院研究生院学报》2011 年第 6 期，第 26-32 页。

[9] 陈文、邹放鸣：《青年志愿者文化价值观变迁研究——社会治理能力现代化视角分析》，《重庆大学学报（社会科学版）》2020 年第 26 卷第 5 期，第 244-255 页。

[10] 石国亮：《倡导和培育内在驱动的利他导向的慈善动机——兼论"慈善不问动机"的片面性》，《理论与改革》2015 年第 2 期，第 168-171 页。

[11] 张晓红、苏超莉：《大学生"被志愿"：志愿服务的志愿性参与义务化》，《中国青年社会科学》2017 年第 36 卷第 1 期，第 122-127 页。

[12] 陆海燕：《国外关于志愿者激励的研究及其启示》，《武汉理工大学学报（社会科学版）》2014 年第 27 卷第 3 期，第 428-432 页。

[13] 万坤利、张晓红：《商业功利主义对志愿服务事业渗透的危害及对策分析》，《中国社会工作》2018 年第 4 期，第 50-51 页。

[14] 孙宝云、孙广厦：《志愿行为的主体、动机和发生机制——兼论国内对志愿者运动的误读》，《探索》2007 年第 6 期，第 118-121 页。

[15] 刘珊、风笑天：《大学生志愿服务：动机、类型及问题》，《陕西青年管理干部学院学报》2005 年第 2 期，第 15-17 页。

[16] 吴鲁平：《志愿者的参与动机：类型、结构——对 24 名青年志愿者的访谈分析》，《青年研究》2007 年第 5 期，第 31-40 页。

[17] 卓彩琴：《志愿服务动机的深层分析》，《广东青年干部学院学报》2007 年第 3 期，第 36-40 页。

[18] 杨团：《慈善蓝皮书：中国慈善发展报告（2019）》，社会科学文献出版社 2000 年版。

[19] Smith D H, "Researching Volunteer Associations and Other Nonprofits: An Emergent Interdisciplinary Field and Possible New Discipline", *The American Sociologist*, 1999, Vol. 30, No. 4, pp. 5-35.

[20] Morrow-Howell, Nancy, "Volunteering in Later Life: Research Frontiers", *Journals of Gerontology Series B: Psychological Sciences & Social Sciences*, 2010.

[21] Clary E, Gil, et al., "The Motivations to Volunteer: Theoretical and Prac-

tical Considerations", *Current Directions in Psychological Science* (*Wiley - Blackwell*), 1999, Vol. 8, No. 5, pp. 156−159.

［22］ Esmond J, "Report on the Attraction, Support and Retention of Emergency Management Volunteers", *Commonwealth of Australia*, 2009.

［23］ P. F. White, Schüttler, et al., "Comparative Pharmacology of the Ketamine Isomers. Studies in Volunteers", *British Journal of Anaesthesia*, 1985.

第三篇　山东慈善政策法规体系概述

引 言

　　山东省作为我们国家北方第一大省，第一、二、三产业发展相对均衡，省情与我们国家的国情同构性较强，经济社会发展水平相对较高，但是也同时面临区域协调发展不均衡、城乡融合发展不充分和新旧动能转换不彻底等现实挑战。山东的慈善政策法规的发展历程与特点，与山东省的经济社会发展水平和公益慈善事业发展水平相呼应，体现出明显的历史规律性特征。梳理山东的慈善政策法规演变历程，我们可以管窥我国慈善事业发展的基本脉络。21世纪之前我国的经济社会发展水平较低决定了慈善事业的实践领域处于培育期和实验期，所以反映到慈善政策法规的制定层面表现为数量较少，层面不高；进入21世纪之后，我们的经济社会发展水平持续提高，慈善实务界的活动大量增加，急需理论指导和政策规范，大量的政策法规应运而生。山东慈善政策法规的演变大致经历了萌芽探索期、探索发展期和发展成熟期三个阶段，中共十八大以来，山东省的经济社会发展水平快速提高，公益慈善事业的发展需求呼唤更加成熟全面的政策法规体系的出台，直接催生了山东慈善政策法规编制工作的快速推进。目前山东慈善政策法规呈现政策法规层级系统性强、政策法规领域覆盖面广、政策法规内容操作性高等显著特征，可以预见"十四五"规划期间，随着山东省经济社会和公益慈善事业的持续发展，慈善政策法规体系将进一步趋于完善和走向成熟。

第六章 山东慈善政策法规发展历程及特点

一、山东慈善政策法规发展历程

（一）萌芽探索阶段（2000~2014年）

2000年之前，山东省在公益慈善领域管理所依据的政策法规主要来自国家层面颁发的法律、法规、规章和其他规范性文件，无论是执行性立法，还是创新性立法工作，在省级层面及以下都几乎没有开展。即便如此，国家层面可以依据的法规政策也非常有限，法律层面主要有1999年全国人大常委会通过的《中华人民共和国公益事业捐赠法》，法规层面主要有1998年国务院发布的《社会团体登记管理条例》，规章层面主要有1990年中国人民银行颁发的《中国人民银行基金会稽核暂行规定》和民政部1999年印发的《民办非企业单位名称管理暂行规定》等，还有部分其他规范性文件指导慈善事业的发展。

2000年之后，我国的慈善立法工作逐步进入快速发展期，山东的慈善政策法规编制工作也开始起步。尤其是，2010年以来山东省以济南市和青岛市为代表的全国人大常委会授予立法权的较大的市，逐步开始根据市情编制出台一些慈善政策法规，用以指导慈善总会等慈善组织活动的开展。2010年济南市慈善总会印发了《济南慈善总会资金管理使用规定（暂行）》，对慈善总会的财务管理、财务行为和财务纪律进行了规范，引导慈善总会的资金使用走向正规化管理。2011年中共青岛市委办公厅、青岛市人民政府办公厅印发《关于加快慈善事业发展的意见》，要求进一步提高对发展慈善事业重要性的认识，提出慈善事业发展的总体要求、指导原则和主要目标，明确大力推进慈善事业发展，强化对慈善组织的监督管理和加强对慈善事业的组织领导。济南市与青岛市地方立法的探索，标志着山东省的慈善政策法规编制工作进入了萌芽探索阶段，在副省级城市层面先行尝试，积累立法经验，检验实施效果，然后逐步升级到编制省级层面的政策法规。

（二）探索发展阶段（2015～2019 年）

2015 年以来，随着党的十八大顺利召开，全省经济社会发展水平不断提高，山东省在公益慈善领域有一批代表性的政策法规相继出台，涉及财税、基金、彩票和村级公益事业等多个领域。首先是 2015 年山东省人民政府印发《山东省人民政府关于贯彻落实国发〔2014〕61 号文件促进慈善事业健康发展的意见》（鲁政发〔2015〕16 号），贯彻落实 2014 年国务院印发的《国务院关于促进慈善事业健康发展的指导意见》，明确提出"到 2020 年，全省基本建立可持续的慈善资源供给体系、全方位的慈善政策保障体系、专业化的慈善行业自律体系、多层次的慈善事业监管体系，慈善事业对社会救助体系形成有力补充，成为加快建设经济文化强省、全面建成小康社会的重要力量"。并且对于全省社会捐赠总额占 GDP 的比例、每 10 万人拥有公益慈善组织数量、注册志愿者占总人口比例、志愿者、志愿服务时间、全省慈善信息管理平台等具体指标进行了明确规划。接着 2015 年山东省人民政府办公厅还印发了《关于发挥财税政策导向作用加快公益慈善事业发展的通知》，明确提出"发挥税收政策导向作用，鼓励公益慈善捐赠；加大财政支持力度，加快公益慈善事业发展；强化宣传监督，营造公益慈善良好发展环境"的工作要求，第一次明确提出动用财税工具支持和鼓励慈善事业的发展。2016 年山东省财政厅、山东省扶贫开发领导小组办公室印发了《山东省公益事业扶贫基金使用管理办法》，提出"为支持贫困地区公益设施建设，加快改善老、孤、病、残等建档立卡农村贫困人口生活条件，设立省公益事业扶贫基金"，要求规范公益事业扶贫基金管理，充分发挥资金使用效益，统筹整合使用财政涉农资金，支持脱贫攻坚的部署要求。2018 年山东省财政厅、山东省民政厅印发了《山东省省级福利彩票公益金使用管理办法》，明确提出"福利彩票公益金是从省级集中福利彩票公益金中，按一定比例安排用于民政领域社会福利事业发展的专项资金。福彩公益金使用遵循福利彩票'扶老、助残、救孤、济困'的发行宗旨，主要用于资助为老年人、残疾人、儿童等特殊群体提供服务的社会福利项目"。上述一系列文件的出台，在很大程度上引导和支持了山东省公益慈善事业的发展，但是在立法层次和系统性上还有较大的提升空间，缺少全省统一的人大立法，政策法规的效力层级有待提升，尚处于探索发展阶段。

（三）发展成熟阶段（2020年至今）

2020年以来，随着党的十九大的顺利召开，山东省全面完成了脱贫攻坚任务，顺利进入了小康社会，全省的经济社会发展水平进一步提高。2016年《中华人民共和国慈善法》的颁布标志着全国的公益慈善领域发展迎来了权威的法律指导文件，各省人大开始抓紧根据省情编制省级慈善法规。2021年《山东省慈善条例》颁布，标志着山东省的公益慈善事业发展迎来了省域的地方性法规统一指导，分别从慈善组织与慈善财产、慈善募捐、慈善捐赠与慈善服务、慈善信托、促进措施、信息公开与监督管理等层面对山东省的慈善事业发展进行了全面的规范和引导。并且明确要求"县级以上人民政府应当制定促进慈善事业发展的政策和措施，鼓励自然人、法人或者其他组织依法从事慈善活动，有关部门和社会组织应当为慈善活动提供指导、帮助和便利"。与此同时，由青岛市慈善事业发展服务中心等单位起草，由青岛市民政局归口管理的慈善活动地方标准——《青岛市慈善活动指引》等城市政策文件也相继出台，对慈善活动的开展进行了详细标准化的引导和规范。指引规范了慈善活动的术语和定义、活动原则、活动指引、活动实施与宣传、项目管理、志愿者管理、慈善募捐、信息公开与舆情应对、质量控制和服务保障等内容，对规范慈善活动，保护慈善活动当事人合法权益，促进社会进步，保障和动员社会力量积极参与慈善事业发挥了积极作用。上述法规文件的颁布，标志着山东省在公益慈善领域的立法工作进入了发展成熟阶段，可以预见在未来几年，山东省在省级和市级层面会有一系列的政策法规及实施细则出台，公益慈善事业的发展也会迎来高速发展阶段。

二、山东慈善政策法规发展特点

（一）政策法规层级系统性强

山东慈善政策法规作为国家行政法律法规体系的一个省域组成部分，体现出层级系统性强的一般规律，同时也结合本身实际出台了对应层级的政策法规，也体现出一定的特殊性特征。山东慈善政策法规系统包括省人大编制的地方性法规《山东省慈善条例》、省政府颁发的规范性文件《山东省人民政府关于贯彻落实国发〔2014〕61号文件促进慈善事业健康发展的意见》、省政府职能部门颁发的规范性文件《山东省公益事业扶贫基金使用管理办法》以及较大的市编制的政策法规《关于加快慈善事业发展的意见》和公办慈善组织济南市慈善总会编制的《济南慈善总会资金管理使用规定（暂行）》，层级系统性比较强，也在一定程度上体现出省情和市情的特殊性。在各个层级都有对应的政策法规作为山东省公益慈善事业发展的规范和引导，体现出慈善立法水平有了较大的进步，并走向成熟。但是，目前山东慈善政策法规系统尚缺乏山东省政府颁布的地方政府规章以及其他地级市的立法作为具体指导法规，相关法律法规的实施细则还有待进一步编制及进一步加强对慈善事务活动的有效支持、引导和规范，以促进山东公益慈善事业的快速发展。

（二）政策法规领域覆盖面广

山东慈善政策法规作为指导全省公益慈善事业发展的法规体系，在财税、扶贫、体育、彩票、慈善组织、村级公益事业、电影等领域都有所涉及，体现出覆盖面相对较广的特点，能够保证山东省域范围内大多数公益慈善活动的开展有法可循，有规可依。但是，目前山东省对于基金会、社会团体、社会服务机构等慈善组织的设立及相关活动开展，尤其是志愿者、社会工作者等人员参与慈善活动，还缺乏有针对性的地方政策法规作为指导依据。下一步应该加大立法力度，对慈善组织的设立以及活动开展、志愿者的招募以及培训、管理服务等方面提供积极的支持和合理的规范，以引导山东省的公益慈善事业健康快速发展。

（三）政策法规内容操作性强

作为省级公益慈善领域的政策法规，应该兼职全面指导性和可操作性，作为市级公益慈善领域的政策法规，应该主要侧重可操作性，山东慈善政策法规体系在立法过程中较好地做到了指导规范性与可操作性的统一。作为全省慈善领域的权威法规《山东省慈善条例》，以指导性和规范性为主，对省域范围内公益慈善事业的发展进行了全面系统的规定，并且具备一定的可操作性，是《中华人民共和国慈善法》的下位法规。作为山东半岛龙头城市的青岛市于 2018 年和 2020 年分别颁布了《青岛市慈善事业发展服务规范》和《青岛市慈善活动指引》，体现出很强的可操作性特征，具备对以城市为单元开展的公益慈善事业发展进行具体规范标准化引导的功能。

需要提高的是，山东其他地级市的慈善立法工作还处于萌芽状态，缺少有针对性的促进本市范围内慈善事业发展的指导意见和政策法规。这主要是由于各地级市缺少地方立法权限，随着 2015 年《中华人民共和国立法法》的修订，山东各市通过法定程序逐步取得了地方立法权限。因此，下一阶段山东各市的慈善立法应加快节奏，加大力度，引导相关组织和个人规范有序地开展慈善活动，发展公益事业。在推进立法工作的同时，各市还应该根据各地经济社会发展水平和风俗习惯特点，编制出台慈善城市建设的五年发展规划，指明发展方向，设定发展目标，明确发展原则，厘清发展思路，突出发展特点，明晰发展路径，强化组织保障，有计划、有组织和有针对性地指导和支持公益慈善城市的建设。以此探索以第三次分配促进共同富裕，促进城乡融合发展，促进区域协调发展，建设慈善山东、平安山东、和谐山东的有效路径。

第四篇　典型案例

引 言

　　山东有着悠久的慈善文化传统，改革开放以来，社会领域不断发展，政府对公益慈善事业大力支持，山东的公益慈善事业也迎来了新的春天，涌现出了一批富有特色的慈善组织，开展了一系列丰富生动的慈善项目和实践，对推动社会发展起到了重要作用。对这些先进的慈善组织和慈善实践经验以案例的方式进行介绍呈现，能够为进一步推动山东慈善事业的整体发展提供有益的经验借鉴和实践启发。同时，通过案例分析，也可以帮助发现在组织实践中还存在的不足，为进一步的高质量发展提供切入点。

第七章 慈善组织典型案例

一、山东省红十字会

（一）组织介绍

山东省红十字会是中国红十字会的省级分会，是从事人道主义工作的社会救助团体。内设办公室、赈灾救护部、事业发展部3个部室，1个直属事业单位备灾救护中心。全省有济南市、青岛市、淄博市、枣庄市、东营市、烟台市、潍坊市、济宁市、泰安市、威海市、日照市、滨州市、德州市、聊城市、临沂市、菏泽市共16个地级市红十字会。

山东省红十字会成立于1911年，至今已走过一百多年的风雨历程。一百多年来，无论在纷乱的战争年代，还是在和平建设时期，山东省红十字会一贯秉持人道主义精神，战时扶伤济弱，平时救灾恤难，在历史长河中留下不朽的功绩。

1. 山东红十字会组织的成立与演变

（1）山东红十字会诞生。

1904年中国红十字会成立不久，山东就出现了红十字组织。1911年11月9日，位于济南市江家池的山东中西医院中医学堂学生李树堃等，给医院总办刘崇惠写信建议组织山东红十字会，并拟定《山东全省红十字会简章》。刘崇惠立即上书山东省抚部院，陈述红十字会的宗旨是"平时研究保安之法，遇有兵事亲临战场救护军民"，要求成立山东全省红十字会，并附《山东全省红十字会简章》。同月，山东巡抚孙宝琦批复："该医院筹办红十字会，平时保安，有时救护，洵属善举。所拟章程大致周妥，仰即迅速成立。开办之费，应以节省中医学堂经费拨给藉资需要。所用木质关防（印章），可由该院自行刊刻，以省周折，仍将启用日期具保查考。"中西医院总办刘崇惠出任山东红十字会首任会长，中西医院的医官、学生及医道学堂学生均为会员。

山东省红十字会成立标志着最负盛名国际性的人道主义组织在山东扎根，为齐鲁大地人道主义理念传播、博爱精神的弘扬提供了强大支撑，推动了近现代山东慈善公益事业的发展，也为山东与国内省市慈善公益交流合作和开展国际交往搭建了平台。

（2）齐鲁大地遍开红十字之花。

山东省内第一支红十字会兴起于 1904 年，兴盛于辛亥之役，大规模发展于中华民国建立之后，直至 1937 年抗战全面爆发前，形成山东红十字运动发展第一个高潮。

辛亥革命时期，山东至少已有 7 支红十字会，分别是中国红十字会山东分会、烟台分会、济南分会、黄县分会、青州分会、泰安分会和德州分会。

中华民国建立后，到 1937 年抗日战争全面爆发前，山东各地陆续建立红十字组织。其中，有些地方红十字会几番跌宕，设立后解散，后又重设，如济南、青岛、烟台等红十字会；有的从无到有，第一次设立。

1914 年，第一次世界大战远东战场在山东打响，使胶东半岛处于战争前线，由此，在胶东半岛出现组设红十字会高潮。据史料记载，除山东分会、烟台分会、青岛分会、济南分会外，中国红十字会总办事处在海阳、莱州、平度等处组织临时分会，在高密、章丘设立分会。综计山东战场所在之处，红十字会多已缜密布置。

另外，尚有一些红十字会成立，但没有发现成立具体资料。根据中国红十字总会统计资料记载，到抗战全面爆发前，山东共有分会 45 支，位列全国第三。

（3）艰难环境下的萎缩与复原。

1937 年 7 月，日本全面侵华，给中华民族带来沉重灾难，也给正在蓬勃发展的红十字事业带来损失，全国分会由战前 464 处减少到 254 处，绝大多数分会因战争原因被迫宣告解体。抗战结束后，国民政府行政院于 1945 年 11 月通过《复员时期管理中华民国红十字会办法》，改以行政院为主管机关。各市县分会调整管理办法由总会拟定报行政院核定后实施。中国红十字会为了促进各地分会恢复和重建，在上海、汉口、北平、广州、重庆设立 5 个区办事处，由各区办事处分辖数省。山东省由上海区管辖。在中国红十字总会和上海区办事处的指导和推动下，山东红十字会恢复工作较为迅速。根据 1947 年 6 月出版的《红十字月刊》公布的数字，山东有 13 个分会整理恢复或新设，即青岛、济南、即墨、章丘、莒县、益都、胶县、昌邑、平度、寿光、高密、历城、济宁；到当年年底，莱阳分会也恢复，使山东红十字会总数达到 14 个。

山东红十字会在战争年代成立，其后将近 40 年曲折发展，有的解散后未再设立，有的解散后重建。尽管面临各种困难和挫折，山东红十字会一如既往，坚韧不拔，从事恤兵、赈灾、施疗、救护工作，忠实地履行着人道主义精神，为普济群黎，挽救生命，做出了宝贵贡献。

2. 山东红十字会组织中华人民共和国成立初期发展历程

（1）整顿和改组。

中华人民共和国成立后，根据《中国红十字会各地分会整理暂行办法》，凡在 1949 年 4 月之前成立或筹备的分会，需按规定进行整理。在这样的背景下，山东红十字会开始整顿改组。到 1951 年 9 月，全国有 38 个分会完成改组，其中有山东昌南分会和济南市分会。到 1957 年，山东省青岛、高密、即墨、济南、胶县、昌南、济宁 7 个分会完成改组。

（2）山东红十字组织快速发展。

1956 年 3 月 17 日，卫生部和中国红十字会总会联合给全国各省（区）、市人民委员会发出《关于 1956 年发展红十字会组织的联合通知》，要求地方红十字会工作在各省（区）、市人民委员会领导下，纳入地方卫生事业规划中统一进行，成立省和重点市、县红十字会，整顿原有市、县红十字会，发展会员。

1957 年 5 月 22 日，山东省成立省红十字会筹备委员会；7 月 8 日，山东省人民委员会转发《山东省红十字会筹备委员会关于 1957 年山东省红十字会工作意见的报告》，同意立即成立山东省红十字会，充分发挥其作为政府开展群众卫生工作的助手作用。同月，召开了正式成立大会，组成了 33 人的委员会。副省长余修任山东省红十字会委员会主席。

山东省红十字会成立后，掀起全省各级红十字会建立高潮。1957 年，德州、烟台、潍坊、淄博、威海、莱阳、临沂、菏泽等 12 市、县红十字会或筹备委员会陆续建立起来。1966 年前，山东全省成立省、市、县红十字会 20 处，区、乡红十字会 49 处，合计约 70 处，发展会员 13 万多人，达到历史最高峰。各级红十字会结合各自地方情况，设立了医疗站、医院、诊所等一批医疗机构，促进了山东城乡医疗服务体系的初步建立。

3. 改革开放 40 年的蓬勃发展

改革开放序幕的拉开，中国开始进入一个新的时代，为红十字恢复和复兴打开了新的局面。

（1）改革开放初期山东红十字会的恢复。

1978 年 3 月 29 日，国务院批转卫生部、外交部《关于恢复红十字会国内工作的报告》，决定先在北京、上海等 10 个城市恢复红十字会工作。中国红十字会根据国务院精神，决定立即恢复建立国内工作机构，为山东红十字会的恢复提供了保障。

1980 年 8 月 7 日，山东省人民政府下发《关于恢复山东省红十字会的通知》（鲁政发〔1980〕120 号），省红十字会办公室设在省卫生厅内，山东省红十字会正式恢复，并协商产生第三届常务理事会。1981 年 3 月 19 日，山东省红十字会召开了三届一次常务理事会，选出了理事 70 人，丁方明任会长。

1982 年 3 月 18 日，省红十字会发出《关于恢复建立部分市、县红十字组织的通知》，此后各县、市红十字会恢复工作进一步加快。经过 10 年恢复，到 1990 年底，山东 16 个地（市）红十字会都已恢复或新建，红十字会的作用日益受到政府和社会各界重视，红十字事业的春天已经到来。

（2）在社会变革中蓬勃发展。

1981 年 3 月 19 日，山东省红十字会召开三届一次常务理事会，讨论通过了省红十字会 1981 年工作计划，确定了红十字会的经费来源和试点工作。11 月 3 日，召开省红十字会会员代表大会暨三届理事会一次会议，选举丁方明任会长，讨论通过了《山东省红十字会规则》。这次会议是山东省红十字会恢复后召开的第一次理事大会，是山东省红十字会发展的新起点，它标志着山东红十字事业将在新时代开始新征程。

1984 年 11 月 9~10 日，山东省红十字会召开第四次会员代表大会。会议讨论通过了《山东省红十字会组织规程》和相应决议。选举了由 84 人组成的山东省红十字会第四届理事会，副省长马长贵当选会长。第四届理事会制定了《关于今后五年工作规划和设想》。

1991 年 1 月 30 日，山东省红十字会第五次会员代表大会召开。大会审议通过了《工作报告》，选举产生了 74 人组成的第五届理事会。五届一次理事会选举副省长宋法棠为会长。大会制定了《今后五年工作计划和设想》（1991~1995 年）。

2001 年 12 月 4 日，山东省红十字会召开了第六次会员代表大会。邵桂芳会长和总会王立忠常务副会长出席会议并讲话，会议审议通过了《工作报告》《山东省红十字会 2001—2005 年工作规划纲要》和《山东省红十字会组织规程》，选举产生了山东省红十字会第六届理事会。2006 年 11 月 16 日，山东省红十字会第七次会员代表大会召开。时任中国红十字会会长彭珮云、时任省委书记张高丽等领导出席会议。会议听取了彭珮云、王军民所作的重要讲话和张心宝代表六届理事会所作的《工作报告》。会议选举产生了七届理事会理事 87 人。七届理事会一次会议决定聘请省委副书记、省长韩寓群为省红十字会名誉会长，聘请邵桂芳、王道玉、张敏、王天瑞为名誉副会长；选出 19 名常务理事，选举副省长王军民为会长。

2009 年 1 月 17 日，省红十字会召开七届二次理事会。会议聘请省委副书记、省长姜大明为省红十字会名誉会长，聘请省人大常委会副主任刘玉功、省政协副主席王新陆为省红十字会名誉副会长。

2012年8月21日，山东省红十字会召开第八次会员代表大会，全国人大常委会副委员长、中国红十字会会长华建敏，省委书记、省人大常委会主任姜异康，省委副书记、省长姜大明，中国红十字会常务副会长赵白鸽，省委常委、秘书长雷建国，省人大常委会副主任刘玉功，副省长、省红十字会会长王随莲出席会议。华建敏副委员长、姜大明省长分别作了重要讲话，充分肯定了山东省红十字事业发展取得的成绩，并对做好新时期红十字会工作提出了明确要求和殷切期望。会议选举产生了八届理事会理事110人、常务理事27人，选举副省长王随莲为会长，决定聘请时任省委副书记、省长姜大明为省红十字会名誉会长，聘请时任山东省人大常委会副主任刘玉功、时任山东省政协副主席王新陆为名誉副会长。

2015年4月8日，山东省红十字会召开八届二次理事会，副省长、省红十字会会长王随莲出席会议并讲话。会议更换、增补了理事、常务理事，聘请省委书记姜异康和省委副书记、省长郭树清为名誉会长，选举李全太为常务副会长、卢杰为副会长。

2019年1月9日，山东省红十字会召开八届五次理事会，副省长孙继业出席会议并讲话，省红十字会常务副会长李全太作了工作报告。会议增补和更换了部分理事、常务理事，选举副省长孙继业为会长，省政府办公厅二级巡视员张连三为省红十字会兼职副会长，决定聘请省委书记刘家义，省委副书记、省长龚正为山东省红十字会名誉会长。

山东省红十字会会员代表大会从"三大"到"八大"再到八届五次理事会议，横跨将近40年，这是中国改革开放伟大进程的40年，也是山东红十字事业从恢复走向壮大的40年，山东省红十字会组织结构进一步健全，管理体制进一步理顺，每一任领导班子兢兢业业，为山东红十字事业发展做出了重大贡献。

（二）内部治理结构

会员代表大会是红十字会的最高权力机关，产生红十字会理事会和监事会，理事会在会员代表大会闭会期间执行其决议，并接受监事会的监督。常务理事会对理事会负责并接受其监督，同时接受监事会的监督。常务理事会由理事会选举产生的常务理事组成。执行委员会是理事会的常设执行机构，由驻总会的专职常务理事组成，向理事会负责并报告工作，接受监事会的监督。建立理事会决策、执委会执行、监事会监督的治理结构。监事会由会员代表大会选举产生，向会员代表大会负责并报告工作，接受其监督。

（三）业务范围

（1）开展救援、救灾的相关工作，建立红十字应急救援体系。在战争、武装冲突和自然灾害、事故灾难、公共卫生事件等突发事件中，为伤病人员和其他受害者提供紧急救援和人道救助。

（2）开展应急救护培训，普及应急救护、防灾避险和卫生健康知识，组织志愿者参与现场救护。

（3）参与、推动无偿献血、遗体和人体器官捐献工作，参与开展造血干细胞捐献的相关工作。

（4）组织开展红十字志愿服务、红十字青少年工作。

（5）参加国际人道主义救援工作。

（6）宣传国际红十字和红新月运动的基本原则和日内瓦公约及其附加议定书。

（7）依照国际红十字和红新月运动的基本原则，完成人民政府委托事宜。

（8）依照日内瓦公约及其附加议定书的有关规定开展工作。

（9）协助人民政府开展与其职责相关的其他人道主义服务活动。

（四）项目开展

1. 备灾救灾

"开展救援、救灾的相关工作，建立红十字应急救援体系；在战争、武装冲突和自然灾害、事故灾难、公共卫生事件等突发事件中，对伤病人员和其他受害者提供紧急救援和人道救助"是《中华人民共和国红十字会法》赋予红十字会的首要职责。

多年来，山东省各级红十字会牢记使命，在灾害救援领域不断探索发展，形成了较为完备的灾害应急体系。备灾方面，建立了省红十字会备灾救护中心，日常储备家庭包、毛巾被、冲锋衣、棉被、帐篷等救灾物资。灾害发生后，根据应急预案在第一时间组织调运，极大地提高了红十字会的应急反应速度。在救援队建设方面，结合省内外红十字组织救援经验，各级红十字会重点建设了赈济、心理、搜救、水上救生等救援队，救援队建设突出专业性、机动性，目标是将救援队伍打造成训练有素、装备良好、可独立承担国内及国际重大灾害救援任务的具有红十字特色的应急救援队伍。在汶川地震、玉树地震、芦山地震、寿光水灾等重大自然灾害救援中，山东省红十字救援队都发挥了重要作用。

2. 人道救助

红十字会是从事人道主义工作的社会救助团体。全省各级红十字会自觉服务山东经济社会发展大局，更加关注民生，发挥自身优势，不断拓展工作领域，为改善困难群众生活，关爱生命健康，倡导文明风尚，促进社会和谐做出了新的贡献。

3. 应急救护

近年来，山东省红十字会深入贯彻落实《中华人民共和国红十字会法》及山东省实施办法，全面履行应急救护工作职责，积极推进应急救护向重点行业、重点领域、重点人群覆盖，推进救护培训"六进"活动，精心培育"红十字就在身边"工作品牌，为保障人民群众生命健康安全、助力"健康山东"建设做出了积极贡献。

领导重视，机构健全。省委、省政府高度重视红十字救护工作，2017 年 6 月省编办批复建立省红十字会备灾救护中心，依托备灾救护中心创建国家级应急救护示范基地 1 处，拥有专兼职师资 20 余人。全省现有国家级培训基地 5 处，国际认证资格培训师资 24 人。

保障有力，培训规范。省红十字会积极争取财政部门将救护工作经费列入年度预算，持续加大人力、物力投入，购置救护培训教材、教具以及宣传用品等；通过培训、学习等壮大师资队伍，加强师资注册与监督管理；2020 年，省红十字会计划投资在全省县级红十字会建设基层红十字应急救护培训基地，推进全省救护工作向纵深发展。

擦亮品牌，服务群众。全面夯实救护工作社会基础，打造"红十字就在身边"工作品牌。支持救援救护志愿者队伍发展，大力发展救护志愿者，在城市马拉松赛、节日大型活动中发挥了重要作用；每年世界红十字日、世界急救日等重大节日期间，组织大型主题宣传活动。2019 年"爱心相伴'救'在身边"救护培训万人演练活动等在中央电视台晚间新闻等栏目播出；积极响应机关企事业单位、社区居民培训需求，大力推介总会"红十字急救掌上学堂"，不断提高群众急救意识和急救能力。

4. 造血干细胞捐献

山东省红十字会自 2002 年启动造血干细胞捐献工作，截至 2020 年 9 月 30 日，全省完成志愿者招募和血样检测入库 20.4 万人份（居全国第一位），累计有 883 位（居全国第三位）红十字志愿者成功捐献造血干细胞，其中有 47 人为美国、加拿大、韩国、中国香港、中国澳门和中国台湾的白血病患者捐献，使患者获得重生。山东省现有 16 个市级工作站，2 个 HLA 组织配型实验室，4 家造血干细胞采集医院，15 家移植医院，负责山东省造血干细胞捐献志愿者的宣传动员、报名登记、血样采集、人类白血球抗原（HLA）的分型检测、造血干细胞捐献等相关服务工作。

5. 志愿服务

近年来，山东省红十字志愿服务工作在中国红十字会总会的指导和支持下，坚持打基础、建队伍、创品牌，建立健全红十字志愿服务机制，紧密联系实际，广泛开展形式多样的志愿服务活动，志愿者队伍不断壮大。截至 2019 年底，全省共有红十字注册志愿工作者 14.12 万人，红十字志愿者服务组织 1300 多个。在工作中，建立健全红十字志愿服务工作机制，确保志愿服务工作的规范性；不断扩容红十字志愿者队伍，增强志愿服务内容的广泛性；充分利用各种活动载体，保持红十字志愿服务工作的连续性、经常性；按专业、分领域，有效指导提升红十字志愿服务工作的实效性；着力创建红十字志愿服务品牌，不断扩大红十字会的社会影响力。红十字志愿者们在山东省应急救援、应急救护、人道救助、无偿献血、造血干细胞捐献、宣传预防艾滋病、遗体（器官）捐献、红十字精神传播、筹资劝募、国际志愿服务等领域发挥了重要作用。

二、山东省慈善总会

（一）组织介绍

山东省慈善总会（以下简称"省慈善总会"）成立于 2003 年 12 月 18 日，2017 年 9 月获得山东省民政厅颁发的公开募捐资格证书，是由热心慈善事业的公民、法人及其他社会组织自愿参加的全省性非营利公益社会团体。其宗旨是发扬人道主义精神，弘扬中华民族优秀传统，动员社会力量，筹募慈善资金，扶助弱势群体，发展慈善事业，促进社会文明。其主要业务是筹募善款、赈灾救助、扶贫济困、公益援助，与国内外慈善组织合作交流，指导会员单位工作，推动慈善事业发展。

省慈善总会现有会员 213 个，理事 107 个，常务理事 60 个。总会的最高权力机构是会员代表大会，执行机构为理事会，日常办事机构为省慈善总会办公室，下设综合事务部、财务与募捐中心、救助联络部、项目与志愿服务部。

省慈善总会成立以来，在省委、省政府及省民政厅的正确领导下，在社会各界和全省人民的大力支持和热情参与下，坚持"依靠社会办慈善，办好慈善为社会"的方针，开拓创新，扎实工作，从无到有、从小到大、从大到强，成为山东省体量最大的慈善组织之一。省慈善总会倡导发起的"慈心一日捐"活动已成为全国慈善募捐品牌，按照"依法组织，广泛发动，坚持自愿，鼓励奉献"的原则，倡导每个企业捐出一天的利润或节约的一笔资金，每位公民献出一天的工资收入或节约的一笔支出。同时，企业和家庭（个人）冠名基金也取得新突破，为山东省救助项目开展提供了可靠的资金支持。2018 年，省慈善总会陆续打通与腾讯公益、公益宝、联动网、新华公益、新浪公益等网络募捐平台的合作，召开由 158 家公益组织参加的"慈善山东"公益大会，牵头发起首届"慈山东·益齐鲁"公益创投大赛，联合 72 家省内公益慈善机构参与腾讯 99 公益日活动，3 天共募捐到善款 1398 万元，开创了山东省慈善总会系统网络募捐的新局面；2019 年，总会举行第二届"慈山东·益齐鲁"公益创投大赛，联合全省超过 130 家公益机构发起母项目 132 个，子计划 345 个，"99 公益"日期间，公众筹款达到 2356 万元，筹款总额突破 3000 万元。

2003~2019 年，省慈善总会募集善款 15.7 亿元，开展"朝阳助学""夕阳扶老""爱心助残""康复助医""情暖万家"五大工程 20 余个救助项目和脱贫攻坚工作，累计支出善款超过 12.39 亿元，救助城乡困难群众超过 203 万人次，资助福利机构和公益慈善组织 3000 多家。2018 年以来，省慈善总会积极参与对口援建和扶贫协作活动，共向新疆喀什、西藏日喀则、青海海北州、重庆市万州区捐赠 110 余万元款物，鲁渝对口扶贫募捐已达 70 多万元。2020 年，省慈善总会全面贯彻落实党中央和省委省政府部署要求，在省新冠肺炎疫情防控指挥部统一领导下，在省民政厅专项工作组的具体指导下，发起"共克时艰　国泰民安"新冠肺炎疫情防控募捐，从项目发起、善款物资接收、资金拨付等每个环节严格要求，有效完成了各项任务。"抗击新冠肺炎疫情防控募捐"项目荣获民政部第十一届中华慈善奖，被中华慈善总会评为"中华慈善品牌"项目。

（二）内部治理结构

山东省慈善总会的最高权力机构是会员代表大会。理事会是会员代表大会的执行机构。在会员代表大会闭会期间领导本会开展日常工作。山东省慈善总会设立常务理事会，常务理事会由理事会选举产生，对理事会负责，在理事会闭会期间，行使相应职权。常务理事会闭会期间，重要事项由会长办公会研究决定。会长办公会由会长、副会长、秘书长组成。山东省慈善总会会长为法定代表人，副会长在会长领导下，协助会长开展工作。秘书长在会长、副会长的领导下工作。山东省慈善总会设监事会，设监事长一名，监事若干名。监事由会员代表大会选举产生。理事、常务理事、秘书长以上负责人及财务负责人不得兼任监事。监事会任期与会员代表大会任期相同。

（三）业务范围

（1）依法募集资金。开展各种形式的募捐活动，接受自然人、法人及其他组织的捐赠，管理慈善资金，为困难群众提供救助和抚慰。

（2）赈灾救助。协助政府开展救灾赈济工作，接收、分配、调拨境内外通过本会捐赠的赈灾款物。根据政府委托生产、储运、发放救灾物资，实施救助和慰问等。

（3）慈善救助。开展扶贫、助老、助孤、助残、助医、助学等各种慈善救助活动，帮助困难群众改善生活和健康状况。

（4）公益援助。支持和参与文化、教育、卫生等社会公益事业。

（5）义工服务。发展慈善义工队伍，组织开展多种形式的慈善义工服务活动。

（6）交流与合作。推动省内慈善组织的互动与协作，加强同国内外公益机构的联系与合作，扩大慈善资源，促进慈善事业发展。

（7）兴办实体。兴办与宗旨、业务相关的实体和非营利机构，按照合法、安全、有效的原则，实现慈善资金的保值增值。

（8）宣传与激励。组织慈善宣传，弘扬慈善文化，普及慈善意识，推广先进典型，表彰先进单位和个人。

（9）学习培训。开展学习培训活动，组织慈善工作者学习慈善专业知识，提高慈善工作队伍的整体素质和工作水平。

（10）指导与服务。对单位会员进行业务指导，总结交流经验。开展慈善理论与发展战略研究，为政府制定有关方针、政策和法规提供咨询服务。

（四）项目开展

1.“慈善一日捐”

山东省慈善总会倡导发起的“慈心一日捐”活动已成为全国慈善募捐品牌。该项目是山东慈善总会于2004年发起的募集慈善资金的一种有效形式。活动坚持“依法组织，广泛发动，坚持自愿，鼓励奉献”的原则，倡导个人捐赠不低于一天的经济收入，生产和经营性企业包括股份制企业、民营企业捐赠一天的利润，机关事业单位捐赠节约的一笔资金，同时鼓励国有企业和民营企业积极认捐设立慈善专项基金。

2010年山东省委、省政府办公厅出台了《关于加快慈善事业发展的意见》，规定5月18日为山东省慈善日。“慈心一日捐”已经成为济南市、山东省乃至全国的慈善组织通用的进行募捐活动的有效手段，是推进慈善事业的一个品牌。根据每年的《"慈心一日捐"活动实施方案》，活动时间定为每年5月1日至7月31日。

经过精心策划，省慈善总会在第一时间里通过新闻媒体和网站向社会各界发出为弱势群体奉献爱心的倡议书，并向社会公布捐助24小时热线。积极安排专职人员认真接受社会各界的捐款，并及时通过媒体发布爱心榜，在全省掀起募集善款的高潮。全省各级慈善组织也迅速行动，充分发挥各自优势，多措并举。

一是倡导社会责任意识，激发企业捐助热情。全省热心公益事业的优秀企业率先行动，积极回报社会奉献爱心。二是各市县慈善组织与省慈善总会实行上下联动、统一行动，不断扩大社会募助的覆盖面。各慈善总会在"慈心一日捐"活动中，注重发挥慈善组织的网络作用，每天调度募捐情况，加大劝募力度。慈善网络工作人员深入社区、厂矿、企业、学校、村镇，进村入户募集善款。三是畅通募捐渠道，及时公布善款募集情况。各级慈善组织利用当地新闻媒体、慈善网、板报、墙报等形式适时向社会公布捐款爱心榜，开门纳捐，做到随捐随收，掀起募集善款的高潮。

2. 慈善项目类型多样，活动领域不断扩展

山东慈善总会坚持"党和政府最关心，困难群众最需要"的原则，积极开展社会救助工作，自成立以来，采取全省统一规划、上下联动、分级实施的方法，开展了五大救助工程二十余个救助项目，有力地促进了山东慈善事业的发展和社会的文明进步。山东慈善总会形成的特色品牌工程包括：朝阳助学、夕阳扶老、康复助医、爱心助残和情暖万家。

（1）朝阳助学工程。

救助高考特困新生项目：每年在大学集中录取新生期间开展"心系寒门学子，奉献真挚爱心"慈善助学活动，为高考录取的贫困家庭新生发放助学金。

救助在校特困优秀大学生项目：救助享受最低生活保障金且因特殊原因无力支付学费的城镇居民家庭、经济困难的农村家庭中在高校取得优异成绩的在校大学生，为其发放生活补助。

特殊教育救助项目：以资助孤残弱智儿童教育机构为主，重点扶持有一定规模，社会效益明显的民办机构。

（2）夕阳扶老工程。

社会养老资助项目：为部分敬老院（福利院）的改扩建提供资金援助，完善有关配套设施，改善供养老年人的生活条件。另外，对城乡贫困老年人给予及时救助，帮助其安度晚年。

康老健身项目：为部分欠发达地区敬老院等养老机构配置健身器材，提高老年人的生存质量。

"慈善银屏惠老工程"项目：为没有电视的特困老年人家庭及部分贫困地区五保老人供养机构配置彩色电视机。

（3）康复助医工程。

先天性心脏病救助项目：省慈善总会与济宁医学院附属医院、济南军区总医院、千佛山医院联合，为贫困家庭的先天性心脏病患儿提供资助和手术。

脑肿瘤患者慈善救助工程项目：为部分低保或特困脑肿瘤患者实施享受医保后的全免费治疗。

救助贫困肾衰竭患者血液透析项目：为贫困肾衰竭患者实施血液透析。

（4）爱心助残工程。

微笑列车项目：由美国微笑列车基金会资助，在全省24家定点医院为贫困的唇腭裂患者实施免费矫治手术。

爱心复明项目：为全省贫困的老年性白内障患者免费施行人工晶体置换复明手术。

肢体残疾康复项目：为部分下肢残疾患者免费装配假肢或矫形器，帮助其生活自理并回归社会。

爱心扶助残疾人五小创业项目：扶助贫困残疾人开展"五小"（小按摩店、家电类小维修店、小美发店、小吃店、小裁缝店）创业活动。

（5）情暖万家工程。

特困群众生活补助项目：救助全省城乡中的特困家庭，建立和完善城乡慈善超市，为困难群众实施实物救助。同时支持全省280所慈善超市建设，为贫困群众提供各种救助物品。

救助特困军人家庭项目：省慈善总会和省双拥领导小组办公室联合开展的为驻鲁部队特困军人家庭送温暖的救助活动。

救助特困公安英烈家庭项目：资助公安系统烈士遗属解决教育、生活、就医等困难的活动。

同时全省还使用部分善款，开展救灾及其他定向救助、应急救助项目。

此外，按照与中华慈善总会的合作，山东慈善总会固定开展的项目还有慈善赠药项目，主要包括："格列卫"项目（免费为慢性粒细胞性白血病和胃肠道恶性间质瘤的贫困患者进行药物治疗），"多吉美"项目（免费为晚期肾癌和肝癌患者提供药物治疗），"易瑞沙""特罗凯"项目（免费为非小细胞肺癌患者提供药物治疗），"万他维""全可利"项目（免费为肺动脉高压患者提供药物治疗），"拜科奇"项目（免费为血友病患者提供治疗）。

三、山东省扶贫基金会

（一）组织介绍

山东省扶贫开发基金会（Shandong Foundation for Development of Poverty Alleviation）成立于2016年9月，在山东省民政厅注册，是由山东省扶贫开发领导小组办公室主管的地方性公募基金会。

自成立以来，按照省委、省政府脱贫攻坚工作和乡村振兴工作的战略部署，在省扶贫开发办和省民政厅的支持和指导下，充分发挥公募平台作用、连接社会各方资源、提供优质服务，严格监管社会扶贫资金项目实施，为社会各界参与山东省脱贫攻坚和乡村振兴工作提供了优质的渠道和规范的公益平台。截至2020年底，累计接收社会公益扶贫捐赠资金61701万元，拨付社会公益扶贫资金59691万元，有力地支援了山东省的脱贫攻坚和乡村振兴事业。

（二）内部治理结构

理事会作为最高决策机构，是基金会治理的主体，也是基金会的最高决策机构，它对基金会的使命、资源、监管以及对外沟通负有全部的责任，是基金会公信力和透明度的标志。2018年元月，经所在辖区上级党组织批准，成立了中共山东省扶贫开发基金会支部委员会，由4名正式党员组成。2020年6月，党支部整建制转入解放桥街道党工委。

（三）业务范围

（1）依据《中华人民共和国公益事业捐赠法》接受海内外热心支持山东扶贫开发和乡村振兴事业的政府、组织、团体、企业和个人提供的资金、物资捐赠及技术援助。

（2）按照合法、自愿、有效的原则，通过各种渠道募集扶贫资金、物资等，开展扶贫济困活动，实施乡村振兴项目。

（3）资助欠发达地区、低收入群体进行必要的科研、教育、卫生、环境和文化建设等。

（4）开发、建设公益扶贫和乡村振兴类项目，扶持低收入家庭和人口改善其生产条件和生活条件，促进其素质和能力提高，以达致富小康之目的。

（5）促进欠发达地区与沿海经济发达地区以及海外的联系、交流与培训，为欠发达地区的开发培养和储备人才。

（6）对遭受自然灾害的地区进行紧急救援，减轻灾民的疾苦，实施灾后重建。

（7）为一切关怀、支持和热心扶贫开发及乡村振兴事业的海内外政府、组织、团体、企业和个人开展的公益活动提供优良的咨询、代管和其他服务，开展公益扶贫和乡村振兴项目合作。

（8）积极参与公共事务，自觉承担社会责任，为推进社会公共事务问责制度的建设而努力。

（9）承接"10·17扶贫日"活动等工作。

（10）按照合法、安全、有效的原则，为实现基金的保值、增值而进行的市场化运作和投、融资活动。

（11）按照中华人民共和国国务院《基金会管理条例》和中国人民银行的有关规定，设立人民币账户和外汇账户，实行独立核算，并按照科学、合法、公开的原则对基金的募集和使用进行管理。

（四）项目开展

通过在"全国慈善信息公开平台"网站进行搜索发现，山东省扶贫开发基金会现有慈善项目共计253个，其中已过期的有159个，有效期内的慈善项目有31个，未开始的有63个。项目领域广泛，涉及教育、文化、艺术、扶贫等各个领域。在扶贫及社区发展及教育领域开展项目最多，其次是文化艺术、医疗卫生，31个项目共获募捐善款17113133.77元，其中，扶贫与社会发展领域最多，共计10589791.16元，其次为教育领域的3594469.09元。慈善项目的具体开展情况可以从几个方面把握：

第一，拓展资金募集渠道，为精准扶贫奠定经济基础。首先，成立专项基金，调动企业参与精准扶贫的积极性。2017年以来，基金会先后与企业、其他公益组织等联合发起4个专项基金：圣泉帮帮忙公益扶贫专项基金、乡村振兴（京博）公益扶贫培训专项基金、天使健康专项基金、心脑血管健康专项基金，根据捐赠方的意愿，针对某一区域或者固定领域开展教育、医疗等扶贫开发活动。其次，开展互联网募资，打通募集新渠道。积极探索互联网+公益模式，开辟了腾讯公益平台、蚂蚁金服公益平台等网络募集渠道，全年网络募资324万元。最后，设立办事处，广泛调动社会力量参与扶贫。即在有关市、县成立了基金会办事处，筹集当地社会资金，为当地脱贫攻坚服务。目前，已经成立并运行了菏泽、临沂、泰安、济阳四个办事处，已有超过500家企业通过办事处为所在地精准扶贫提供资金支持，取得了一定成效。2017 年，共募集社会扶贫资金 2.33 亿元，其中待转原始基金 2000 万元、办事处募集 12293 万元、专项基金募集 2303 万元、省管企业定向扶贫资金 5600 万元、其他募资 1104 万元。先后有 500 余家企业、超过 200 万人次通过基金会平台为精准扶贫奉献爱心。

第二，开展系列扶贫救助项目。2020 年度基金会共开展了 5 项公益慈善项目，项目总支出为 92747642.70 元。具体包括产业扶贫、健康扶贫教育扶贫、扶老爱幼等服务领域。在产业扶贫方面，开展"省管企业扶贫项目"，项目本年度收入为 23760000 元，支出为 43808984.47 元，项目资金主要定向用于黄河游区迁建、基础设施建设、美丽村庄建设，在当地产生了明显的示范引导作用，引起强烈反响。在健康扶贫方面，2017 年基金会面向全省开展，贫困儿童先天性心脏病救治项目，得到了山东元邦投资集团有限公司、山东省建设银行等爱心企业、爱心人士的大力支持。在教育扶贫方面，2020 年 9 月，基金会根据捐赠者意愿，先后拨付 160 余万元用于教育扶贫，其中，与临沂市团市委合作，为高考录取的 206 名贫困学生发放 103 万元助学金；为济阳县 100 名贫困学生每人发放 500 元的助学补助；为菏泽市高新区 13 名贫困大学生发放救助金 47830 元；拨付 35 万余元，援建第一书记帮包村聊城莘县郑庄小学。在扶老爱幼方面，2020 年基金会拨付 200 万元，与志愿者、政府部门、社会组织开展"乡村孤老照护"项目，组织志愿者入户复查，与贫困农村地区孤寡老人交流谈心、进行心理疏导，并送去营养品，还帮忙做身体检查等满足基本生活需求和精神慰藉，提高老人生活质量。受他们影响，村里不来往的邻居也被感召，纷纷关注孤困老人。"快乐童年合唱团"项目共支出 688857.94 元，致力于乡村留守儿童和城市流动儿童的儿童素养教育项目，促进留守儿童在团结合作、个人素养、心理健康等方面全面发展。

第三，公益救助方面。联合菏泽市扶贫办，拨付 120 万元为菏泽三区八县 39 万贫困户购置了家庭财产特惠保险，防止贫困户财产损失，贫上加贫，已有遭受火灾的贫困户领到了财产保险，避免了雪上加霜。

第四，加强自身能力建设、扩大基金会品牌影响力。在业务培训方面，加强学习交流，组织工作人员先后到腾讯公益慈善基金会、广东省扶贫基金会等知名公益机构，学习特色公益创新、互联网公益、如何提升公信力等。在制度建设方面，进一步明确工作标准，规范工作秩序。在思想作风建设方面，教育和引导基金会员工认真践行社会主义核心价值观，严格要求，率先垂范，为爱心人士和贫困群众提供服务，并开展好批评和自我批评，不断修正每个人的思想方向，改善每个人的工作方法，促进团队融合。充分发挥好现有的一网、一微、一端、简报、期刊五个宣传阵地的作用，与山东电视台《公益山东》栏目、山东广播电台乡村广播频道建立合作关系，借力发力，扩大基金会品牌影响力。

四、济南慈善总会

（一）组织介绍

济南慈善总会是经市政府同意，社团管理部门批准于 1997 年 4 月 18 日成立的民间非营利性社团组织，具有独立的法人资格，财产和收益不为任何个人谋取私利。组织宗旨：发扬人道主义精神，弘扬中华民族扶贫济困的传统美德，组织并发动社会力量，开展多种形式的社会救助工作，帮助社会上遭遇不幸的个人和特殊困难群体，促进社会的文明和进步。组织任务：立足民政，面向社会，以社会募捐为中心，全面开展社会救助工作。

（二）内部治理结构

济南慈善总会的最高权力机构是会员大会（会员代表会）。理事会是会员大会（会员代表会）的执行机构。在会员大会（会员代表会）闭会期间领导本会开展日常工作。本会设立常务理事会。常务理事会由理事会选举产生（人数不超过理事的1/3），对理事会负责，在理事会闭会期间，行使相应职权。会长办公会由会长、副会长、秘书长组成。会议由会长或会长委托的副会长主持。会议执行会长负责制。本会设名誉会长、副会长、顾问若干名；会长一名；副会长若干名，秘书长一名。会长为本会法定代表人。秘书长在会长的领导下工作。本会设监事会，设监事长一名，监事若干名。监事由会员代表大会选举产生。理事、常务理事、秘书长以上负责人及财务负责人不得兼任监事。监事会任期与会员代表大会任期相同。

（三）业务范围

（1）筹集善款。建立、筹募和管理济南慈善总会的基金及各专项基金；接受自然人、法人及其他组织的捐赠；组织各种形式的募捐活动，为弱势群体提供物质扶助和精神抚慰。

（2）赈灾救助。协助政府开展救灾赈济工作；接收、分配、调拨境内外通过本会捐赠的赈灾款物；生产、储运、发放救灾物资；抚慰救灾勇士。

（3）扶贫济困。组织各种社会活动，扶助弱势群体，开展扶贫救济、抚恤工作。

（4）慈善救助。开展安老、扶孤、助残、助医、助学等各种慈善救助活动。

（5）公益援助。参加和推动文化、教育、卫生等其他社会公益援助事业；组织热心支持和参与慈善事业的志愿者队伍，开展多种形式的慈善公益活动。

（6）交流与合作。总结交流经验，展示工作成就。加强同国内外慈善机构的联系与合作，为在济南市兴办慈善事业的国内外人士、企业及各种机构提供帮助和服务；对特殊贡献者树碑立传；参与市（地）间的慈善援助活动。

（7）经市民政局批准，兴办与宗旨、业务相关的实体和非营利事业单位，筹措慈善资金。

（8）组织慈善宣传，普及慈善意识，进行慈善理论与发展战略研究，探索具有济南特色的慈善事业发展道路。

（9）严格尊重善款捐赠人或单位的捐赠意愿，实施各项活动；加强与市内各公益机构的往来；反映各界人士的意见、建议和要求；为政府制定慈善事业发展规划提供咨询性意见。

（四）项目开展

济南慈善总会自成立以来，创立并实施涵盖扶贫、安老、助孤、助学、助医、助残、救灾7大类共26个慈善项目。全市各级慈善组织已累计募集善款13.5亿元，其中市本级募集3.4亿元。全市累计支出善款11.8亿元，惠及困难群众252万人（次）；市本级累计支出善款3亿元，救助困难群众53.9万人（次），向社会交出了一份厚重而温暖的答卷。

1. 幸福家园

"幸福家园"村社互助工程是中华慈善总会与全国各省市慈善会共同发起、实施的具有平台性质的网络慈善项目，与民政部指定的互联网募捐信息平台"公益宝"合作，实现社会慈善资源的互联互动。经中华慈善总会批准，济南市成功入选首批"幸福家园"村社互助工程试点省市，也成为全国唯一参加试点的省会城市。

"幸福家园"工程试点工作于2020年底正式启动并快速进入实质性运作阶段。2020年底出台了由济南市委组织部等八部门联合印发的《济南市"幸福家园"村社互助工程实施方案》，组织了覆盖全市各区县的专题业务培训活动，编印了《济南市"幸福家园"村社互助工程工作手册》，先期在天桥区进行了试点运作，探索路子、积累经验、完善方案、规范运作，以点带面推动工程顺利实施。

2021年5月11~12日，全市"幸福家园"村社互助工程首批试点村社专题培训会，在珍珠泉礼堂成功举行。全市首批 170 个试点村社的负责人和工作人员，分两期参加了集中专题培训。这标志着济南市"幸福家园"村社互助工程首批试点村社进入实质性运作阶段，也是兑现市政府 2021 年"为民办实事"公开承诺的良好开端。

"幸福家园"项目作为八个部门联合发文推进的"十四五"规划重要项目，具有自身的特点：各级党政领导重视，党建引领就是方向；紧扣项目推进，村组织、组织健全，体制机制跟得上；覆盖全面专业规范的培训机制、咨询服务；渠道多样、督促丰富的促进机制，注重合作，部门之间形成合力，第一书记挂职层级比较高，运用第一书记力量带头组织专业人员进入，效率较高。

目前"幸福家园"项目的推进优势有：第一，项目设计得好，科学、可持续、有序，有群众基础，项目源自群众需要，有内生动力；第二，项目保障好，需要有可持续性，经费可持续性；第三，项目之间相互融合好，幸福家园需要多个项目参与，相互支撑，互相借力，灵活多样，参与积分激励机制，发挥群众力量，一镇一社区一幸福家园；第四，有品牌亮点，结合实际情况，创新思维，典型人物和事例的引领作用。

2. 服务大局，助力打赢"脱贫攻坚战"

济南慈善总会坚持从本源出发，从慈善项目出发，积极组织、持续推进"情暖万家""朝阳助学""夕阳扶老""康复助医""爱心助残"五大品牌救助工程。目前，又在五大救助工程的基础上，结合济南实际，创新开展了"蒲公英爱心行动""牵手关爱行动""慈心爱家""爱心授渔""关爱农民工""慈善进军营""慈心撒博爱、善行唤新生"以及中医保健、肾衰竭患者血液透析救助等一批具有特色的慈善项目。

"情暖万家"工程共支出善款 2697 万元。其中"雪中送炭"项目支出善款 746 万元，救助困难群众 2 万户；"饮水工程"支出善款 573 万元，帮助困难山区农村新打机井 115 眼；修路、修房、亮化等多个项目惠及贫困群众 3.5 万余人。康复助医工程共支出善款 801 万元，为 8400 多名贫困家庭患者解除病痛；支出善款 195 万元，向 3900 位贫困家庭患者发放医疗救助卡。朝阳助学工程共支出善款 2770 万元，救助困难家庭学生 1.53 万余人；为 240 余所贫困农村学校配套完善教学设施。爱心助残工程定期资助社会福利院等 13 所特殊教育机构，协助改善办学条件；为肢体残疾患者安装假肢、配备轮椅等支出善款 471.96 万元。夕阳扶老工程帮助县（市）区慈善老年公寓和敬老院修缮房屋，实施亮化工程，完善配套设施，改善生活环境，配备慈善助老车、科研护理床、轮椅、电器及文化设施等，共支出善款 1448 万元。"蒲公英爱心行动"共支出善款 123.99 万元，资助济南市偏远地区 50 余所幼儿园和学校；联合市关工委、团市委启动了"牵手关爱行动",对6~14岁农村留守儿童进行心理辅导和生活帮扶。"慈心爱家"项目针对贫困家庭妇女"两癌"等重大疾病患者实施救助,共支出善款219万元,救助病患妇女346人。"爱心授渔"项目为全市城乡贫困家庭辍学子女进行就业培训,对市技师学院贫困家庭学生进行帮扶,共支出善款16.12万元,帮扶困难家庭学生37人次。"关爱农民工"项目累计发放价值30.8万元的衣物1.6万件,日常性救助支出5万余元,惠及8000余人(次)。"慈善进军营"项目对济南市辖区内困难军人家庭给予定向救助,共支出善款202.4万元,救助困难军人645名。"慈心撒博爱、善行唤新生"项目针对困难服刑人员及特困服刑人员家庭进行特别救助,共支出善款80.11万元,救助服刑人员1900余名。

除上述集中、定向救助项目外,济南慈善总会还根据实际情况开展了"慈善进城管、情系环卫工""扬帆工程""光明工程"等多种慈善活动,全方位、多层面、立体化地将需要帮扶的困难群众涵盖其中,受到了社会的广泛好评。

3."精准扶贫慈心一日捐"

"慈心一日捐"项目自1997年设立以来,目前已累计募款2.39亿元。作为济南慈善开展时间最长、影响力最大、生命力最强的品牌项目,"慈心一日捐"已深度融入济南市民的生活理念与生活方式,成为济南慈善当之无愧的样板。组织开展"慈心一日捐"等慈善项目是为精准扶贫奠定物质基础,而大力推进慈善文化、培育慈善意识、宣传慈善典型,则是弘扬社会主义核心价值观、全面提升慈善事业发展水平的精神支柱。

济南慈善总会专门召开部分驻济新闻媒体交流座谈会,协调与推动"慈心一日捐"宣传周活动。充分发挥广播、电视、报刊、网络等传媒作用,通过多种形式广造声势,增强意识,充分调动各级政府、社会组织、爱心企业与爱心人士的慈善力量,激发自觉投入、乐于奉献的慈善热情,形成了全市联动、全民参与的慈善募捐新局面。"慈心一日捐"宣传周期间,在全国各大新闻媒体集中报道稿件90余篇,形成了强劲的宣传势头。

五、烟台市慈善总会

(一) 组织介绍

烟台市慈善总会(以下简称"市慈善总会")是依法管理和使用海内外组

织及个人自愿捐赠或资助的财产的非营利性组织，依法登记注册，具有独立法人资格。市慈善总会（Yantai Charity Federation，YTCF）现有创始会员 275 名（其中单位会员 62 名，个人会员 213 名），理事 91 名，常务理事 40 名。烟台市慈善总会 2016 年底经烟台市社会组织管理局专家组的审核，认定总会基础条件完善、内部治理规范、工作绩效突出，诚信建设成效显著，以 991 分的高分获得 AAAAA 级社会组织。市慈善总会于 2017 年 6 月成为烟台市首家也是目前唯一一家具有公募资质的慈善公益组织。

市慈善总会宗旨：发扬人道主义精神，弘扬中华民族的传统美德，发动和依靠社会各界力量，联系国内外慈善组织和知名人士，筹募慈善资金，开展社会救助，扶助困难群体，发展慈善事业，促进社会文明。

（二）内部治理结构

总会的最高权力机构是会员代表大会，执行机构为理事会，办事机构为慈善总会办公室，办公室为全额拨款的事业单位。

资产来源：国内外企事业单位、社会团体和个人的捐赠、赞助；会员会费；政府和有关部门的资助；创始资金母本、捐赠资金增值部分；在核准的业务范围内开展活动或服务的收入；市慈善总会的其他合法收入。

市慈善总会资金、物资的使用原则：慈善款物必须坚持专款（物）专用，重点使用的原则。定向捐赠款按捐赠者意向使用，非定向捐赠款统筹安排于资助项目，任何组织和个人不能截留或改变用途。慈善款物的接收和使用接受审计机关的审计，并向社会公布使用情况，接受社会监督。适用范围：开展安老、慈孤、扶残、助学、济困、赈灾等救助活动；根据捐赠人意愿实施的慈善项目；资助符合市慈善总会慈善事业宗旨的其他有关慈善救灾助困活动；救助项目管理费用；捐赠款利息、会费、政府和国内外社会团体、个人的专项捐赠以及其他合法收入可作为办公经费。

市慈善总会财务管理：市慈善总会办公室负责募集资金和物资的接收、使用和管理工作；每项款物分别设置总账和分户明细账，以原始凭证、记账凭证登记入账。市慈善总会设置会计、出纳各一人，物资多时可设保管一人；严格款物登记、保管交接、审计制度。管理资金、物资的各个环节，必须做到单据齐全、手续完备、账目清楚、发放款物必须有据有证；严格按照国家有关规定管理账务，每年三月底前向理事会报告当年收支执行情况和财务报表；委托市慈善总会组织实施的定向捐款的使用执行情况，应及时向捐赠者反馈；不定期向社会公布资金、物资的收支情况，接受社会监督及政府主管部门的财务、审计监督检查。

市慈善总会财务监督：市慈善总会设立监事会，监事会设监事长一名，监事若干名。监事会组成人员由市业务主管部门与捐赠人代表协商推举产生，其主要职责是对慈善款（物）的募集、管理、使用、增值等活动进行监督；市慈善总会接受捐赠人对资金的使用和管理情况进行查询和监督；市慈善总会定期向社会公布资金收支情况，接受社会各界的监督，并在新闻媒体中和社会上聘请监督员，建立健全监督网络，完善社会监督机制。

（三）业务范围

（1）根据《中华人民共和国公益事业捐赠法》和国务院《基金会管理条例》的规定，接受海内外社会各界的慈善捐赠，按捐赠人的意愿和本会宗旨，兴办和资助各项社会慈善公益事业，募集、管理、使用本会资金。

（2）组织开展赈灾救难、扶贫济困的社会救助活动，包括安老、慈孤、扶残、助学等救助活动。

（3）组织热心支持和参与慈善事业的义工队伍，开展多种形式的慈善公益活动。

（4）加强同海内外慈善组织的交流与合作，为海内外投资本市慈善设施者提供咨询和服务。组织开展慈善团体、友好人士的交流合作。

（5）协调和指导本市各慈善团体活动，促进地方慈善事业的发展。

（6）承办政府委托的慈善服务事宜和其他方面的相关业务。

（四）项目开展

烟台市慈善总会在慈善捐赠和慈善救助领域开展了形式广泛的慈善项目，在慈善捐赠方面，设立和开展个人（家庭）冠名基金、企业冠名基金、慈善捐款箱、义演义卖等多样化的慈善捐赠项目和方式。在慈善救助方面，设立了慈善爱心桥救助、突发性困难救助、爱心复明救助、红苹果儿童慈善救助、关爱生命慈善行动救助、肾友中心救助等内容广泛、意义重大的慈善项目。

慈善爱心桥救助项目。该项目由烟台市慈善总会和烟台日报共同设立，求助对象为本市低保家庭或低保边缘家庭成员，身患尿毒症（透析或换肾）、白血病、再生障碍性贫血、红斑狼疮、少儿先天性心脏病等疾病，年内个人负担医疗费 3 万元以上且无力继续治疗。对此，通过烟台晚报公示一周后，烟台市慈善总会一次性救助 5000 元。

突发性困难救助项目。为进一步完善城乡社会救助制度，保障烟台市居民的基本生活权益，制定突发性困难救助项目。救助对象为本市低保家庭或低保边缘家庭成员，在 6 个月内因遭受意外事故或重大突发疾病个人负担医疗费或家庭损失 3 万元以上。对此，烟台市慈善总会一般救助 0.5 万~1 万元，特别困难的救助 1 万~3 万元。

六、烟台市红十字会

（一）组织介绍

1904 年，日俄战争期间烟台发起红十字运动。1920 年夏，龙口红十字会成立。1930 年，长岛、黄县、威海等地相继建立红十字会组织。1957 年 9 月 21日，由原中共烟台市委文教部批准成立烟台市红十字筹备委员会，下设办公室。1963 年 3 月 20 日，原烟台市红十字会正式成立。通过《烟台市红十字会章程（草案）》。1967 年，原烟台市红十字会因"文革"停止工作。1981 年 9 月 3日，原烟台市政府决定恢复烟台市红十字会。1984 年 2 月 27 日，烟台市芝罘区人民政府办公室发文将原烟台市红十字会更名为烟台市芝罘区红十字会。1985年，烟台市政府批复成立烟台市红十字会办公室，性质为科技事业单位，由市卫生局领导，编制 3 人。

2004 年，烟台市编制委员会发文（烟政编〔2004〕4 号）将烟台市红十字会管理体制由市卫生局领导调整为市政府领导联系，确定市政府分管领导兼任会长，配备副县级常务副会长，编制 6 人，内设办公室，秘书长兼办公室主任。2005 年机构和人员全部从卫生局理顺分离出来。市委、市政府和相关部门对红十字会给予高度重视和支持，全社会参与红十字事业的意识不断提高，烟台市的红十字事业进入高速发展的时期，部分县市区红十字会相继独立。

（二）内部治理结构

会员代表大会是红十字会的最高权力机关，产生红十字会理事会和监事会，理事会在会员代表大会闭会期间执行其决议，并接受监事会的监督。常务理事会对理事会负责并接受其监督，同时接受监事会的监督。常务理事会由理事会选举产生的常务理事组成。执行委员会是理事会的常设执行机构，由驻总会的专职常务理事组成，向理事会负责并报告工作，接受监事会的监督。建立理事会决策、执委会执行、监事会监督的治理结构。监事会由会员代表大会选举产生，向会员代表大会负责并报告工作，接受其监督。

（三）业务范围

（1）开展救援、救灾的相关工作，建立红十字应急救援体系。在战争、武装冲突和自然灾害、事故灾难、公共卫生事件等突发事件中，对伤病人员和其他受害者提供紧急救援和人道救助。

（2）开展应急救护培训，普及应急救护、防灾避险和卫生健康知识，组织志愿者参与现场救护。

（3）参与、推动无偿献血、遗体和人体器官捐献工作，参与开展造血干细胞捐献的相关工作。

（4）组织开展红十字志愿服务、红十字青少年工作。

（5）参加国际人道主义救援工作。

（6）宣传国际红十字和红新月运动的基本原则和日内瓦公约及其附加议定书。

（7）依照国际红十字和红新月运动的基本原则，完成人民政府委托事宜。

（8）依照日内瓦公约及其附加议定书的有关规定开展工作。

（9）协助人民政府开展与其职责相关的其他人道主义服务活动。

（四）项目开展

近年来，烟台市红十字会自主以及配合中国红十字会开展了一系列公益项目。配合中国红十字会开展的公益项目有：

成长天使基金救助项目（贫困矮小患者、小胖威利综合征患者）。"成长天使基金"是为推动全社会关注青少年儿童生长发育问题，让每一个孩子健康成长，提高青少年儿童身体素质而推动设立的专项公益基金，是中国红十字基金会倡导实施的"红十字天使计划"的组成部分。

徐荣祥再生生命公益基金救助项目（烧伤、创疡困难患者）。中国红十字基金会"徐荣祥再生生命公益基金"（以下简称"基金"）是由中国红十字基金会（以下简称"中国红基会"）及北京美宝烧伤创疡研究所有限公司倡导发起，在中国红基会的管理下，为纪念徐荣祥教授，传承和发展其发明的先进科学技术及救死扶伤的精神，发挥人体再生复原科学的先进生产力作用，救助更多需要帮助的人，推动我国现有生命科学及烧伤创疡医疗技术事业的全面发展的专项公益基金。

爱婴室母婴关爱基金救助项目（重症妈妈及重症孩子）。中国红十字基金会爱婴室母婴关爱基金是由上海爱婴室商务服务股份有限公司捐款发起，联合中国红十字基金会（以下简称"中国红基会"）共同设立，致力于改善中国贫困母婴生存境况、关注和保护其生命与健康的专项公益基金，是中国红十字基金会倡导实施的"红十字天使计划"的重要组成部分。

合生元母婴救助基金救助项目（重症母婴）。中国红十字基金会——合生元母婴救助基金是由中国红十字基金会倡导实施，并联合广州市合生元生物制品有限公司共同设立的旨在救助贫困重症母婴（妈妈和孩子）的专项公益基金，是中国红十字天使计划的重要组成部分。

幸福天使基金救助项目（0~6岁病贫婴童）。幸福天使基金是在中国红十字会总会指导下，由中国红十字基金会、贝因美集团、索贝国际机构共同发起，为救助0~6岁病贫婴童而设立的公益基金。

天使明心基金救助项目（先天性心脏病及心脏瓣膜病）。中国红十字基金会"天使明心基金"是由中国红十字基金会及无锡明心心脏病救助基金会倡导发起，在中国红十字基金会的管理下，专项用于对贫困家庭的先天性心脏病及心脏瓣膜病患者进行医疗救助，推动基层医疗事业发展的专项公益基金。

东方天使基金救助项目（重型再生障碍性贫血儿童）。"东方天使基金"是中国红十字基金会倡导实施的"红十字天使计划"的重要组成部分，是为广泛动员社会力量，专项救助贫困家庭重型再生障碍性贫血儿童而设立的公益基金。

嫣然天使基金救助项目（唇腭裂患者）。中国红十字基金会嫣然天使基金（以下简称嫣然天使基金）是由李亚鹏、王菲夫妇捐款发起，在中国红十字基金会的支持和管理下，为救助唇腭裂等先天性疾病患者为主而设立的专项公益基金，是中国红十字基金会倡导实施的"红十字天使计划"的重要组成部分。

烟台市自主开展的项目有：

白血病患儿救助项目（小天使基金），用于资助0~14周岁贫困家庭白血病患儿医疗救治。每例救助3万~5万元。截至2019年4月，已救助184人，发放救助金600多万元。

先天性心脏病儿童救助项目（天使阳光基金），用于资助0~14周岁贫困家庭先天性心脏病患儿医疗救治。每例救助0.5万~3万元，截至2019年4月，已救助23人，发放救助金30多万元。

白内障患者手术复明救助项目（光明行动基金），资助贫困患者进行白内障手术。

造血干细胞捐献者关爱救助项目，救助因病、因伤、因灾致贫的成功实现造血干细胞捐献的志愿者困难家庭。

遗体角膜器官捐献者家庭关爱救助项目，救助因病、因伤、因灾致贫为低保户、低保边缘家庭或建档立卡贫困户的实现遗体（角膜）、器官捐献的志愿者家庭。

"救"在身边——应急安全公益救助项目,筹募款项为人员密集场所购置配备 AED 设备,提高应急救护保障能力。

博爱基金,用于开展博爱送温暖等临时性关爱困难群众项目。

救灾储备项目,募集救灾物资,如帐篷、棉被、折叠床、家庭急救包、移动厕所等应急救援物品,用于灾害和突发性公共事件的应急救助。

七、山东大学教育基金会

(一) 组织介绍

山东大学教育基金会为民政部门认证的 AAAAA 级基金会(Shandong University Education Foundation,SDUEF)。属于非公募基金会。FTI 中基透明指数连续六年满分,是代表山东大学接受海内外捐赠并管理捐赠资金的官方机构。基金会植根于中国近代高等教育的起源性大学——山东大学的深厚沃土之中,秉承"为天下储人才,为国家图富强"的宗旨,以全领域的支持模式,在育才、敬贤、求真、尽善等方面支持山东大学人与科研共进,回应社会问题和人类长远发展挑战。基金会以"为天下储人才,为国家图富强"为愿景;以"全面支持和推动山东大学的教育事业发展"为使命。基金会坚持中国共产党的全面领导,根据中国共产党章程的规定,设立中国共产党的组织,开展党的活动,为党的组织的活动提供必要条件。基金会的业务主管单位是山东省教育厅,登记管理机关是山东省民政厅,本基金会接受登记管理机关、业务主管单位的业务指导和监督管理。

(二) 内部治理结构

基金会由 5~25 名理事组成理事会。本基金会理事每届任期为 5 年,任期届满,连选可以连任。基金会的决策机构是理事会。理事会每年召开 2 次会议。理事会会议由理事长负责召集和主持。有 1/3 理事提议,必须召开理事会会议。如理事长不能召集,提议理事可推选召集人。本基金会设监事 2 名。监事任期与理事任期相同,期满可以连任。基金会日常办事机构是秘书处,下设资源拓展部、项目管理部、品牌运营部、资金运作部、综合管理部。

(三) 业务范围

根据《山东大学教育基金会章程》,基金会业务范围包括:

（1）支持山东大学教学与科学研究设施的改善（包括仪器设备、图书资料和除职工宿舍外的建筑物等）。

（2）资助山东大学教学与科学研究项目的开展及专著出版。

（3）支持山东大学人才引进，资助聘请世界知名学者来校讲学。

（4）资助与山东大学有关的国际合作项目的开展和国际学术会议。

（5）设立奖学金、助学金及奖教金。

（6）资助有益于学生综合素质拓展的各项活动。

（7）按照捐赠者意愿设立的资助项目。

（8）支持、投入与山东大学教育事业有关的其他公益项目。

（四）项目开展

基金会成立以来，围绕学生培养、教师发展、学科建设、校园建设、科研公益、学院项目等领域，开展一系列富有价值和成效的特色项目。

学生培养。以"为国育才，铸就梦想"为愿景和使命，围绕"立德树人"办学宗旨，设立全方位、多层次的奖学、助学体系和创新发展项目，扶持学子成长。设立一系列相关项目：

（1）新百年奖学金工程。以奖励优秀的本硕博在校学生为主要形式，以学科覆盖面均衡、设奖类型丰富为特点。旨在培育最优秀的本科生、最具创造力的研究生和拥有国际竞争力的高素质人才。更多元、更全面、更开阔，您的支持将提升山东大学学生培养工作水平，为培育未来英才提供充足的保障与动能。

（2）助困保障工程。为保证家庭经济困难学生顺利完成学业，山东大学通过学校、校友和社会各界爱心人士共同出资，建立了相对完善的学生资助体系，成为帮助家庭经济困难学生完成学业的重要渠道。在山东大学，以济南校本部本科生为例，2020 年家庭经济困难学生占总体在校生的 16.77%，获得校设社会助学金的困难学生占家庭经济困难学生比例为 17.24%（其他经济困难学生通过国家层面资金支持）。除此之外，学校每年都有学生因突发性变故、重大疾病以及严重意外伤害及自然灾害等情况突陷困境。

雪中送炭，解危济困，成才保障，播种希望。您的支持将为家庭经济困难学生提供助力与保障！

1）紧急救助基金。雪中送炭，解危济困，为身患重病或遭遇意外伤害的学生点亮生命微光。

2）雄鹰计划。雄鹰计划旨在扶助家庭经济困难学生顺利完成学业，鼓励青年学子建设祖国，支持学子如雄鹰一样心无后顾之忧、展翅自由翱翔。

（3）多彩校园。育综合素质，练过硬本领，鼓励学子在德、智、体、美、劳方面提升自我，探索世界。

1）体育发展基金。

支持学校学生体育活动的开展，强健身体，培养体育精神。支持相关体育建设，如体育场馆及各种公共体育设施、教学用体育设备及各类体育用品建设。

2）美育发展基金。

支持学校学生美育活动的开展，提升学生的美育素养。支持相关美育建设，如音乐厅、美术厅、舞蹈室等的建设及提供美育相关的教学、活动器材等。

3）劳育发展基金。

支持学校学生劳育活动的开展，提升学生的劳动意识。

4）优秀研究生教材出版基金。

设立"百年山大路，研院书香浓"研究生优秀教材出版基金，该系列图书主要包括研究生智慧公共课、研究生教育教学专著、研究生精品专业课集群等类型图书的出版。

5）青岛校区书院发展基金。

用于书院博雅讲座、特色活动、场所设备支持，导师育人奖励，为探索书院发展、书院学院双院制育人模式提供资金支持。

教师发展。以"以引育海内外优秀师资为目的，建立多层次、多元化人才发展和激励基金，支撑学校人才体系建设"为愿景和使命，设立一系列相关项目。

（1）专项博士后资助项目。

项目背景：近年来，国家高度重视科技事业发展和科技创新能力提升，加强专职科研队伍及博士后队伍建设，成为提升科技创新能力、增强学术竞争力的重要抓手，是地方政府、高校和科研机构队伍建设的关注重点。学校现在正处于事业发展的快车道，博士后队伍成为学校推进一流大学建设进程、实现学校"由大到强"的历史性转变的科研生力军，为学校学科建设、学术研究和科技创新提供人力资源支撑。

预期目标：设立专项博士后资助项目，吸引海内外优秀青年学者加盟，着力培养一批学术骨干和青年学术带头人，为全面落实国家创新驱动战略、推进学校世界一流大学建设提供有力的人力资源支撑。

（2）"融创新星"专项校企联培博士后计划。

项目背景：博士后队伍建设是培养青年高层次科技人才的重要渠道，是促进融合创新的重要抓手，是拓展深化校地校企合作、服务国家与地方发展战略的重要切入点。为进一步培养博士后解决社会、企业实际需求能力，促进科技成果转化，汇聚多方资源，集中优势力量，打造一支复合型、创新型、应用型博士后队伍，提升学校服务企业、服务社会、服务国家成效，特设立"融创新星"专项校企联培博士后计划。

预期目标：围绕国家"十四五"规划重点方向及地方发展战略重要内涵，聚焦企业在实际经营过程中出现的技术难题与发展瓶颈，结合学校 120 年校庆契机，深化校地校企合作，充分发挥学科优势，有针对性地帮助企业攻克技术难关，解决实际需求，培养高层次科研人才，推进产学研融合，实现校地校企共融共建，共创共赢。

（3）青年人才资助项目。

项目背景：科技的未来在青年，高校是青年科技人才培养的摇篮，是科技创新的沃土，青年人才队伍发展是教师队伍可持续发展的基础，是队伍保持创新活力的重要能量来源。在青年人才科研教学发展的关键阶段给予特殊支持，能够激发青年人才的创造活力，从而产出更多的科技成果。随着近年青年人才引育力度的不断加大，青年人才队伍也在逐步壮大，希望借助青年人才资助项目获得一定的经费，支持青年人才引进和培养工作。

预期目标：通过给予重点学科、重点发展方向的青年人才配套支持，通过 5 年管理期内的培养入选国家级人才项目。

（4）冠名兼职讲席教授、特聘教授项目。

项目背景：冠名兼职讲席教授、特聘教授项目可通过多样化的经费来源，创新人才引进机制，推进顶尖人才队伍建设，加大柔性引才力度，打造一流师资队伍。随着学科交叉研究的不断深入，科研组织形式也在进一步多样化，大平台的组建，大项目的启动，需要各种类型的人才加入。柔性顶尖、领军人才的引进对于特定学科的规划及人才团队的组建具有重要作用。

预期目标：通过 3 年的时间，给予 90 位兼职讲席和兼职特聘教授薪酬配套支持。一方面借助兼职讲席和兼职特聘教授的学界知名度扩大冠名企业的市场影响力，另一方面可以提高人选的薪酬待遇，具有学科针对性的冠名还可以在一定程度上促进产学研的合作。

学科建设。围绕"学术振兴，求真务实"的使命和愿景。丰富学科发展资金渠道，设立专项建设、扶持基金，促进新兴、交叉学科建设，助推基础应用研究。开展系列项目：

（1）大学科集群建设。

围绕中国特色、世界一流建设目标，推进融合发展战略，实施"学科融合创新计划"，瞄准国际学术前沿，锚定国家战略和经济社会发展关键领域，聚焦国家基础理论弱项和技术创新短板，着力强化学校学科优势特色，重点布局建设 11 大学科集群，超前谋划具有战略意义的新兴交叉学科，推动学科更新换代和学科现代化；重构教学科研组织体系，创新管理运行机制，破除学科壁垒和行政壁垒，大力推动学科交叉创新；集中配置办学资源，着力推进各学科要素一体化重点建设，搭建一批高层次重大创新平台，汇聚一批高水平创新团队，建成一批世界一流的高峰学科和顶尖学科，打造汇聚融合交叉创新的现代化学科体系。

（2）重点实验室建设。

实验教学是提升学生实践能力，培养新型创新人才的重要组成部分，高质量的实验室是高质量实验教学的重要保障。山东大学一贯坚持开门办大学，紧紧围绕服务国家创新驱动发展战略，积极探索学校与各类社会主体合作关系，汇聚优势资源，在实践基地建设、实验室建设、课程教材建设、科技合作开发、创新创业教育等方面深化合作。社会各界对山东大学实验室建设给予了持续关注，并开展了深度合作，联合共建了一批高质量实验室，有效促进了学校深化教育教学改革，实现了合作共赢。

八、山东省教育基金会

（一）组织介绍

山东省教育基金会（以下简称基金会）是由山东省财政厅、山东省教育厅联合筹资发起，经山东省民政厅批准依法注册登记、具备法人资格的公募基金会，于2007年1月19日正式成立。2016年7月被山东省民政厅评为AAAAA级社会组织。基金会具有公益性捐赠税前扣除资格，也是山东省社会组织管理局全省首批颁发《基金会法人登记证书（慈善组织）》和《慈善组织公开募捐资格证书》的基金会。

基金会宗旨是：汇关爱，助杏坛，济贫困，树重教风尚，建和谐教育。主要开展助学、助教，改善办学条件及其他有关教育公益活动。

基金会主要开展的公益项目有"三育资助工程""农村中小学送温暖工程""关爱一对一结对帮扶活动""爱心助学行动——精准扶贫项目""'我和你——爱的和声'音乐教育助学活动"以及各类专项基金项目。

（二）内部治理结构

基金会由5~25名理事组成理事会。还可根据捐资情况和工作需要设若干名誉职位。基金会理事每届任期为五年，任期届满，连选可以连任。基金会的决策机构是理事会。基金会设立监事会，由三名监事组成，监事任期与理事任期相同，期满可以连任。监事会设监事长一名，监事长由全体监事过半数选举产生或罢免。山东省教育基金会日常办事机构为秘书处。秘书处负责落实教育基金会理事会决定的事项；按照教育基金会章程要求规划并实施各类公益项目；完成登记管理部门、业务主管单位和理事长交办事项；协调处理好内部外部的关系。秘书处下设办公室、募资部、资助部、财务部。

（三）业务范围

（1）负责对国家机关、企事业单位，国内外社会各界和个人自愿捐赠的资金和物资进行筹集、管理和使用。

（2）资助家庭经济困难学生完成学业，救助贫困教师，奖励优秀教师和学生。

（3）扶持薄弱学校改善办学条件，资助符合山东教育发展规划和目标的教育教学改革、教育科研、师资培训等项目。

（4）接受政府指定开展德育教育事业相关的各类资助项目。

（5）积极推动社会各界关心支持教育，营造慈善文化氛围，奖励尊师重教的先进单位和个人。

（6）接受委托管理其他基金机构用于山东教育事业的资金。

（7）章程规定的其他活动。

（四）项目开展

1. 润雨计划

2012 年，为解决山东省农村中小学校舍夏季受灾的救助问题。教育基金会积极筹措基金开展救助工作。运作方式：山东省教育基金会积极向中国教育发展基金会申请给予紧急救助。开展情况：中国教育发展基金会向山东省教育基金会拨款专项资金 600 万元人民币，已用于支持因遭受强风暴雨灾害受损的德州市、潍坊市和枣庄市中小学校舍的恢复重建和维修维护。成果：因遭受强风暴雨灾害受损的德州市、潍坊市和枣庄市中小学校舍的恢复重建和维修维护工作已经全部完成，各中小学校现已恢复正常。

2. 安全知识进校园图书下乡

出于农村中小学经费困难等原因，部分学校文化生活相对落后，为改善农村中小学书籍匮乏的现状，满足学生读书、读好书的愿望，特此展开本次活动。运作方式：经山东省教育基金会号召，山东人民出版社、山东省新华书店等 14 家出版发行单位积极响应。开展情况：在 2009 年"六一"儿童节来临之际，省教育厅和省教育基金会联合向省内各出版社发出为农村学生奉献爱心、无偿捐赠图书的倡议，山东人民出版社、山东省新华书店等 14 家出版发行单位积极响应，主动向山东省枣庄、菏泽、滨州、聊城、临沂、德州六市农村中小学校无偿捐赠图书。成果：活动最终捐赠 35 万余册图书，价值 506 万元，改善了部分农村学校无图书的现状。

3. 农村中小学送温暖

近年来，在各级政府和财政部门、教育主管部门的大力支持下，山东省农村中小学校舍建设得到很大发展，但是由于山东省经济发展不平衡和地域性限制，目前仍有部分农村中小学冬季取暖设施简陋落后，不少学校还是以烟煤或蜂窝煤火炉取暖，有的甚至没有安全炉具。因此，为了促进山东省农村中小学冬季取暖设施建设，让学生温暖、安全过冬，山东省教育基金会携手山东得象电器科技有限公司联合启动山东省农村中小学送温暖工程，为山东省部分贫困地区中小学安装碳晶电热板取暖器。运作方式：项目所需资金，一是募集和自筹，二是争取省财政有关方面资金，三是申请中国教育发展基金会专项资金以及有可能争取的各类资金。最终，基金会向中国教育发展基金会申请专项资金200 万元，争取省财政厅资金 20 万元，山东得象电器科技有限公司无偿捐赠市场价值约 100 万元的"得象"碳晶电热板，剩余资金基金会面向社会各界广泛募集和自筹送暖基金。开展情况：活动首批确定为临沂、潍坊、德州的百所中小学安装。2013 年 11 月开始实施，12 月底之前完成。成果：最终，临沂受捐助小学 37 所、德州 31 所、潍坊 34 所，共受益学生人数 158215 人次，安装教室间数 3515 间。

4. "关爱一对一"结对帮扶公益慈善活动

"关爱一对一"结对帮扶活动于 2011 年正式启动，旨在搭建平台，倡导、促成社会爱心人士与家庭贫困少年儿童结成一对一的资助关系，在生活上为这些孩子提供物质帮助，在精神上给予他们关爱与鼓励。运作方式：各市县教育局和学校每年组织调查家庭困难学生情况，并统计上报基金会，由基金会通过网站等媒体向社会发布，征集社会爱心人士开展一对一资助。为确保活动开展得规范有序、公开透明，基金会制定了"实施流程""活动问答"，就资助流程、资助形式、资助时间、资助标准等方面作了解释和规定。开展情况：基金会持续开展"关爱一对一"结对帮扶公益慈善活动，得到了社会良好反响，不仅为社会爱心人士与贫困儿童之间搭起了牵手的纽带，成为民间公益爱心传递和感情交流的结对帮扶平台，而且由于运作机制公开透明，资助方式与金额方便灵活，受到广大社会爱心人士的欢迎。基金会每年携手社会爱心人士赴全省各地开展"关爱一对一"爱心人士与受助学生见面会，场面温馨感人。成果：截至 2015 年底，"关爱一对一"活动已募集资助款 59.12 万元，资助学生 672 名。

5. "三育资助工程"

"三育资助工程"是山东省教育基金会（以下简称基金会）资助家庭经济困难学生的一项工作，是基金会创立的公益服务品牌。其中包括育英资助工程，资助大学生；育才资助工程，资助中学生（包括中等职业学校学生）；育苗资助工程，资助小学生。运作方式：中小学生的资助，由中小学校提出名单、填表报市、县（区）教育局审定；大学生的资助，由各高等院校提出名单、填表并初步审核，报基金会审定。开展情况：自活动开展以来，基金会对家庭经济困难学生，平等相待，尽力资助。其基本标准，每生每年中、小学生 500~800 元、大学生 500~2000 元。基金会明确要求，要认真调查了解家庭经济贫困学生的具体情况，客观公正地确定受助学生名单，一定要把好事办好。同时，保证将资助资金及时发放到每一个受助学生手中。成果：八年来共拨付资助资金 2.65 亿元。共资助大中小学生 29 万余人次，资助教师 1056 人次。

6. 3D 打印机赠送活动

为助力山东省中小学生创新能力培养，营造创新教育环境。基金会与山东腾信教育科技有限公司联合开展全省中小学 3D 打印机赠送活动。活动初步拟定捐赠 3D 打印机 1000 台、《中小学创新设计软件》1140 套，软件按 1：10 比例配送。已给 78 所 3D 创新工作室试点学校捐赠约合价值 729 万元的 3D 打印机。

7. 爱心扬帆工程——在校优秀特困大学生资助项目

为深入贯彻落实《省委办公厅　省政府办公厅关于加快慈善事业发展的意见》，帮助家庭困难的大学生完成学业，2015 年，山东省教育基金会联合省慈善总会、省慈善总会高校分会等发起"爱心扬帆工程"——在校优秀特困大学生资助项目。活动资助对象为全省普通高等学校中家庭经济特别困难，品学兼优的全日制大学生，资助标准为每人资助 1000~2000 元。山东省教育基金会拨付资金 150 万元，资助学生约 1.5 万人次。

九、山东省老龄事业发展基金会

（一）组织介绍

山东省老龄事业发展基金会成立于 1988 年 5 月，是经省委、省政府同意，省民政厅批准登记的具有社会法人资格的公募性基金组织，为公益性捐赠税前扣除资格单位，2018年被省民政厅认定为慈善组织。

基金会的宗旨和任务是：遵守国家法律、法规，弘扬尊老、敬老、爱老、助老传统美德；动员社会力量，募集社会资金，争取省内外以及境外有关机构、团体、人士对山东省老龄事业给予支持和帮助；协助政府积极推动养老服务、老年福利、老年救助、老年医疗保健、老年护理、老年文化体育教育、老年心理关爱、老有所为等老龄事业和产业的发展，促进与港、澳、台及海外友好组织、团体、人士的合作与交流。

基金会自成立以来，秉承"聚善载德，大爱惠老"的工作理念，在党和政府的亲切关怀和主管登记部门以及涉老部门的指导下，得到社会各界的大力支持，经过各界理事会领导和全体理事的共同努力，基金会各项工作得以顺利开展，并取得了较好的社会影响和社会声誉。先后开展了"沂蒙老功臣爱心护理工程""致敬抗战老兵""关爱失能老人""陪伴精灵温暖老人""致敬抗疫英雄""老朋友健康大讲堂""老朋友新春嘉年华""《金色芳华·山东老年人健康生活宝典2020》发布""寻访老英雄"纪录片拍摄等一系列活动。

（二）内部治理结构

基金会由15~25名理事组成理事会，基金会理事每届任期为5年，任期届满，连选可以连任。基金会的决策机构是理事会。理事会每年召开2次会议。理事会会议由理事长负责召集和主持。有1/3理事提议，必须召开理事会会议。如理事长不能召集，提议理事可推选召集人。基金会设监事会，监事3名。监事任期与理事任期相同，期满可以连任。理事会设理事长、副理事长和秘书长，从理事中选举产生。基金会理事长、副理事长和秘书长由中国内地居民担任。本基金会的理事长、副理事长、秘书长每届任期与理事会届期相同，连任不超过两届。因特殊情况需超届连任的，须经理事会特殊程序表决通过，报业务主管单位审查并经登记管理机关批准同意后，方可任职。基金会理事长为基金会法定代表人。本基金会法定代表人不兼任其他组织的法定代表人。

（三）业务范围

（1）组织开展各种形式的募捐活动，接受省内外以及境外法人、自然人和其他合法组织的捐赠，建立、管理和使用本会各项基金、物资。

（2）根据社会发展和老年人的需求，创办和资助老龄事业和产业项目。兴办或合作兴办养老院、托老所、老年病医院、居家养老服务机构，老年文化体育活动机构、老年大学、养老服务从业人员培训机构、老年人才交流机构、老年文化体育团（队）等企业和民办非企业机构。

（3）组织开展和资助推动老龄事业发展、提高老年人生活生命质量的各项公益活动。

（4）救助贫困老年人。

（5）奖励为老龄事业做出突出贡献的单位和个人。

（6）组织开展有关老龄事业的国内外合作、交流活动。

（四）项目开展

1. 老朋友健康大讲堂项目

"老朋友健康大讲堂"项目是由山东省卫健委老龄健康处和山东省老龄事业发展基金会主办，山东商报和《老朋友》杂志联合打造的大型系列公益活动。以服务中老年朋友需求为出发点，邀请各大医疗机构、各高校、艺术院团、老年大学等相关领域的专家、学者和知名人士为老年人授课，就中老年人关心的健康、文化、旅游等问题开展讲座交流，为老年人普及健康、文化知识，拓宽视野，深受广大老年人欢迎。目前已成功举办12期。

2. "致敬共和国百名老功臣"公益活动

2019是新中国成立70周年，在中国共产党领导下，无数革命前辈抛头颅、洒热血。为表达对他们的敬意，山东省老龄事业发展基金会推出"致敬共和国百名老功臣"公益活动。为省内百名中华人民共和国成立前入党老党员、老革命军人和老支前模范，特别是为新中国成立做出突出贡献目前家庭生活还比较困难的老革命，每人送上一封慰问信、一个特制背包和1000元慰问金，以表达在喜庆新中国成立70周年之际对老功臣们的一份敬意和关怀。

3. "陪伴精灵温暖老人"公益活动

2019年10月30日，由山东省卫健委、山东省计生协会、山东省老龄事业发展基金会主办，济南市卫健委、济南市计生协会协办的"陪伴精灵温暖老人"公益活动启动。该项活动主要面向计生特殊家庭老人，为500名老人每人赠送一个AI智能语音终端设备（天猫精灵），丰富老人们的晚年生活。

4. 致敬"战疫英雄"文旅康养公益项目

新年伊始，由新型冠状病毒引发的肺炎疫情突然来袭，一场没有硝烟的战争轰然打响。众多主动投身抗疫一线的老年志愿者、养老机构的工作人员等全力参与，为抗疫工作献出自己的一分力量，编织了一张严密的安全防护网。为有效阻断新冠肺炎疫情的传播，无数奉献者争分夺秒，奋力奔跑。老年志愿者主动请战，在社区执勤站岗；养老机构的工作人员为了方便照顾长者，配合防控工作，舍小家、顾大家，坚守一线……他们为遏制疫情扩散蔓延做出了重要贡献。为致敬并慰问疫情防控期间奋战在一线的"战疫英雄"，2020年4月，山东省老龄事业发展基金会与《山东商报》、鲁网、《老朋友》杂志联合发起致敬"战疫英雄"文旅康养公益项目，寻找1300名疫情防控期间奋战在一线的老年志愿者和养老机构一线防疫工作人员，在合适时间组织他们分批次前往度假区、疗养地旅行放松，调节身心。

5. 《寻访老英雄》大型纪录片拍摄项目

《寻访老英雄》项目与山东省老龄事业发展基金会近年来开展的"老功臣爱心护理工程""致敬共和国百名老功臣"等公益项目一脉相承，都充分表达了对老党员、老英雄、老功臣的崇敬之情、感恩之情。老英雄们一辈子深藏功名、坚守初心的境界，淡泊名利、无私奉献的精神，值得传承与弘扬；老英雄的事迹，就是革命传统教育的鲜活课堂，需要更多党员了解、关注、学习。尤其是中华人民共和国成立前入党的老党员，年纪都已近百岁，借此机会留下他们的影像资料，显得珍贵而迫切。《寻访老英雄》大型纪录片，选取山东省60多位老英雄为拍摄对象，以口述历史、视频档案为主要表现形式，每集10分钟，围绕讲述红色故事，弘扬主旋律，汇聚正能量展开，将充分展现老英雄在新民主主义革命时期、社会主义革命和建设时期、改革开放和社会主义现代化建设新时期不忘初心、牢记使命的生动故事。

6. 《金色芳华·山东老年人健康生活宝典2020》公益项目

根据《山东省老年人口信息及老龄事业发展报告》，山东省在2017年已经进入中度老龄化社会，人口老龄化趋势将从2021年开始加速发展，2025年65岁及以上老年人口占比将达到18%左右，预计在2030年占比达到21.3%，老龄人口将超过少儿人口，进入深度老龄化社会。预计至2045年，65岁及以上老年人口所占比重将超过30%。面对严峻的老龄化形势，山东省近年来出台各项举措，积极应对人口老龄化，不断满足老年人的获得感、幸福感、安全感。为全面了解山东老龄化面临的形势，全面梳理山东省有关老龄化的对策，让公众更好地了解各政府部门、行业协会、各大医院、涉老企业等在应对老龄化方面采取的措施和作出的努力，老有所依，老有所安，山东省老龄事业发展基金会和鲁商传媒集团《老朋友》杂志，特策划山东敬老月特刊《金色芳华·山东老年人健康生活宝典2020》。内容设置主要包括：

（1）老有所依——国家及山东省敬老爱老、医养健康方面的政策措施，各级卫健、民政部门的应对举措等。

（2）老有所安——行业资深专家解读大势及政策、省内各涉老协会为老服务做出的贡献和成绩等。

（3）老有所养——多形式养老现状，省内优秀养老机构推介。

（4）老有所医——老年人就医情况，为老服务各家医院推介。

（5）老有所学——老年教育现状，老年大学、老年培训机构等。

（6）老有所乐——关注老年旅游、休闲、健身、书画等现状。

（7）老有所为——老年人多种形式参与社会活动情况，比如各地老年志愿者组织的情况，以及各单位离退休干部处、老干部处组织的相关活动、应对举措等。

（8）老有所用——老年产业发展情况，包括智慧养老、保健品产业等，展示最新成果。

7. 老朋友新春嘉年华公益项目

为丰富和满足广大老年人的精神文化生活需要，2019~2020年，山东省老龄事业发展基金会与鲁商传媒集团《老朋友》杂志共同开展老朋友新春嘉年华活动。旨在通过开展积极向上的文化活动，让老年人老有所为、老有所乐，在全社会营造生活上关心老年人、精神上慰藉老年人、活动上照顾老年人、宗旨上服务老年人的良好的社会风尚。

8. "致敬·抗战老兵"系列慰问活动

为了迎接纪念抗日战争胜利70周年，按照中国老龄事业发展基金会、华夏人寿保险股份有限公司联合推出的"致敬·抗战老兵"公益项目的安排，结合山东实际，围绕对抗战老战士进行入户看望并发放慰问金，随行媒体采访老战士代表，音像资料由中国人民革命军事博物馆收藏作为对下一代进行爱国主义教育的教材；对个别已经失去生活自理能力，家庭又没有条件照顾的老战士，根据本人自愿的原则收住到具有医养结合功能的定点养老机构进行专业照护等内容开展系列活动。

第八章　慈善项目典型案例

"爱心之家——贫贫互助" 扶贫

由山东省扶贫基金会设计开发的"爱心之家——贫贫互助"扶贫模式，通过设立扶贫公益岗、互助岗，将贫困户引入到脱贫攻坚的战役中来，使有劳动能力的贫困户滋生了内生动力，使失能半失能贫困户改善了生活的品质，提升了扶贫的温度，在扶贫同扶志、扶智结合，激发群众内生动力方面发挥了典型示范引领作用。

（一）项目基本情况

黄河镇现有贫困户 553 户，1020 人，其中半数以上是因病、因残致贫，每个村都有失能半失能的贫困人员，针对这样的现状，黄河镇创新思路，大胆尝试，摸索出了一套"贫贫互助"的扶贫模式，让有劳动能力的贫困户参与到服务社会公益和特殊困难群体的工作中来，打造出了"爱心之家"这一"有温度"的扶贫品牌，一、二期项目由山东省扶贫开发基金会和圣泉帮帮忙爱心扶贫基金共同出资 107.2 万元打造，后期项目不断有爱心企业和公益机构挂牌认领建设，由济南市章丘区情暖黄河社会服务中心负责运行管理，项目的建设一方面让有劳动能力的贫困户滋生了内生动力，通过自身劳动获取报酬，达到稳定脱贫和奉献社会的双重目的，使贫困户在脱贫过程中由原来的"等、靠、要"转变为"勤劳致富、回报社会"；另一方面通过利用"爱心之家服务平台"为失能半失能贫困人员、留守儿童、贫困农民等特殊困难群体提供服务，提高了贫困户的生活品质，提升了扶贫的温度。项目涵盖贫困失能半失能人员日常照料、贫困留守儿童教育托管、贫困户黄河阻泳志愿服务和水上救援、为农综合服务等形式。

（二）取得的成效

"爱心之家"项目已在 14 个村建设了"贫困户居家养老助残服务站"、在 9 个村建设了"贫困留守儿童教育托管站"和"为农综合服务站"；为 75 户失能半失能贫困户提供定点定量的居家生活服务，解决 46 个贫困劳动力就业，累计为 110 名贫困留守儿童提供暑期教育托管和心理疏导，为 1800 户农民家庭提供就业咨询、技术指导和农业服务；建成了一支由沿黄河 12 个村 21 名贫困人口组成的黄河阻泳志愿巡逻队，每年开展 5 个月不间断地阻泳巡逻，2017 年以来达到了 21 千米整河段零溺水的良好效果，每名巡逻的贫困户每年可获得 1800 元的生活补助款；每年开展汛期进校园、社区防溺水安全教育 10 场，在黄河周边建立起了志愿救援服务队伍，为周边群众提供了高质量的服务。

（三）项目的优势

一是通过"爱心之家"项目的实施，引领贫困群众有尊严地脱贫，靠自身劳动养家糊口，赢得尊重，改善了受照顾贫困户平时不敢见人、低人一等的自卑心理，照顾者与被照顾者之间形成了"双向激励"的良性互动。

二是为推进农村居家养老提供了良好的经验和模式，进一步提升了农村基层治理能力，弘扬了和谐友善的社会主义核心价值观和孝善文明。

三是增加了对贫困群众的人文关怀，邻里之间少了家长里短，分斤掰两，多了嘘寒问暖，提高了群众的幸福指数。

四是为农村基层组织建设搭建了平台，村"两委"通过"爱心之家"项目的管理运营，为村里最困难、最需要照料的人员提供了周到的服务，在解决社会问题的同时也赢得了群众对基层组织的民心。

第九章　志愿服务典型案例

深耕可持续公益　助力共同富裕

——泗水县微公益协会

（一）组织介绍

泗水县微公益协会于 2016 年 1 月在泗水县民政局注册成立，主要致力于困境少年儿童救助、爱心助学等相关工作，并协助相关单位做好社会弱势群体帮扶工作。目前，协会已吸纳党政机关、学校教师、个体工商业主、在读大学生等各层面志愿者 186 名。累计行程 80 多万千米，走访了泗水县 596 个村庄的 7000 多个家庭，为 2138 名符合资助条件的少年儿童建立了详细的帮扶档案，累计筹集资金 2800 多万元，为他们提供了爱心助学、温暖小屋、带你看世界、微爱妈妈、大病救助、暖冬行动、心理疏导、兴趣培养、素质提升等全方位、精细化的帮扶服务。

泗水县微公益协会先后获得"第十二届中国青年志愿者优秀项目奖""第四届全国青年志愿项目大赛金奖""中国公益慈善项目大赛银奖""第四届中国青年志愿服务公益创业赛银奖""山东省青年志愿服务示范项目""第三届山东省青年志愿服务项目大赛金奖""首届慈山东益齐鲁公益创投大赛金奖""山东慈善奖最具影响力项目""山东省最佳志愿者服务项目""第六届山东省管理创新先进单位"，中华儿慈会"最佳团队奖"和"最佳项目奖"等荣誉称号，特别是 2021 全国脱贫攻坚收官之年，协会获得国务院扶贫办评选的"社会组织扶贫案例全国 50 佳"单位，协会会长孙建涛荣获全国脱贫攻坚先进个人。

（二）项目展示

协会坚持"做孩子们最需要的公益服务，做对孩子对家庭最有用、最有意义的公益"，从最开始的助学金、生活和学习物资帮扶，到生活习惯、行为习惯养成，兴趣培养，再到心理疏导、精神激励、家庭赋能，为爱陪伴、职业规划等方面设计了不同的项目。爱心助学、温暖小屋、带你看世界、微爱妈妈、大病救助、暖冬行动、心理疏导、兴趣培养等项目和服务为孩子们提供了全方位、精细化、无缝隙的帮扶服务。项目化运作以来，累计筹集资金2800多万元，累计建成温暖小屋、希望小屋350多间，2021年将新增110间；每年开展带你看世界项目受益学生1000多人次，每年开展女童保护和微爱妈妈集中陪伴活动20期；送达暖冬礼包和女童呵护包3000份，我们所服务的2400多名少年儿童，在2021年高考中，协会帮扶的57名高考生中，有51名同学考上了大学，开启他们的大学新生活。同时有的同学考上北大研究生，有的学有一技之长，有的取得高中所在年级部的第一名，孩子们正在变得越来越好。

协会采取的社会化筹款的渠道，通过腾讯公益、支付宝公益平台上线公益项目"微爱1加8成长计划"进行会化筹款；在腾讯公益平台上，2016年"99公益日"活动中，协会通过中华少年儿童慈善救助基金会在腾讯公益平台上线了成立以来的第一个项目——"微爱大善·让天使回归"，该项目很快成功募集到30万元；2017年"99公益日"活动中，协会又在腾讯公益平台上申报了"微爱1加N"项目，募集资金超过217万余元；2018年"99公益日"期间，"微爱1加N成长计划"项目在团队一年的探索和打磨下继续在腾讯公益平台重新上线，短短3天时间内共发起一起捐链接960个，来自全国各地的5.4万多人参与捐款，募集资金达到420多万元；2019年，"微爱1加N成长计划"延续前两年的佳绩，完成筹款591万元；2020年99公益日期间，协会完成430万元的筹款。连续四年取得99公益日山东省县域公益组织筹款第一名的成绩，创造了县级公益组织99公益日筹款的山东纪录。

除了通过腾讯平台99公益日外，2020年5月，协会"微爱1加N成长计划"项目正式登录支付宝平台，并成为山东省第一个支付宝消费捐长期项目。在大学生志愿者的推广下，得到社会各界爱心企业的大力支持，已获得超过400万人次320万余元捐款，并获得支付宝平台"夏雨计划"全国排名第三名，流量曝光奖励全国排名第四的好成绩。在95公益周活动中，得到全国6万多爱心网友的大力支持，为孩子们捐赠助学金70余万元。通过参与这些全国性互联网筹款平台的筹款，协会与"泗水县"这座城市在全国公益行业内声名远播。

（三）"请进来""走出去"，谱写新时代公益慈善新篇章

协会的"微爱1加N成长计划"已经成为全国知名儿童助学公益品牌项目，先后获得国家级公益行业荣誉10项，省市级荣誉36项，其中中国互联网公益峰会2020年"生态共建千里马机构"和2021"公益创新年度推荐入围案例"是全国唯一一个县级公益组织获得的荣誉，"凝聚社会爱心力量托起贫困家庭幸福梦想"县域公益扶贫经验，被国务院扶贫办评为"中国社会组织扶贫案例50佳"。泗水县也成为2021年中国好公益平台山东路演首场举办地，2021年6月中国基金会发展论坛县域公益研讨会在泗水召开，全国各地的专家学者以泗水县域公益为样板，探讨公益发展新思路，泗水公益生态效应已初步显现。

同时，接受中国扶贫基金会、中国社会福利基金会、上海真爱梦想基金会、陕西省妇女儿童基金会等基金会的邀请在中国新势力公益大会、中国互联网公益峰会、中国公益慈善项目大赛等全国公益论坛上分享泗水县域公益模式的发展，与全国知名基金会的秘书长一起学习先进的公益理念。泗水公益模式得到全国公益同行的高度认可，每年协会都会接待近2000人次的来访，不断地将泗水这种县域公益模式传播出去在今后的一个时期内，泗水县微公益协会有三个目标：第一，打造民间的乡村儿童服务体系，满足孩子们生活教育、陪伴、心理等多方面的需求；第二，制定乡村儿童服务标准，邀请各级专家帮我们梳理，一旦形成标准，可以与任何服务儿童的公益组织共享；第三，构建乡村儿童服务网络，希望把成功经验嫁接和传递给公益伙伴，按照同样的标准开展公益活动，这样也能培育和发展一批基层公益组织，形成整体联动的服务网络。

目前，协会联合曲阜彩虹公益中心、邹城文莉爱心团、汶上佛都志愿者协会、兖州春晖社工中心、微山荷为贵协会、兰陵利他社工、广饶蒲公英协会等10家社会组织形成乡村困境儿童及困境边缘儿童家庭综合支持服务网络，各县域组织一起按照同一个儿童服务标准做"微爱1加N成长计划"，同时通过济宁市微爱青少年发展慈善基金会提供线下志愿者培训支持，共同构建服务网络。同时，协会做好本县的社会组织培育，已经成功地培育和孵化了泗水县退役军人协会，该协会通过项目化运作，为泗水县退伍老兵开展针对性的公益服务。

下一步，协会将以未成年人保护示范县建设为契机，进一步做好乡村儿童服务工作，为孩子们提供有效的公益服务；作为县里社会组织发展的领头羊，协会也将积极帮助和扶持其他公益组织发展，为他们发展提供技术支持，并依托微爱泗水超市为他们提供资金支持，让更多的社会组织开辟更多的服务领域，真正实现人人公益，公益人人的目标。

本章小结

    从上述典型组织和项目的基本情况来看，山东省慈善事业在总体上已经取得了丰硕的发展成果，呈现出几个突出的特点：一是基础底子全面厚实，慈善事业已经通过多元化、系统化的慈善组织建设，深入到了社会发展的方方面面；二是慈善事业发展受到政府的大力支持，可以看到，无论是在组织建设发展还是在具体慈善项目开展过程中，相关领导和政府职能部门都给予了比较充分的支持和引导；三是慈善事业发展特色突出，各种类型的慈善组织根据自身领域的特点和需要，积极探索创新，开发了一批有特色的慈善项目；四是紧跟时代发展趋势、锚定国家发展战略，在丰富多彩的慈善实践中，既有绿色生态、动物保护等适应新兴需求的项目，更有围绕脱贫攻坚国家战略开展的系列实践；五是勇于担当、积极承担社会责任，在抗击新冠肺炎疫情的斗争中，涌现出了大量慈善志愿服务。

    同时，也要看到，山东慈善事业的发展仍然存在着多个方面的不足。首先，慈善事业作为一项社会性事业，社会性程度还存在很大提升空间，慈善组织与社会的融合还不充分，政府与慈善组织以及慈善事业发展的关系还需要进一步理顺；其次，慈善组织和慈善项目的管理运作专业化水平有待提高，包括慈善组织的制度结构设计、慈善项目的系统化运作等；最后，慈善事业的普及宣传还需要加大力度，慈善事业的发展不能脱离社会大众的理解支持，这就需要对慈善观念和具体的慈善事业活动进行相应有效的介绍和宣传，在这一方面还存在较大欠缺，在理念上还需要进一步调适。

附录一　山东慈善政策法规
体系基本内容

因本书篇幅有限，读者可自行下载，链接：https：//pan. baidu. com/s/1p
ANh0gcPLYX10MdolUEedw？ pwd＝2t3k 提取码：2t3k。

附录二　山东省慈善组织的
名称和数量情况^①

因本书篇幅有限，读者可自行下载，链接：https：//pan. baidu. com/s/1IgH0 xiRDOq1Kvab0NOUOLQ？pwd＝dzk3 提取码：dzk3。

---

① 注：本附录内容由本书团队统计，不足之处欢迎读者批评指正。